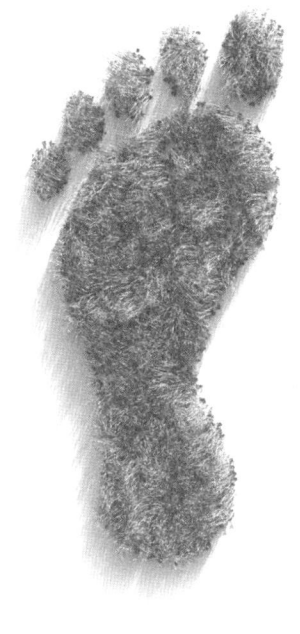

/ 김 변호사의 회개 이야기 /

# 회개,

### 회복으로 나아가는 길

— 김재헌 지음 —

**Q** 쿰란출판사

  김 변호사의 회개 이야기가 출판됨을 축하드립니다. 《회개, 회복으로 나아가는 길》이 저서는 한국교회가 배출한 한 신실한 신자의 영적인 순례를 다룬 소중한 책입니다. 목회자가 아닌 현직 변호사인 저자가 어떻게 거룩함에 이르는 길을 찾게 되었으며 어떻게 그 원리를 적용하고 있는지 그리고 그 결과로서 어떤 신앙상의 유익이 있는지를 소상하게 소개하고 있는 책입니다.

  저자는 그의 신앙 여정에서 어찌하면 거룩한 신자의 삶 곧 열매 맺는 신자의 삶을 살 수 있는지를 나름대로 간절히 추구했고 모든 노력도 경주해 보았다고 고백합니다. 그러나 좌절과 절망에 빠져서 허송세월하며 갈등과 고난의 시간을 보내던 중에 해결의 실마리를 찾게 되었는데 그것이 깊은 회개였다고 밝히고 있습니다. 이 소중한 주제를 붙들고 보다 더 회개에 집중하기를 4년간 진행하는 중에 자신에게 임한 변화와 그 과정을 소상하게 진술하고 있습니다.

  먼저 저자가 말하는 회개는 '죄를 인정하고 하나님께 용서를 구하는 것'이라고 정의합니다.

  이 회개의 주제가 성경과 개혁자들, 그리고 국내외 신앙의 선배들에게서 어떻게 강조되고 있었는지를 아래와 같이 말합니다. "사람이 흑암과 사망의 그늘에 앉으며 곤고와 쇠사슬에 매임은 하나님의 말씀을 거역하며 지존자의 뜻을 멸시함이라"(시 107:10-11), "그러므로 땅에 있는 지체를 죽이라 곧 음란과 부정과 사욕과 악한 정욕과 탐심이니 탐심은 우상숭배라 이것들로 말미암아 하나님의 진노가 임하느니라"(골 3:5-6)와 같이 신구약 안에서 죄 문제를 얼마나 심각하게 다루고 있는지 제시합니다.

이어서 개혁자들의 견해도 소개합니다. 마틴 루터는 비텐베르그 교회 정문에 붙인 95개조 반박문에서 첫 번째 조항으로 성도가 천국에 들어갈 때까지 죄에 대한 회개를 지속해야 한다고 강조했다는 점과 존 칼빈도 《기독교 강요》에서 성도는 평생 동안 회개를 계속해야 한다고 했다는 점을 제시합니다.

그리고 데릭 프린스의 "문제의 뿌리는 죄이다. 사람이 인생의 근본 문제인 죄의 실체를 직시하지 않으면 문제를 효과적으로 대처할 수 없다"는 말과 박윤선 박사님의 "나는 80년 묵은 죄인이다"라는 고백 그리고 엄두섭 목사님의 "말로만 회개하지 말고 죄 사함을 받았다는 분명한 믿음이 생길 때까지 죄를 찾아내고 철저히 회개해야 한다. 신자의 일생은 회개의 계속이어야 한다"는 말과 이성봉 목사님의 "죄를 많이 지어서 멸망 받는 것이 아니고 회개하지 아니하여 멸망한다"라는 말을 통해서 신앙의 선배들이 얼마나 회개를 중요하

3

게 다뤘는지를 강조합니다.

그런데 왜 한국교회는 김 변호사처럼 신실하게 믿음생활을 하는 데도 열매 맺지 못하고 좌절과 고난 속에서 허덕이는 신자들이 많은지를 나름대로 진단합니다.

저자는 한국교회가 인정하는 보수교단의 교회에서 모태신자로 태어나 신앙생활을 한 분입니다. 서울대 법대를 졸업하고 유학을 다녀와 국내 굴지의 로펌인 김앤장에서 변호사로 활동했던 엘리트였습니다. 그런 그가 고난과 갈등의 신앙생활의 여정에서 회개의 중요성과 관련하여 3번의 기회가 있었다고 합니다.

첫 번째로, 초등학교 시절 주님을 개인적으로 만나 나의 주 나의 하나님으로 고백했다고 합니다. 그 이후로 하나님을 생각만 해도 기쁨이 넘치는 생활을 하면서 어찌하면 하나님을 더 사랑할까, 어찌하면 하나님께 더 충성할까, 어찌하면 하나님께 영광을 돌릴 수 있을까 늘 생각하면서 살았다고 합니다. 대학 시절 법학을 전공하면서 율법이 성도의 가는 길에 중요하다고 생각했고 '거룩하라'는 명령이 자연스럽게 새겨지게 되었으며 거룩하기 위해서는 회개가 중요하다는 것도 알았다고 합니다. 하나님과 가까워지려면 회개가 중요함을 알았기에 회개에 관한 책을 읽었는데 그 책이 조셉 얼라인이 쓴 《회개의 참된 의미》라고 하면서 그것이 회개할 첫 기회였다고 고백하고 있습니다.

두 번째 기회는 그 후 20년이 지난 2009년경이었는데 이때 죄의 문제를 해결해야만 하나님과의 친밀한 관계를 회복할 수 있다는 것과 죄로부터 자유롭게 되면 마귀가 우리를 건드리지 못하지만 성도들이 만약 회개하지 않으면 악한 영이 우리를 합법적으로 공격하게 되는데 이것이 하나님이 만드신 영적인 원리라는 사실까지도 알게 되었다고 합니다. 그럼에도 불구하고 2009년부터 2020년까지 약 11년간을 진정한 회개에는 이르지 못한 채 또 헛되이 세월을 낭비했다고 합니다.

이 기간 동안에 영적인 책들을 읽기도 하고 국내외 각종 집회도 참석해 보고 훈련 기회가 있으면 열심히 영성 훈련에 참여하기도 했지만 아무리 노력해도 하나님과 가까워지지 않아 답답했으며 풀리지 않는 많은 숙제들이 있었고 열매를 많이 맺지 못했다고 합니다. 이 기간 동안에는 깊이 절망하고 좌절로 십수년의 세월을 허덕여야 했음을 고백합니다.

그러던 중 세 번째 기회가 왔는데 그것이 실로암 세계선교회와의 만남이었다는 것입니다. 저자는 이 선교회를 통해서 회개가 왜 중요하며, 회개를 어떻게 하는지를 알게 되었다고 하며 실제로 저자가 회개를 할 때에 어떤 변화와 열매를 맺게 되었는지를 소상하게 설명하고 있습니다.

저자는 바실레아 슈링크의 말을 인용하여서 '회개는 아버지의 마음과 넘치는 기쁨으로 들어가는 길'임을 제시합니다. 그러나 저자가 지적하듯이 많은 그리스도인들은 자신처럼 풍성한 삶은커녕 마음에 기쁨과 평강도 없고 감사도 별로 없이 걱정과 근심과 두려움 속에서 좌절과 고난을 겪으며 산다고 지적합니다. 저자는 그 이유의 상당 부분이 신자의 죄 때문으로 파악합니다. 이 중요한 지식에 이르기까지 여러 모양으로 갈등을 겪는데 그 이유는 다음의 몇 가지 때문이었다고 합니다.

대부분의 한국교회는 예수 믿으면 과거 현재 미래의 죄까지 완벽하게 용서받고 하나님의 자녀의 영광되고 승리로운 삶을 산다고 가르치고 믿고 선포하고 있다는 것입니다. 그런데 무슨 죄를 다시 회개해야 하느냐라는 질문에 부딪칩니다. 칼빈이나 웨슬리가 지적하듯이 신자 속에 남아있는 죄, 곧 죄의 쓴 뿌리나 죄의 경향성이 있다는 것을 간과하거나 무시해 버렸기 때문이라는 것입니다.

바울이 왜 '오호라 나는 곤고한 사람이로다 누가 나를 이 사망의 몸에서 구원할꼬'라고 탄식했겠습니까? 또 결코 사단이 신자의 몸에 침투할 수 없다고 신학교에서 가르치는 경향으로 신자들은 깊은 회개, 철저한 회개의 기회를 놓쳐버리고 있다는 것입니다. 바울 사도가 땅에 있는 지체를 죽이라 하는 부분에서 신자 속에 죄가 엄연히 존재한다는 것은 신자 속에 마귀가 존재한다는 말과 똑같다는 것을 놓치고 있습니다.

왜 예수님의 제자 가룟 유다 속에 마귀가 들어갔겠습니까? 죄가 있는 곳에 반드시 마귀가 있고 마귀가 있는 곳은 죄가 있기 때문입니다. 그런데 죄와 마귀는 동전의 양면과 같이 함께 있다는 것을 잘 모르고 있다는 것입니다.

그래서 저자는 죄를 짓는 자마다 마귀에게 속하기 때문에 죄를 짓는 순간부터 마귀는 합법적으로 신자 속에 침투하고 자리를 잡는다는 사실과 죄의 영향력이 자녀 후손들에게 미친다는 사실을 인정하고 피 흘리기까지 죄와 싸우며 철저히 회개해야 한다는 것을 주장하고 있습니다. 자녀와 후손들에게 저주를 물려주지 않으려면 반드시 부모 때에 철저히 회개해야 한다는 것입니다.

저자는 실로암에서 배운 회개의 이론과 실제를 적용하면서 자신의 회개 과정을 소개합니다.

이 과정에서 자신의 참 모습을 보게 된 것을 다음과 같이 말합니다. '하나님은 내 삶의 주인이 아니었다, 나는 하나님을 사랑하지 아니하였다, 나는 탕자였다, 나는 바리새인이었다, 행복한 척했다'고 자신의 신앙 현실을 진솔하게 폭로합니다. 그러나 깊은 회개, 집중적인 회개를 통해서 어떤 열매를 지금 맺고 있는지를 다음과 같이 고백합니다. '하나님과 친밀한 관계가 회복되기 시작했다, 영적 전투가 일상이 되었다, 성경을 더 잘 이해하게 되었다, 그리고 영안이 열렸다.' 회개하고 예수님을 구주로 영접했던 한 신자가 거룩함으로의 길에 서 있으며 예수님의 장성한 분량, 신부의 영성으로 지어져 가는 고백을 하고 있습니다. 승리의 삶에 들어갔으며 열매 맺는 삶으로의 여정에 들어섰습니다. 주님과 친밀한 교제를 누리면서 풍성한 삶으로 계속 나아갈 것으로 기대됩니다. 참으로 귀한 변화입니다. 이 점에서 저는 저자를 축하하고 축복합니다.

저자의 절망과 좌절과 고난의 이야기는 오늘을 사는 많은 신자들이 겪는 슬픈 현실입니다. 저자는 이 저서를 통해서 그들에게 답을 주고 있습니다. 깊은 회개만이 거룩함에 이르는 길이라고 말입니다. 바라기는 이 저서가 한국교회 목회자들과 성도들이 읽고 거룩한 삶, 승리하는 삶을 사는 데 큰 도움이 되기를 추천합니다. 그리고 모든 그리스도인들이 정독하고 김 변호사처럼 행복한 그리스도인의 길을 달려가기를 기도합니다.

조갑진 교수
(전 서울신학대학교 부총장, 사단법인 국가기도운동본부 대표)

　미국 코네티컷주 출신의 찰스 피니(1792-1875)는 세상에서 법조인으로 성공했으나 치열한 자아와의 싸움 끝에 하나님 앞에 무릎을 꿇는 극적인 회심을 체험한 후 전혀 다른 삶을 살게 되었습니다. 장로교인이었지만 장로교 신학을 뛰어넘어 '회개와 거룩한 삶'을 외치고 가르친 그는 미국의 2차 대각성 운동의 주역이었으며 그의 영향으로 미국과 영국에 커다란 부흥의 불을 지폈습니다. 그를 깊이 연구한 이들의 평가를 보면 그의 변호사다운 변증적 설교와 강력한 회개의 메시지를 통해 50만 명 이상을 회심시켰다고 합니다.

　김재헌 변호사님이 친히 저의 연구실을 찾아 추천사를 부탁했을 때만 해도 저는 '단순한 신앙간증문'일 것이라고 추측했습니다만 그의 원고를 두세 번 정독하면서 먼저 생각나는 사람이 바로 찰스 피니 변호사였습니다. 김재헌 변호사님에게는 자신의 경험과 이론을 논리적으로 전개함으로 독자들을 꼼짝 못 하도록 만드는 비범한 작가적 은사가 있다는 생각이 들었습니다. 이 시대에 '한국의 찰스 피니가 나타났구나'라는 생각과 함께 제가 기다리는 '회개에 관한 보기 드문 저술이 오랜만에 등장했구나' 하는 감사와 감격도 있었습니다. 그것도 전문 성직자가 아닌 평신도를 통해서!

　외국 생활에서도 그런 느낌이 없지는 않았지만, 특히 귀국 후 한국교회를 바라보면서 가장 우려가 되는 부분은 '이신칭의'와 '한번 구원은 영원한 구원'이라는 구원관의 강점이 있는 반면에 '회개와 경건'의 중요성이 심히 약화되고 있는 한국교계의 모순된 양상이었습니다. 많은 신학자들이 이 주제를 '율법과 복음'의 문제로 끌고 가서 서로 논박하는 것도 목도하였습니다.

　제가 보건대 그것은 지나친 신학적 편견이며 크나큰 성경 왜곡입니다. 종교개혁자들이 이신칭의와 함께 그토록 강조했던 회개와 성화 부분을 약화시키다 보니 한국교회는 소위 사이비 '구원파'와 가까운 친척들을 양산해내고 있는 실정입니다. 회개와 성화를 강조하면 고귀한 구원을 손상시키고 율법주의로 끌고 가는 것으로 오인하게 만드는 분위기를 조성하고 있다는 것입니다. 이것은 사단의 고차원적인 전략에 말려들어가고 있는 현상 중 하나라고 봅니다.

　세례 요한에 이어(마 3:2) 예수님의 첫 일성이 "회개하고 복음을 믿으라"(막 1:15) "회개하라 천국이 가까웠느니라"(마 4:17)였고, 승천 직전 제자들을 향한 부탁이 회개의 메시지였음을 놓쳐서는 안 됩니다(눅 24:47-48). 부활 승천하신 후에도 아시아의 교회들에게 다섯 번이

10

나 "회개하라"고 반복하셨고, 오순절날 사도 베드로가 먼저 전파한 말씀도 "회개하라"였습니다(행 2:38). 초대교회는 회개의 바탕 위에 세워졌다고 할 수 있겠습니다(행 20:18, 21). 그런 점에서 고 김명혁 교수님이나 고 옥한흠 목사님이 그토록 강조한 것처럼 "회개는 신앙생활의 입문이고 과정이고 출구"라고 말할 수 있겠습니다. 그런데 우리는 어느새 목이 굳어져버렸고 회개와 참회의 눈물이 말라버렸습니다. 그런데 김 변호사님은 다시금 회개의 중요성을 강조하며 우리를 각성시키고 있습니다.

그런데 본 저서가 매우 값지고 보배로운 보석이 되는 이유가 하나 더 있습니다. 본서는 보통의 회개의 글들이 주장하는 바 단순히 "회개하고 복음을 믿어 성화에 이르자"는 내용에서 멈추는 것이 아닙니다. 회개라는 주제를 단순히 심령의 성결 쪽으로만 다루지 않고 영적 전투의 방향으로 다룬 점인데, 이런 메시지는 깊은 영성가들이나 수도사들의 저술에서나 간간이 엿볼 수 있는 내용입니다.

그런데 저자는 처음부터 주제를 회개와 죄 사함의 차원을 넘어서서 영계의 어두운 세력의 청산과 함께 사단 마귀의 저주로부터 해방의 결과에 이르기까지 회개라는 주제의 뿌리와 줄기를 뻗어가고 있습니다. 제가 평소에 한국의 회개운동을 관찰하면서 가장 취약한 부분이라고 여겨왔던 분야에 대한 정확한 지적이기도 합니다. 저자가 신사참배 회개운동까지 언급한 것은 한국의 신학자들과 목사들이 해야 할 숙제를 대신 해준 경고의 메시지라고 생각합니다.

예를 들어 제가 감히 한마디 덧붙이자면, 저 북녘 땅과 평양지구의 해방과 구원은 스스로 합법이라고 주장하며 웅크리고 다스리는 어두운 영적 배후 세력을 몰아내야만 가능한 것인데, 그 지름길은 신사참배라는 우상숭배 죄를 허용하여 하나님을 반역했던 역적죄에 대한 범교회적인 니느웨 도성 방식의 처절한 회개운동일 것입니다.

모태신앙인이었던 저자는 젊은 시절부터 가졌던 두 번의 기회를 놓치고, 50세가 넘어 세 번째 회개의 기회를 다시는 놓치지 않고 깊은 회개의 단계에 이른 과정을 진솔하게 나누고 있습니다. 이는 독자들에게 간접 경험을 갖게 할 뿐만 아니라 누구나 깊은 회개에 도전해 볼 수 있도록 용기를 더해주고 있습니다.

이 책에서 저자는 단순한 간증이 아니라 논리적인 서술과 비평을 함께 사용했으며 무엇보다도 깊은 회개 과정에서 겪을 수 있는 모든 난관들에 대해 솔직한 실패담까지 나누었고 종국에는 어떤 영적 체험이 따르는지를 간증하고 있습니다. 즉 깊은 회개의 단계로 들어간 동기부터 회개를 통한 깊은 은혜를 입기까지를 비교적 세세하게 다룸으로써 회개운동에 도전해 볼 의향이 있는 사람들에게 지침서 역할을 하기에 충분하다고 여겨집니다.

그렇다고 이 책은 학문적으로 가벼운 책이 아닙니다. 어떻게 평신도로서 그런 영적인 책들을 소화해 냈을까 할 정도로 회개에 관련한 무게감 있는 저술가의 저서들을 천재적으로 섭렵하여 적절하게 인용하고 있습니다. 이분들은 저도 이미 알고 있거나 만나보아서 흠모하거나 존경하는 분들이며 영적 거성들입니다. 고든 맥도날드, 바슐레아 슈링크, A.W. 토저, 조셉 얼라인, 십자가의 요한, 리차드 백스터, 팀 켈러, 빌 하몬, 엄두섭 목사, 김찬도 목사, 한양훈 목사, 정동진 목사 등입니다. 혹시 독자들이 여유가 생긴다면 저자가 인용하거나 소개한 책들을 곁들여 볼 수 있기를 함께 추천합니다.

　저자는 회개라는 어려운 주제를 편파적이지도 않고 균형 감각을 잃지 않은 채 마치 신학자 같은 면모를 보이면서 전개하고 있습니다. 현직 법조인이어서 그런지 논지가 매우 논리적이어서 독자들로 하여금 꼼짝없이 저자의 논리에 끌려들 수밖에 없이 서술하고 있습니다.

　본서는 일부 학자들이 탁상 위에서 저술한 이론서가 아닙니다. 한 사람의 그리스도인으로서 성숙을 위해 몸부림치던 한 평신도 형제님의 살아 있는 간증이기도 합니다. 그렇다고 한 번 읽고 말 가벼운 책은 더더욱 아닙니다. 곁에 두고 계속 지침서로 활용해야 할 책입니다. 다만 이 책을 대하게 될 독자들에 대한 염려가 없지는 않습니다. 단순한 회개의 주제를 넘어 영적 세계를 체험적으로 깊이 다루고 있는 만큼 생경한 내용들과 표현들이 등장합니다. 그 때문에 심한 경우에는 거부감까지 가질 수 있을 것이라는 예견도 듭니다. 충분히 이해되는 부분입니다. 그럴지라도 김 변호사님의 논리와 본 저서에 등장하는 여러 간증들을 가볍게 여기지는 마십시오. 매우 적절하게 엄선된 간증들입니다. 강력하게 기도하면서 이 지침서를 따라가 보십시오. 이 책을 내던지고 싶은 충동을 주는 사단 마귀의 방해공작을 이겨내십시오. 필요하다면 저자와 연락하여 토론이라도 하면서 소화시키십시오. 저자의 반복되는 표현대로 세상은 단순하지 않은 복잡계(complex system)이므로 인생 데이터를 더 깊이 분석하다 보면 독자들이 미처 몰랐던 새로운 미지의 세계에 도달할 수도 있을 것입니다.

하나님의 이스라엘들의 풍성한 삶을 기대하며….

안성삼 박사

(수도국제대학원대학교 7대 총장 / 국제수도서원 원장)

# 회개, 그 미지의 세계에 대한 탐험을 시작하면서

나는 모태신앙인이다. 대한예수교장로회 통합 측 교회에서 자랐다. 부모님 모두 신앙생활을 열심히 하셨다. 친가 쪽으로는 증조할머니가 기독교인이 되면서 기독교 집안이 되었으며, 외가 쪽으로는 외할머니가 기독교인이 되면서 기독교 집안이 되었다. 나는 아주 어릴 때부터 교회에서 시간을 많이 보냈다. 어린 나이에도 어머니를 따라 교회에 갔고, 어른들이 예배 드리는 예배당에 같이 앉아 있었다. 예배를 드리는 것이 무엇인지도 몰랐지만, 나는 그 분위기가 좋았고 예배당이 좋았다. 나이가 더 들면서 유치부, 유년부, 중등부, 고등부 활동도 했다. 교회는 내 삶의 중심이었다. 교회에 가면 어른들이 늘 나를 반겨주고 이뻐해 주었다. 교회 공동체가 나를 길렀다고 할 수 있다.

초등학생 때 개인적으로 하나님을 만나는 체험을 하였는데, 그때 이후로 하나님을 생각만 해도 마음에 기쁨이 가득 찼다. 나는 어떻게 하면 하나님을 더 사랑할까, 하나님께 충성할까, 하나님의 영광을 드러낼까, 교회를 더 잘 섬길까 생각하면서 살았다. 나는 목회자가 소명이라고 생각해 본 적은 없지만 하나님의 종이라는 마음을 가지고 살았다.

세월이 흐르면서 하나님과 가까워지고 싶어 말씀 묵상, 예배, 찬양, 기도, 헌신, 봉사 등 모든 것을 열심히 노력해 왔다. 나는 하나님의 임재를 늘 경험하고 하나님의 음성을 들으며 구체적인 하나님의 이끄심을 경험하고 싶었다. 그런데 하나님과 가까워지려는 나의 이런 노력에 기대한 만큼의 결과가 나타나지 않았다. 하나님이 나와 함께하시는 것은 확실했지만, 좀처럼 하나님과 가까워지지 않았다. 왠지 나와는 멀리 떨어져 계신 것 같다고 느꼈다. 답답했다.

이런 답답함은 쉽게 해소되지 않았고, 이런 상태로 수십 년의 세월이 흘렀다. 하나님 나라를 위해서나 세상적으로나 별로 이룬 것이 없었다. 내가 기대한 만큼 세상적인 성공도 이루지 못했고, 내가 기대한 만큼 하나님과의 관계도 좋아지지 않았으며, 영적인 성장도 하지 못했다. 그야말로 죽도 밥도 아닌 상태였다. 남은 인생도 갈급함 속에서 살다가 변화와 돌파를 경험하지 못한 채 하나님 앞에 서게 될 것이라는 생각이 들었다.

나는 이미 오랜 세월 동안 말씀 묵상, 예배, 찬양, 기도, 헌신, 봉사 등을 통해 하나님과 더 가까워지기 위한 모든 노력을 다했기 때문에 이제 더이상 탐구할 영역이 남아 있지 않다고 생각했다. '신앙생활이라는 것이 이렇게 무기력한 것인가?' 하며 절망했다. 그러다 내가 깊이 탐구해 보지 않은 것이 하나 남아 있다는 것을 알게 되었다. 그것은 바로 '회개'였다.

성도들은 이 땅에 살면서 악한 영의 공격을 많이 받고 있다. 악한 영들은 성도들이 하나님과의 친밀한 교제에 들어가지 못하도록 맹렬히 방해한다. 우리가 다 알듯이 악한 영의 공격을 불러들이는 통로는 죄다. 그래서 하나님과 가까워지고 싶은 사람이라면 반드시 죄와 싸워야 한다. 죄와 싸우는 것의 기초가 바로 회개다. 회개는 바로 거룩해지는 길이다.

아쉽게도 대부분의 성도가 자신은 회개를 하고 있다고 믿고 있기 때문에, 회개에 특별한 것이 있을 것이라고 생각하지 못한다. 회개를 통해 자신의 삶이 달라지고 하나님과의 관계가 새로워질 수 있다는 생각을 하지 못한다. 회개만이 자신들이 살길이라는 것을 상상도 하지 못한다. 살아가면서 생기는 많은 질문의 답이 회개에 있다는 것을 생각하지 못한다. 이런 면에서 회개는 미지의 세계다. 회개를 알아가는 것은 미지의 세계를 탐험하는 것과 같다.

회개에 대한 이야기를 시작하기 전에 몇 가지 일러둘 것이 있다.

첫째, 이 책은 제목에서도 알 수 있듯 회개에 대한 책이다. 신앙생활에는 다양한 영역이 있으며, 회개가 전부는 아니다. 이런 전제에서 이 책은 회개라는 렌즈를 가지고 성도들의 삶과 영의 세계를 탐구한다. 그러므로 이 책이 신앙생활의 모든 영역을 다 설명하는 것은 아니라는 점을 기억해 두어야 한다. 인생은 '복잡계'(complex system)다. 복잡계인 인생을 단순한 개념이나 논리를 들이대며 설명하려 한다면 많은 오류가 생길 수밖에 없다. 우리가 모르는 인생의 영역은 너무나 많고, 영의 세계는 더더욱 알기 어렵다. 따라서 그 모든 영역을 이 책에서 다룬다는 것은 처음부터 불가능하고, 또 그럴 의도도 없다. 그러므로 이 책이 인생의 모든 영역에 대한 궁극적인 답을 제시할 것이라고 오해하지는 않았으면 좋겠다. 다시 강조하지만, 이 책은 회개라는 렌즈로 인생과 영의 세계를 관찰한 것에 불과하다.

둘째, 이 책에서 사용하는 용어에 대해 일러둘 것이 있다. 이 책이 회개에 대한 책이다 보니 '회개'라는 단어를 많이 사용한다. '회개'는 추상적인 단어다. 사람마다 머릿속에 입력되어 있는 회개의 개념이 다 다를 것이다. 그러므로 이 부분을 미리 정리해 놓지 않으면 독자들에게 혼란이 생길 수 있을 듯하다. 일반적으로 성도들이 생각하는 회개는 '죄를 인정하고 하나님께 용서를 구하는 것'이다.

나 역시 이 책에서 회개라는 단어를 사용할 때 일반적으로 성도들이 이해하는 정도의 회개를 염두에 두었다. 그러므로 이 책을 읽으면서 회개라는 단어를 접할 때 깊이 분석하려 하지 말고 모두가 알고 있듯 '죄를 인정하고 하나님께 용서를 구하는 것' 정도라고 생각해 주면 좋겠다.

나는 이 책에서 회개라는 단어 앞에 '구체적' '깊은' '철저한' 등과 같은 수식어를 붙여 '구체적인 회개', '철저한 회개' 등이라고 표현하기도 했다. 그런데 이것을 성도들이 일반적으로 알고 있는 회개와는 다른 '특별한' 회개라고 오해하지는 않기를 바란다. 회개를 잘 설명하기 위한 방법으로 수식어를 잠시 사용하는 것일 뿐, 성도들이 알고 있는 회개와 동일한 회개라는 점을 기억해 주면 좋겠다.

또한 이 책에서는 '대체로', '정도의 차이는 있겠지만'이라는 표현도 많이 사용한다. 이런 표현들은 '원칙이 그렇다는 것이지 예외도 많이 있다'는 뜻을 포함한다.

셋째, 이 책에 등장하는 여러 사람의 이야기는 내가 만난 사람들의 실제 이야기다. 다만 사적인 부분을 보호하기 위해 많은 경우 실명을 공개하지 않았다.

넷째, 나는 변호사다. 사실을 파악하고, 증거를 찾아 정리하는 것이 변호사로서 내가 수십 년간 해온 일이다. 법률가의 시각을 바탕으로 인생을 분석하고, 회개라는 미지의 세계를 탐험하면서 회개만이 살길이라는 증거를 찾아 정리해 보려고 시도했다. 혹시 이 책에서 회개에 대한 신학적 해석을 찾으려 한다면 실망할 것이다.

저자 김 재 헌

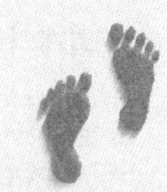

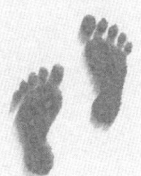

# 1.
# 성도들의 고난

**"기독교인이라고 하더라도 자신의 죄에 대해 애통해하지 않는다면 그는 죽었다고 할 수 있습니다."** – 바실레아 슐링크

## (1) 혹부리영감 이야기

조 목사님은 어느 교회 고난주간 특별기도회에 설교자로 초청되었다. 목사님은 고난에 대해 설교하면서 5개월 전 12년간 암투병하던 아내가 천국으로 먼저 떠났다는 가슴 아픈 이야기를 나누었다. 어려운 시간을 견디며 하나님을 원망했다고 솔직하게 털어놓았다. 아직도 아내가 그립다며 눈물을 글썽였다. 조 목사님의 진솔한 이야기를 듣는 동안 성도들은 여기저기서 훌쩍훌쩍하며 눈물을 흘렸다. 목사님의 설교 후 그 교회 담임목사님은 "사실 저도 힘듭니다. 오늘 밤에는 모범생인 척하지 말고 하나님께 하고 싶은 말을 속시원하게

다 털어놓고 웁시다"라고 말했다. 이에 많은 성도가 목 놓아 통곡하며 기도했다.

성공한 사업가인 송 장로님은 서울에 있는 한 대형교회 장로다. 송 장로님에게는 대표기도를 하는 것이 고역이었다. 다른 장로들처럼 '사랑이 많으시고 은혜가 풍성하신 하나님'이라는 일반적인 표현으로 대표기도를 시작하려고 했지만, 도무지 그럴 수가 없었다. 이런 표현을 사용하면, 고난 속에서 힘들어하며 하나님의 사랑과 은혜를 느끼지 못하는 성도들이 오히려 상처를 받을 것이라고 느꼈기 때문이다. 송 장로님은 성도들의 고난을 보면서 힘들어했다. 장로님의 아내는 "다른 장로님들은 대표기도할 때 모두 '사랑의 하나님', '은혜의 하나님'이라는 표현을 사용하는데, 당신도 대표기도 좀 바꿔봐요" 하며 타박했지만, 송 장로님은 지금까지도 아내의 권고를 따르지 못하고 있다.

교회에서 성도들을 만나면 모두 환하게 웃는다. 모두 행복한 신앙생활을 하는 것처럼 보인다. 그러나 우리는 성도들이 많은 고난을 겪으며 살고 있다는 것을 잘 알고 있다.[1] 그런데 성도의 고난에는 특별한 것이 있다. 그것은 성도들은 모든 인간이 겪는 고난을 당하고 있을 뿐 아니라, 하나님과의 관계에서 생기는 고통도 짊어지고 살아간다는 점이다. 하나님과의 관계에서 생기는 고통을 좀더 들여다보자. 대체로 성도들은 하나님과 친밀한 교제를 하고 있지 못하다고 느낀다. 그리고 자신이 하나님과 하나 되지 못하고 분리되어 있다는

---

[1] '고난'이라는 단어의 의미를 설명하기는 쉽지 않다. '고난은 원하지 않음에도 몸과 마음에서 느껴지는 고통이다'라고 말하면 크게 틀리지 않을 것 같다. '고난'에는 병들고, 가난하고, 관계가 깨어지고, 스트레스 받고, 상처 입고, 두려워하고, 걱정 근심하는 것 등이 포함될 것이다. 앞으로 이 책에서 설명하겠지만, 성도의 고난은 대체로 하나님과의 친밀한 관계에서 벗어나면 생긴다.

사실을 어렴풋이 느낀다. 하나님을 믿고 있음에도 하나님과 하나가 아니며 분리되어 있다는 사실을 느끼는 것은 성도들에게 큰 스트레스이며 고통이다.[2]

  좀더 구체적으로 설명해 보면 이렇다. 성도들은 모두 하나님과 더 가까워지기를 열망하지만, 신앙생활을 하면 할수록 하나님과 가까워지기가 쉽지 않다는 것을 깨달으며 혼란을 겪는다. 하나님을 믿으면 만사형통인 줄 알았는데 그것이 아니라는 것도 알게 된다. 하나님께 순종하고 싶은데 하나님의 뜻을 알지 못하니 제대로 순종할 수도 없다. 신앙생활이 대체로 막막하고 답답하다. 기도를 하기는 하지만 하나님이 자신의 기도를 들으신다는 확신이 없다.[3] 응답에 대한 확신이 없으니 기도하는 것이 늘 부담스럽다. 불치병에 걸리는 등 갑작스러운 큰 고난을 당하게 되면 하나님이 자기를 버리셨다고 느끼면서 "왜 하필 나입니까?" 하며 하나님을 원망하기도 한다.[4]

---

2) 예수님은 하나님과 늘 하나였고, 한 번도 하나님과 분리되어 본 적이 없으시다. 이런 예수님이 십자가 상에서 인간의 죄를 담당하기 위해 하나님과 분리되어야만 했는데, 이 분리를 예수님은 견딜 수가 없었다. 그래서 "하나님, 왜 나를 버리셨습니까?"라고 절규하셨다. 하나님의 자녀임에도 하나님과 분리되어 있다는 사실을 깨닫기 시작하면 성도는 충격과 고통 속에서 힘들어하게 된다.

3) 대부분의 성도가 하나님이 자신의 기도를 들으신다는 확신이 별로 없다. 확신이 전혀 없다는 것이 아니다. 확신이 있기는 해도 그 정도가 매우 낮아서 확신이 없다고 말해도 별로 틀리지 않는 상태라는 뜻이다. 성도들은 자기에게 기도 응답의 확신이 없다는 사실을 가볍게 생각하는 경향이 있다. 그러나 기도 응답의 확신이 없다는 것은 하나님과의 관계에 심각한 문제가 있다는 것을 의미하기 때문에, 이는 매우 중요하게 다룰 필요가 있다.

4) 미국의 번영신학(prosperity gospel)을 연구해 온 케이트 보울러(Kate Bowler) 교수는 35세에 말기암 진단을 받은 후 2016년 2월 〈뉴욕타임스〉에 "Death, The Prosperity Gospel and Me"라는 유명한 글을 썼다. 이 글에서 그녀는 번영신학적 사고방식의 문제점을 지적하면서 이렇게 말했다. "만약 성도가 아프거나 죽거나 하면 수치심(shame)이 슬픔과 뒤섞인다. 이들은 믿음의 테스트에서 탈락한 자가 되어버리기

'차라리 하나님을 몰랐더라면 좋았을 텐데'라는 생각도 해본다.

하나님과의 관계에서 생기는 고통이 어떤 것인지는 하나님을 믿지 않는 사람이 고난에 대처하는 자세와 비교해 보면 좀더 뚜렷해진다. 하나님을 믿지 않는 사람은 고난에 직면하면 '전생에 무슨 죄가 많아서 이 고생을 하는 것일까'라고 생각하기도 하고, '인생이 뭐 다 그렇지! 나는 운이 없구나!'라고 생각하기도 한다. 대체로 이들은 문제를 해결하기 위해 발버둥 치면서도 현실을 담담하게 받아들이는 경향이 있다.

그러나 성도들은 그렇게 단순하게 살지 못한다. 고난 속에서 성도들은 문제를 해결하기 위해 발버둥도 치지만 동시에 하나님께 도와 달라고 기도한다.[5] 그러다 문제가 해결되지 않으면 하나님을 원망한다. 마음속에서 하나님에 대한 분노가 치밀어오르기도 하고, 하나님의 도움을 받지 못하는 현실 때문에 절망하기도 한다. 이런 면에서 성도들은 하나님을 믿지 않는 사람들에 비해 훨씬 더 힘들고 스트레스를 많이 받으며 산다고 할 수 있다.

강 장로님은 평소에 성도들에게서 훌륭한 신앙인이라는 칭찬을 많이 받아왔다. 그런데 어느 날 갑자기 사기 사건에 휘말려 가해자로 누명을 쓰게 되었고, 거액의 소송도 당하게 되었다. 처음에는 하나님이 도와주실 것을 믿었으나 상황이 점점 더 악화됐고, 기도만

---

때문이다"["Death, The Prosperity Gospel and Me", Kate Bowler, The New York Times, 14 (February, 2016)]. 굳이 번영신학을 이야기하지 않더라도 대부분의 성도는 고난을 겪게 되면 자신이 믿음의 실패자가 되었다는 수치심과 치욕을 느낀다.

5) 성도들은 자기 힘으로 문제를 해결하려고 발버둥 치는 것이 올바른 태도가 아니라는 것을 머리로는 너무나 잘 알고 있지만, 대부분은 발버둥도 치고 하나님도 찾는다. 두 가지를 다 하는 것이다. 문제는 어느 한 가지도 제대로 하지 못한다는 데 있다.

하고 있을 수 없는 형편이 되었다. 강 장로님은 자신이 평생 유지해 왔던 믿음이 위기 상황에서 전혀 도움이 되지 못한다는 것을 알게 되었다. 장로님은 자기 힘으로 문제를 해결하려고 발버둥 치기 시작했다. 이러한 행동은 믿음이 없는 것임을 머리로는 너무나 잘 알고 있었지만 어쩔 도리가 없었다. '하나님이 도와주시지 않으니 저라도 나서야겠습니다!'라고 하나님께 으름장을 놓기도 했다. 그러나 아무리 발버둥 쳐도 문제가 해결되지 않았다. 공포와 두려움이 몰려왔다. 하나님이 있는지 의심이 들기도 했다. 혼란스러웠다. 장로님은 '기도를 더 했어야 했는가? 내가 믿음이 부족해서 하나님이 도와주시지 않는 것인가? 하나님이 나를 벌하시는 것인가?' 하며 우왕좌왕하고 갈팡질팡하였다. 훌륭한 신앙인이라는 칭찬을 받아왔기에 다른 성도들에게 이런 고민을 쉽게 털어놓을 수도 없었다.

강 장로님의 경우에서 볼 수 있다시피, 하나님과의 관계에서 오는 영적인 고통은 세상적인 고통에 비해 결코 가볍지 않다. 평생 유지해 왔던 믿음이 위기 상황에 전혀 작동하지 못한다는 것을 알게 되면 인생 전체가 무너지는 것 같은 공포심을 느끼게 된다. 이처럼 하나님과의 관계에서 오는 영적인 고통도 짊어지고 가야 하므로 성도들의 삶은 더 힘들다. 말로 표현은 하지 않아도 '내가 이러려고 하나님을 믿었나?'라는 생각을 많이 한다. 뭔가 열심히 하는 것 같기는 한데, 죽도 밥도 아닌 상황이다. 이런 영적인 고통 때문에 기쁨과 평강을 잃어버리게 된다.

어떤 성도들은 이러한 영적 스트레스 때문에 믿음을 계속 붙잡지 못하고 하나님을 욕하고 떠난다. 이들은 "교회를 떠나니 하나님이라는 가짜 신과의 관계에서 생기는 스트레스에서 해방되어 너무 좋다.

비로소 자유함을 누리게 되었다"라고 말하기도 한다. 성도들이 고난 속에서 갈팡질팡하는 모습을 보시면서 과연 사랑의 하나님은 무엇을 하고 계시는 것일까? 앞서 말한 송 장로님도 성도들의 고난을 보면서 이런 질문을 했을 것이다.

전래동화 중에 '혹부리영감' 이야기가 있다. 혹부리영감이 산에 나무를 하러 갔다가 깜박 잠이 들었는데 밤이 되었다. 혹부리영감은 무서움을 떨쳐보려고 노래를 부르기 시작했다. 그때 갑자기 도깨비들이 나타났다. 도깨비들이 그 노래가 어디서 나오느냐고 물었다. 혹부리영감은 얼떨결에 혹에서 나온다고 둘러댔다. 도깨비들은 그 혹을 가지고 싶다며 많은 재물을 주고 혹을 떼갔다. 혹부리영감은 부자가 되었다. 이 소식을 들은 이웃 마을의 다른 혹부리영감은 욕심이 많은 사람이었는데, 자기도 그렇게 되고 싶었다. 그는 도깨비를 찾아가서 노래를 부르며 도깨비에게 혹을 사 가라고 제안했다. 도깨비는 또다시 속을 수 없다며 화를 냈고, 그 혹부리영감에게 벌로 혹을 한 개 더 붙여주었다. 그 영감은 혹을 떼고 부자가 되고 싶었으나, 이제는 오히려 혹을 두 개나 달고 살게 되었다. 이전보다 상황이 더 나빠졌다.

성도들은 하나님이 사랑이라고 해서 하나님을 믿었다. 하나님이 우리 아버지라고 해서 하나님을 믿었다. 하나님은 복 주시는 분이라고 해서 하나님을 믿었다. 그런데 평생 하나님을 믿어도 하나님의 사랑이 잘 느껴지지 않고 오히려 고난 속에서 허우적거리는 자신의 비참한 모습을 보면서 많은 성도가 '내가 이러려고 하나님을 믿었나?'라고 생각한다. 이런 생각을 하는 성도라면 자신의 상황이 혹부리영감이 혹을 떼러 갔다가 다른 혹을 하나 더 붙인 것과 매우 유사하다고 느끼며 허탈해할 것이다.

## (2) 하나님을 원망하는 성도가 너무 많다

박 목사님은 미국에서 이민 목회를 시작했다. 처음에는 교회가 성장하는 듯했지만 그 안에서 갈등과 분쟁이 발생하여 교인들이 떠나가는 것을 지켜봐야만 했다. 재정적인 어려움이 항상 목사님을 괴롭혔고, 따로 돈을 벌지 않으면 생계를 유지하기 어려울 정도였다. 어린 딸은 소아당뇨병에 걸려 지속적인 치료를 받아야 했다. 수십 년간 목회를 하면서 너무 힘들었다. 하나님의 종인 자신이 이렇게 말도 안 되는 시련에 처해 있다는 사실을 이해할 수 없었다. 한국에 있는 모친은 아들인 박 목사님의 고난을 지켜보면서도 도와줄 수 없어서 안타까워했고, 매일 새벽 아들인 박 목사님을 위해 울면서 기도했다.

성도들은 많은 어려움과 시련을 겪으며 산다. 좀더 구체적으로 말하자면, 기도를 해도 응답을 잘 받지 못한다. 하나님의 구체적인 인도를 받지 못하기 때문에 늘 우왕좌왕하면서 살아간다. 성경에서 약속한 축복도 다 받아 누리지 못한다. 질병, 가난, 고난 속에서 살아가는 경우가 더 많다. 하는 일마다 다 될 듯하다가도 끝에 가서 안 되는 것을 경험한다. 좀처럼 하나님과 가까워지지 않는다. 노력한 것에 비해 열매도 별로 없다. 삶이 막막하고 혼란스럽다. 아무리 기도해도 자신의 삶에 변화가 생기지 않는 것을 알고 절망한다. 하나님의 자녀라는 신분에 대한 자부심도 별로 없다. 기도하면 하나님이 들어주실 것이라는 확신도 없다.[6] 마음에 기쁨과 평강도 없고, 감사도 별로 없

---

6) 많은 성도가 기도해도 응답을 못 받는 경우가 더 많다는 것을 경험적으로 알고 있다. 설사 기도 응답을 받더라도 하나님이 속시원하게 응답해 주신 경우는 별로 없고, 마지막까지 가서 아슬아슬하게 응답되는 경우가 더 많다는 것을 알고 있다. 그

다. 걱정 근심과 두려움 속에서 산다. 다윗은 "하나님이 나의 목자시니 내게 부족함이 없다"라고 고백했다. 그러나 대부분의 성도는 "하나님이 나의 목자인데도 나는 여전히 부족함이 많다"라고 말한다.

성도들은 하나님과의 친밀한 교제를 누리지도 못하고 고난 속에서 무기력하게 살아가야 하는 현실을 잘 받아들이지 못한다.[7] 교회에서는 항상 승리, 축복, 평강, 형통, 천국을 이야기하지만, 현실에서는 실패, 좌절, 우울, 두려움, 고난을 경험한다. 심지어 일부 성도는 사는 것이 지옥 같다고 고백한다. 이런 현실에서 성도들은 하나님을 원망한다.[8] 예를 들면 이런 식이다.

*하나님, 저와 함께한다고 하셨잖아요! 도대체 저에게 왜 이러시는 겁니까? 왜 제가 고통 속에서 살아야 하나요? 너무 잔인하신 것 아닙니까? 열심히 하나님을 믿고 따라왔는데, 왜 제*

---

래서 하나님께 기도한다는 것이 대체로 고통스러운 과정으로 각인되어 있는 성도가 많다. 그러다 보니 삶에 문제가 생기면 당장 가슴이 철렁 내려앉고 걱정, 근심부터 하게 된다. 결국 기도 응답을 받기는 했지만, 문제 해결 과정에서 겪었던 답답함, 스트레스, 고통, 두려움, 걱정, 근심을 다시 겪어야 한다고 생각하니 숨이 턱 막힌다.

7) 목회자들은 "무릇 그리스도 예수 안에서 경건하게 살고자 하는 자는 박해를 받으리라"(딤후 3:12)라는 성경 구절을 제시하며 성도라 하더라도 고난을 피할 수는 없다고 말하기도 한다. 성도들은 이 말에 별로 공감하지 못한다. 그보다는 "그러면 어떻게 해야 하는가?"라고 질문하면서 교회가 이 질문에 좀더 현실적이고 구체적인 해법을 제시해 주기를 원한다.

8) 우스꽝스러운 것은 성도들이 하나님을 원망할 뿐 아니라 심지어 하나님께 입에 담지 못할 욕을 하면서도 하나님께 도와달라고 기도한다는 사실이다. 이 얼마나 모순인가! 이들의 의식 흐름을 따라가 보면 많은 경우 이들의 관심은 오로지 고난 극복이다. 처음부터 하나님과의 친밀한 관계를 회복하는 것이 이들의 주된 관심사가 아니다. 혹 이들이 하나님의 은혜로 고난을 극복했다 하더라도 하나님과 가까워질 가능성은 많지 않으며, 고난의 원인을 처리하지 못했기 때문에 고난이 반복될 가능성이 매우 크다.

*기도를 안 들어주시는 겁니까? 저에게 망신을 주시려고 저를 하나님의 자녀로 부르신 건가요? 하나님, 제가 뭘 그렇게 잘못 했습니까? 왜 아무 말도 해주지 않으시는 겁니까? 제가 많은 것을 하나님께 바라고 요구한 것도 아니잖아요! 하나님, 당신 이 진짜입니까?*

대부분의 성도가 하나님을 원망하며 살고 있다. 그렇다고 해서 이것이 당연하다거나 옳은 것이라고 말할 수는 없다. 하나님을 원망 하는 것은 분명히 잘못된 것이다. 하나님을 원망한다는 것은 하나님 을 신뢰하지 않는다는 분명한 증거다. 하나님과 별로 친하지 않다는 증거이기도 하다. 하나님과 친밀한 교제를 누리는 사람이 하나님을 원망한다는 것은 상상하기 힘들다. 하나님을 원망하는 것은 교만의 죄에서 비롯된 것이다.[9] 그렇다고 해서 하나님을 원망하는 것을 부 끄러워할 필요는 전혀 없다. 대부분의 성도가 하나님을 원망하며 살 고 있으니 말이다.[10] 심지어 동방의 의인이라는 욥도 하나님을 원망 했고, 회개를 통해 회복을 경험했다.

---

9) 하나님을 원망한다는 것은 하나님과의 관계가 좋지 않다는 분명한 증거다. 이것을 철저하게 회개해야 한다. 그렇다고 해서 하나님을 원망하지 말라고 권하는 것은 아 니다. 마음속에 하나님을 원망하는 마음이 샘솟듯이 솟아나는데 그것을 억지로 막 으려고 애쓰는 것도 건강하지 못한 태도다. 원망이 올라오면 하나님께 토해내는 것 이 하나님을 원망하지 않는 척하는 것보다 훨씬 낫다. 여기서 내가 말하고자 하는 것은, 하나님을 원망한다는 것은 불신과 교만에 그 뿌리를 두고 있다는 것을 분명하 게 인정해야 한다는 것이다. 이것을 인정해야 하나님과의 관계가 회복될 수 있다.

10) 하나님을 원망하는 것이 나쁜 것만은 아니다. 하나님을 원망한다는 것은 적어도 하 나님의 존재를 믿고 받아들인다는 것이고, 하나님과 관계를 맺고 있다는 것을 의미 하기 때문이다. 하나님과의 관계가 별로 좋지 않다는 것이 문제이기는 하지만 말이 다. 반면에 하나님을 믿지 않는 자는 하나님을 원망할 일이 없다.

"내가 주께 대하여 귀로 듣기만 하였사오나 이제는 눈으로 주를 뵈옵나이다 그러므로 내가 스스로 거두어들이고 티끌과 재 가운데에서 회개하나이다"(욥 42:5-6).

고난 속에서 하나님을 원망하는 것은 목사, 사모, 장로, 권사, 집사 그 어느 누구도 예외가 없다. 교회의 영적 지도자인 목회자는 평신도보다 하나님을 덜 원망할 것 같지만, 실상은 정반대다. 이들은 하나님의 종으로서 하나님께 헌신한 사람들이기 때문에 기대가 크다. 기대가 크면 실망이 큰 법이다. 그래서 많은 경우 목회자의 하나님에 대한 원망은 성도들의 원망보다 훨씬 더 크다.

*하나님, 제가 제 인생을 바쳐서 이렇게 헌신했는데 왜 목회가 이렇게 힘들고 어렵습니까? 하나님, 이렇게 저를 망하게 하시려고 저를 주의 종으로 부르셨나요? 하나님, 주의 종인 제가 이렇게 고생하는데 왜 침묵하고 계신가요? 하나님, 차라리 저를 죽여주세요.*

아무리 기도해도 응답이 없고 고난이 계속되면 원망이 계속 쌓인다. 이런 상황을 '영혼의 어두운 밤'(dark night of the soul)[11]을 통과하는 과정이라고 스스로 평가하고, '언젠가는 하나님께서 회복시켜 주시겠지'라

---

11) '영혼의 어두운 밤'이란 표현은 16세기 수도사인 십자가의 요한(St. John of the Cross)이 쓴 책 제목에서 유래했다고 알려져 있다. '영혼의 어두운 밤'은 성도가 하나님과의 더 높은 단계의 친밀함으로 들어가기 위해 반드시 통과해야 하는 영적인 고통을 의미한다고 한다. 이재훈 "영혼의 어두운 밤", 국민일보, 2015년 6월 13일.

는 막연한 기대로 버틴다.[12] 이런 기대와 소망으로 5년, 10년, 20년, 30년을 기다린다. 계속 버티다 보면 성도들 중 일부는 회복을 경험한다. 하지만 슬프게도 대부분의 성도는 여전히 고난에서 벗어나지 못한다. 고난이 계속되면 어떤 성도들은 하나님을 버리고 교회를 떠나기도 한다. 또 일부 성도는 답을 찾기 위해 용하다는 무당이나 점쟁이를 찾아다니기도 한다.[13] 이것이 현실이다. 이 현실을 어떻게 설명해야 하는가?

정말 우스꽝스러운 것은, 이렇게 어렵고 힘든 삶을 살고 있고 하나님을 원망하면서도 대부분의 성도는 자기가 하나님을 원망하고 있다는 것조차 인식하지 못한 채 "나는 하나님의 은혜 속에 살고 있다"라고 말한다는 점이다.[14] 여기서 말하는 '은혜'란 기쁨, 평강, 감사

---

12) 많은 목회자가 고난에 처한 성도들에게 인내하며 버티라고 권한다. 하나님의 섭리를 알지 못하지만 인내하면서 버티다 보면 결국 하나님의 은혜를 경험한다는 취지다. 그러나 버티는 것도 중요하지만 이것이 최선의 방법은 아니다. 버티는 것은 기본에 불과하다. 주변을 살펴보면 일부 성도는 버티기에 성공해서 회복을 경험하지만, 대부분의 성도는 평생 버티기만 하다 제대로 된 회복을 경험하지 못하고 죽는다.

13) 성도들이 무당과 점쟁이를 찾아가는 것은 매우 심각한 죄다. 아래는 실제 있었던 이야기다. 어떤 목사가 개척교회 목회가 너무 힘들어 목회를 그만둘까 고민하고 있었다. 하나님의 뜻을 알고 싶어서 기도를 많이 했지만 도무지 알 수가 없었다. 선배 목회자들을 찾아가 상담도 해보았지만 기도하라는 말뿐 도움이 되는 조언은 없었다. 너무 답답한 나머지 이 목사가 점쟁이를 찾아가게 되었다. 점쟁이는 확신에 차서 "목사님은 목회를 계속 해야겠습니다"라고 말했다. 이 말을 듣고 점집을 나오면서 이 목사는 "할렐루야!"라고 외쳤다.

14) 나는 이 책에서 '우스꽝스럽다'는 말을 많이 사용한다. 많은 성도가 하나님이 주신 이성을 활용하여 건전하게 생각한다면 도저히 할 수 없는 생각, 행동, 판단을 너무 많이 하기 때문이다. 우스꽝스러운 생각, 행동, 판단을 하게 되는 근본적인 원인은 하나님이 자기 삶의 주인이 아니고 자신이 주인이기 때문이다. 이것은 뿌리 깊은 교만에서 흘러나오는 것이다. 이런 교만은 자신의 삶을 불편하게 하거나 자기 길을 방해하는 세력이 있으면 그것이 하나님이라도 용납하지 못하게 만들고, 하나님은 당연히 자신을 지켜주고 보호해 줘야 하는 책임과 의무가 있는 존재라고 생각하게 만든다.

등을 경험한다는 의미일 텐데, 현실을 냉정하게 들여다보면 성도들은 이런 은혜를 '가끔씩' 그리고 '조금' 맛볼 뿐, 지속적으로 풍성한 하나님의 은혜를 경험하지 못한다. 다시 말하면 가끔씩 은혜를 체험할 뿐이며 삶의 대부분은 무미건조하고 힘들다. 이것을 어떻게 하나님의 은혜 속에서 사는 삶이라고 평가할 수 있는지 의문이다.[15]

### (3) 대체로 죄가 고난의 원인이다

"내가 무슨 죄가 많아서…"라는 말은 성도들이 고난을 당하면 본능적으로 하게 되는 말이다.[16]

*내가 무슨 죄를 지었길래 불치병에 걸린 것일까? 내가 무슨 죄를 지었길래 내 자녀에게 불치병이 생긴 것일까? 내가 무슨 죄를 지었길래 아무리 노력해도 가난이 떠나지 않는 것일까? 내*

---

15) 성도들은 '은혜'라는 단어를 좋아한다. 비록 삶이 힘들지만 고난을 견딜 수 있는 은혜를 경험하고 있다고 말하기도 한다. 고난 속에서 죽을 맛이고 두렵고 걱정이 가득하고 마음이 불안함에도 아직 잘 버티고 있다면 고난을 견딜 수 있는 은혜, 힘 또는 능력을 받았다고 할 수는 있겠지만, 이것을 '은혜 속에 산다'고 표현할 수는 없을 것이다.

16) 성도들은 "내가 전생에 무슨 죄를 많이 지어서 이런 고생을 하는가"라는 말도 한다. '전생'이라는 단어를 성도들이 부지불식간에 사용한다면 그것은 불교의 영향이다. 성도들이 흔히 사용하는 '인과응보'라는 단어도 불교의 인연 사상과 윤회 사상을 기본으로 한 불교 용어다. 불교에서는 인과응보가 순현보, 순생보, 순후보를 포함한다고 설명한다. 순현보는 현재에 살면서 지은 선악에 따라 지금 현재의 세상에서 받는 보응을 의미하고, 순생보는 현재에 살면서 지은 선악에 따라 다음 세상에서 받는 보응을, 순후보는 현재에 살면서 지은 선악에 따라 여러 생을 거친 이후에 받는 보응을 의미한다. 한국 문화에 스며들어 있는 이런 용어를 성도들이 무심코 사용한다는 것은 이들이 불교의 영향을 많이 받고 있다는 뜻이다.

*가 무슨 죄를 지었길래 하는 일마다 제대로 되지 않고 앞길이 계속 막히는 것일까? 내가 무슨 죄를 지었길래 삶이 이렇게도 힘들단 말인가? 내가 무슨 죄를 지었길래 목회가 안 되는 것일까? 내가 무슨 죄를 지었길래 하나님을 열심히 믿는데도 나의 삶은 여전히 힘들고 막막한 것일까?*

성도들이 고난을 겪으면서 고난이 죄 때문일 수 있다고 생각하는 것은 매우 자연스럽다. 성도들은 '가능성'을 생각하는 정도에서 멈추지 말고 자신의 어떤 죄가 고난의 원인인지에 대한 답을 찾기 위해 조금 더 진지한 노력을 할 필요가 있다.

다음은 부산 수영로교회 정필도 목사님의 이야기다. 정 목사님은 수영로교회 개척 초기에 교회 부흥의 이유가 자신이 설교를 잘하는 훌륭한 목사이기 때문이라는 교만한 생각을 잠시 한 적이 있었다고 한다. 그런데 이런 생각을 한 그 주 수요예배에 그 많던 교인이 한 사람도 나오지 않은 것이다. 목사님은 가슴이 철렁 내려앉고 교회가 망할 것 같다는 생각이 들어 견딜 수가 없었다. 그날 목사님은 집에 들어가지도 못하고, 교회에서 "하나님, 제가 뭘 잘못했는지 모르겠습니다. 가르쳐주십시오"라고 기도했다. 기도하던 중 책망하시는 하나님의 음성을 들었다. "네가 해? 내가 하지! 네가 해? 내가 하지! 네가 해? 내가 하지!" 정 목사님은 즉각적으로 교만의 죄를 회개하며 하나님께 용서를 구했다고 한다.[17]

---

17) 정필도, 『교회는 무릎으로 세워진다』(서울: 두란노, 2014), pp. 150-152.

정필도 목사님과 같은 훌륭한 목회자들의 특징 중 하나는 죄가 고난의 원인이라는 것을 알고 있다는 점이다. 그래서 이들은 고난에 봉착했을 때, 자기가 처리해야 할 죄가 무엇인지 하나님께 묻는 습관이 있다.

예수님이 두아디라교회에게 경고하신 말씀을 보면, 죄를 회개하지 않으면 고난 속에 던지신다고 하셨다. 이 말씀에 미루어 보면, 성도들이 고난을 겪게 되는 것은 죄 때문인 경우가 많다고 할 수 있다.

> "그러나 네게 책망할 일이 있노라 자칭 선지자라 하는 여자 이세벨을 네가 용납함이니 그가 내 종들을 가르쳐 꾀어 행음하게 하고 우상의 제물을 먹게 하는도다 또 내가 그에게 회개할 기회를 주었으되 자기의 음행을 회개하고자 하지 아니하는도다 볼지어다 내가 그를 침상에 던질 터이요 또 그와 더불어 간음하는 자들도 만일 그의 행위를 회개하지 아니하면 큰 환난 가운데에 던지고 또 내가 사망으로 그의 자녀를 죽이리니 모든 교회가 나는 사람의 뜻과 마음을 살피는 자인 줄 알지라 내가 너희 각 사람의 행위대로 갚아 주리라"(계 2:20-23).

그런데 대부분의 성도는 고난의 원인을 찾기 위한 진지한 노력을 하지 않을 뿐더러 죄 때문에 자신이 고난을 겪는 것이 아니라고 쉽게 결론을 내리는 경향이 있다.[18] 좀더 고민하고 좀더 탐구한다면

---

18) 성도들의 이런 반응은 자세히 살펴보면 일관성이 없으며 매우 우스꽝스럽다. 성경

자신의 죄가 고난의 원인일 수 있음을 깨달을 수 있을 텐데 그 단계까지 도달하지 못하는 것은 안타까운 일이다.

성도들이 자신의 죄가 고난의 원인이 아니라는 결론에 쉽게 도달하는 이유는, 예수님을 믿는 순간 과거·현재·미래의 모든 죄가 용서된다는 가르침 때문이다. 그래서 예수님을 믿고 모든 죄가 이미 용서되었으므로 현재 겪는 자신의 고난이 죄와는 상관없다고 생각하게 된다.[19] 또 욥의 세 친구가 "죄 때문에 네가 망했다" 하며 욥을 책망했지만 하나님이 오히려 이들을 꾸짖으셨던 사실을 떠올리며, 자신의 고난에도 하나님의 특별한 섭리가 있을 것이라고 생각한다.[20] 더구나 주변의 성도들이나 목회자들도 "하나님이 당신을 사랑하신다. 다 잘 될 것이다. 하나님이 도와주실 것이다. 인내하며 잘 버텨라" 하고 위로해 주기 때문에 자신의 죄 문제에 대해서 더는 고민할 필요를 못 느끼게 된다.[21]

---

은 죄와 고난이 깊이 연관되어 있다고 분명하게 말한다(삿 10:6-10; 느 9:37; 렘 2:19; 애 1:5; 습 1:17; 롬 2:9; 고전 11:29-30; 계 2:21-22). 그래서 성도들은 매우 자연스럽게 다른 성도들이 겪는 고난이 그들의 죄 때문일 것이라고 판단한다. 그런데 막상 자기의 고난에 대해서는 전혀 다른 반응을 보인다. 어떻게 해서든지 자기의 고난의 원인은 죄가 아니라고 생각하고 싶어 한다.

19) 예수님을 믿고 모든 죄가 용서되었다는 생각은 평신도만 할 것 같은데, 목회자들도 이런 생각을 가지고 있다. 문제는 이런 생각을 가지고 있으면 열심히 회개할 필요를 못 느끼게 된다는 점이다.

20) 욥의 세 친구는 욥의 친구가 될 수 있을 만큼 당대에 유력한 사람들이었을 가능성이 크다. 이 세 친구의 말을 우습게 생각하거나 가볍게 생각하고 욥기를 읽으면 욥기의 핵심을 놓칠 수 있다. 이들이 하나님의 섭리를 다 알지 못했기 때문에 욥의 상황에 적합하지 않은 말을 한 것일 수는 있다. 그러나 죄와 고난이 연결되어 있다는 이들의 말은 성경의 진리에 부합하는 것이다. 욥의 세 친구가 하나님께 꾸중을 들었다고 해서 죄와 고난이 연결되어 있다는 성경의 진리마저 부정해서는 안 된다.

21) 목회자들이 성도들에게 위로의 말만 해주는 것은 아니다. 죄와 회개에 대해서도 설교한다. 그런데 대체적으로 설교 내용 중 죄와 회개의 비중이 매우 낮다 보니, 그러

그러나 죄가 고난의 원인이 아닐 것이라는 생각은 오래 유지되기 어렵다. 살다 보면 삶의 다양한 경험이 인생 데이터로 축적되는데, 이 데이터를 잘 분석해 보면 죄가 고난의 원인일 가능성이 크다는 사실이 뚜렷해지기 때문이다.[22] 여기서 내가 '인생 데이터'라고 표현한 것은 사람의 기억이라는 저장장치에 기록되어 있는 사실로 그 사람이 직접 경험한 것을 의미한다. 인생 데이터는 매우 중요하기 때문에 하나님과의 바른 관계에 들어가기를 원하는 성도라면 반드시 이 인생 데이터를 분석하여 자신이 하나님과 어떤 관계에 있는지 확인해 보아야 한다.

인생 데이터는 그 사람이 직접 경험한 사실이기 때문에, 이를 직접 경험하지 않은 타인은 설사 가족이라 해도 이 데이터를 제대로 파악할 수 없다. 인생 데이터에는 남에게 말할 수 없는 부끄러운 것이나 남들과 공유할 수 없는 비밀스러운 것이 많이 포함되어 있다. 그래서 인생 데이터는 자기 자신만 분석할 수 있다. 타인이 대신 해 줄 수 없다. 인생 데이터는 오랜 기간 축적될수록 더 유용해진다.

사사기 1장에는 아도니 베섹 왕 이야기가 나온다. 여호수아가 죽은 후 이스라엘은 가나안족 및 브리스족과의 전쟁을 치르게 되었다.

---

한 이야기를 하든 안 하든 별 차이가 없는 정도인 경우가 많다. 만약 성도들이 회개를 언급한 설교를 듣고도 회개할 결심을 하지 못한다면, 결과적으로 그 설교는 죄와 회개에 대해 이야기하지 않은 것과 똑같다고 해도 크게 틀리지 않을 것이다.

22) 자신의 인생 데이터를 분석하면 죄가 자신의 고난의 원인일 가능성이 있다는 것이 서서히 느껴지는데, 이것은 성도들을 스트레스로 몰아가는 원인이 되기도 한다. 성도들은 자신의 죄가 고난의 원인이라는 것을 강력하게 부정하고 싶어 하는데, 이러한 강력한 거부감은 죄가 고난의 원인이라는 인생 데이터와 충돌을 일으키고, 이로 인해 성도들은 갈팡질팡하며 스트레스를 받게 되는 것이다. 회개를 알지 못하면 이런 부조화 상태로 스트레스를 받으면서 평생 살아가게 된다.

이때 이스라엘은 베섹에서 아도니 베섹 왕을 체포하고, 그의 엄지손가락과 엄지발가락을 잘라버렸다. 아도니 베섹 왕이 왜 이런 고통과 수치를 당해야 하는지에 대해서 다른 사람들은 별로 관심이 없었겠지만, 아도니 베섹 왕은 분명히 알고 있었다. 이것이 과거에 자기가 한 나쁜 짓에 대한 하나님의 벌이라는 것을 말이다.

과거 자기가 정복한 왕 70명의 엄지손가락과 엄지발가락을 자르고, 자기 상 앞에서 먹을 것을 줍도록 하는 수치를 이들에게 안겨주었던 사실이 그의 인생 데이터에 분명하게 기록되어 있었기 때문이다. 그래서 그는 "하나님이 내가 행한 대로 내게 갚으셨다"라고 고백할 수밖에 없었다.

> "아도니 베섹이 이르되 옛적에 칠십 명의 왕들이 그들의 엄지손가
> 락과 엄지발가락이 잘리고 내 상 아래에서 먹을 것을 줍더니 하나
> 님이 내가 행한 대로 내게 갚으심이로다 하니라"(삿 1:7).

홍 목사님은 고향인 시골 마을에서 최초로 예수님을 믿은 사람이었다. 가족들을 예수님께로 인도했고, 총신대학교 신학대학원을 졸업하고 목사가 되었다. 80세까지 목회하다가 은퇴했다. 아쉽게도 홍 목사님은 성공적인 목회를 하지 못했다. 목회사역이 잘 될 듯하다가도 끝에서 꼭 망가지는 것을 경험했다. 앞길이 계속 막히는 것을 느꼈다. 한두 번도 아니고 수차례 이런 일을 경험했다.

이런 일이 목회를 하는 동안 50년 이상 계속되니 너무 이상하다고 생각했다. 홍 목사님은 그 원인이 죄일 수 있다는 것을 강하게 느끼고 있었다. 그러나 하나님께 평생 헌신해 왔고, 하나님의 은혜도

많이 체험했기 때문에 자신이 겪는 고난이 죄 때문이라고 선뜻 단정할 수는 없었다. 고난이 죄 때문이라는 것을 인정하고 싶지도 않았다.[23] 우리 하나님은 죄를 용서하시는 좋으신 하나님이 아니던가!

그러나 어느 신뢰할 만한 사역자가 홍 목사님의 계속된 고난이 집안에 전해 내려온 우상숭배의 죄 때문이라고 지적해 주었을 때, 홍 목사님은 이를 즉각적으로 받아들일 수밖에 없었다. 죄가 원인이 아니라면 자신의 오랜 고난을 도무지 설명할 길이 없었기 때문이다. 홍 목사님의 인생 데이터도 이것이 맞다는 것을 강력하게 뒷받침해 주었다.

홍 목사님은 천국 갈 날이 얼마 남지 않았다고 생각하고 있었는데, 자신이 겪은 고난의 원인을 뒤늦게 알게 된 셈이다. 그 원인을 알게 되어 속이 다 시원했지만, 이제 홍 목사님은 '죄의 문제를 어떻게 해결해야 하는가'라는 큰 숙제를 떠안게 되었기 때문에 부담스러워했다. 목사님은 80세에 자신의 죄와 조상의 죄를 회개하기 시작했다. 홍 목사님은 회개를 하면 할수록 죄가 줄어들지 않고 더 많이 발견되어 고통스럽다고 말했다. 그리고 나와 대화를 나눌 때마다 생각보다 회개가 쉽지 않다고 말했다.

한편 젊은 청년들의 경우 인생을 오래 살지 않았기 때문에 인생 데이터가 충분히 축적되어 있지 않을 수 있다. 그렇더라도 하나님의

---

23) 리처드 백스터(Richard Baxter) 목사님은 "믿고 싶지 않은 것을 진리로 믿으려는 사람은 찾아보기 힘들며, 자신에게 불리하다고 생각되는 것을 진리로 여기는 사람은 더욱 찾기 어렵다"고 했다[리처드 백스터, 『회개했는가』, 배응준 역(서울: 규장, 2008), p. 55]. 성도들은 죄 문제를 처리해야 한다는 것 자체를 부담스러워하는 경향이 있다. 고난이 죄 때문이라는 것을 인정하면 반드시 죄 문제를 처리해야 하는데, 성도들은 죄를 어떻게 처리해야 하는지 잘 모르기 때문이다. 이런 상황은 성도들에게 스트레스를 준다. 차라리 죄가 고난의 원인이 아니라고 단정해 버리면 훨씬 마음이 편하다는 것을 성도들은 잘 알고 있다.

공의를 탐구해 보면 고난의 원인이 죄일 수 있다는 것을 쉽게 인정하게 된다. 하나님은 영의 법칙을 만드셨고, 그 영의 법칙은 죄를 지으면 악한 영이 합법적으로 그 사람을 지배할 수 있다는 것이다. 죄가있는 곳에 마귀, 즉 악한 영이 있다. 죄를 지으면 악한 영이 합법적으로 그 사람을 공격하게 되는데, 이것이 하나님의 공의이고 법이다.

> "죄를 짓는 자는 마귀에게 속하나니 마귀는 처음부터 범죄함이라
> 하나님의 아들이 나타나신 것은 마귀의 일을 멸하려 하심이라"(요
> 일 3:8).

하나님의 분명한 입장은 '너희가 하나님의 말씀대로 살지 않으면, 너희가 죄 속에서 살면, 아무리 많이 기도해도 응답하지 않겠다'는 것이다.

> "너희가 손을 펼 때에 내가 내 눈을 너희에게서 가리고 너희가 많
> 이 기도할지라도 내가 듣지 아니하리니 이는 너희의 손에 피가 가
> 득함이라"(사 1:15).

물론 하나님은 죄 속에 있는 우리에게 은혜를 주시고 성도들은 이런 은혜를 가끔씩 경험한다. 그런데 은혜라는 것은 하나님의 영역이지 우리의 권리가 아니다. 하나님은 은혜를 주실 수도 있고, 안 주실 수도 있다. 한편 죄가 있으면 하나님이 응답하지 않는다는 것은 하나님의 공의다. 죄를 지은 상태에서도 기도 응답을 받을 수 있다고 말하고, 마치 우리에게 응답 받을 권한이라도 있는 것처럼 말한

다면 이는 하나님을 무시하고 업신여기는 행동이다. 성경도 우리에게 다음과 같이 경고하고 있다.

> "스스로 속이지 말라 하나님은 업신여김을 받지 아니하시나니 사람이 무엇으로 심든지 그대로 거두리라"(갈 6:7).

개역한글성경은 이 부분을 '하나님은 만홀히 여김을 받지 않으신다'고 번역했고, 영어성경(NIV)은 'God cannot be mocked'라고 옮기고 있다. 이것은 죄를 지으면 그 대가를 반드시 치르게 되는 것이 하나님의 공의인데도, 죄와 상관없이 자신은 형통한 삶을 살 수 있을 것이라고 생각함은 자신을 속이는 것일 뿐 아니라 하나님을 업신여기고 조롱하는 것이라는 뜻이다. 이 성경 구절을 계속 묵상하다 보면, 실제로 우리가 얼마나 하나님을 멸시하고 조롱하면서 살고 있는지를 발견하고 놀라게 될 것이다.

### (4) 죄의 문제는 우리가 생각하는 것보다 훨씬 더 심각하다

선한목자교회 유기성 목사님은 죄에 대해 이렇게 말했다.

> "하나님은 인간의 죄 때문에 예수 그리스도를 이 땅에 보내시고 십자가에 죽게 하신 분입니다. 하나님에게 있어서 죄는 너무 심각합니다. 죄로 인해 하나님의 마음이 얼마나 아픈지를 십자가를 볼 때마다 명심해야 합니다. 절대로 죄를 작게 여기면 안 됩니다. 작은 죄라는 것은 없습니다! 모든 죄가 하나님을

*아프게 하고 여러분에게도 심각한 문제를 일으킵니다."* [24)](#)

죄의 문제는 정말로 심각하다. 죄의 대가는 사망이다. 하나님의 관심도 죄의 문제를 해결하는 데 있다. 사도 요한은 하나님이 예수 님을 이 땅에 보내셔서 십자가를 지게 하신 것은 우리 죄를 속하기 위한 것이라고 하였다.

> "하나님의 사랑이 우리에게 이렇게 나타난 바 되었으니 하나님이
> 자기의 독생자를 세상에 보내심은 그로 말미암아 우리를 살리려
> 하심이라 사랑은 여기 있으니 우리가 하나님을 사랑한 것이 아니
> 요 하나님이 우리를 사랑하사 우리 죄를 속하기 위하여 화목제물
> 로 그 아들을 보내셨음이라"(요일 4:9-10).

도대체 죄가 얼마나 심각한 문제이기에 하나님이신 예수님이 인간 의 죄 문제 해결을 위해서 십자가에서 목숨을 내던지셔야만 했을까? 성도들은 이 질문을 심각하게 생각해 봐야 한다. 죄의 문제를 결코 가볍게 생각하면 안 된다. 예수님을 구주로 영접했다고 해서 죄가 다 처리되었다고 생각하면 안 된다. 마틴 루터는 비텐베르크교회 정문에 붙인 95개 조 반박문에서 첫 번째 조항으로 성도는 천국에 들어갈 때 까지 죄에 대한 회개를 지속해야 한다고 했다. 존 칼빈도 《기독교강 요》(제3권 3장 2)에서 성도는 평생 회개를 계속해야 한다고 강조했다.

---

24) 유기성 목사 설교, "철저한 회개! 당신에게 필요합니다", https://youtube/mTA-5VMJzLw.

다시 말하지만, 죄의 문제는 우리가 생각하는 것보다 훨씬 더 심각하다. 자신이 아무리 하나님의 자녀이고 하나님의 사랑을 입었다 하더라도 죄를 처리하지 않으면 악한 영이 합법적으로 그를 공격한다. 악한 영의 공격이란 도대체 무엇인가? 성도를 망하게 하고 병들게 하는 것이다.

"도둑이 오는 것은 도둑질하고 죽이고 멸망시키려는 것뿐이요"(요 10:10).

악한 영이 공격하면 인간은 고난을 겪게 된다. 비록 성도라 할지라도 죄에서 자유롭지 못하므로 우리 각자가 겪는 고난은 죄 때문일 가능성이 크다는 점을 인정해야 한다. 이것은 내가 다른 사람들보다 더 죄인이기 때문이 아니다. 나와 하나님과의 관계에 대한 것이다. 이것을 인정하는 것은 전혀 부끄러운 일이 아니다. 너 나 할 것 없이 우리는 모두 죄인이기 때문이다. 조금 더 훌륭한 성도들은 있겠지만 도토리 키재기이고 오십보백보다.

기독교인 중에는 죄 이야기를 부담스러워하는 사람이 많다. 아마도 교회 내에서 죄의 문제를 지혜롭게 다루지 못해서 죄를 빌미로 성도들을 공격하거나 정죄하는 부작용을 심심치 않게 봐왔기 때문일 것이다. 충분히 이해된다. 인생은 복잡계(complex system)[25]다. 우

---

25) '복잡계'(complex systems)는 상호작용을 하며 얽혀 있는 많은 부분으로 구성되어 있으며, 그 특징이 구성요소들을 이해하는 것만으로는 완벽하게 설명되지 않는 시스템이라고 한다. 복잡계 이론은 새로운 과학이론으로, 세상이 돌아가는 원리나 법칙을 단순하게 해석하려는 기존의 분석적 과학에 대한 도전이라고 평가되고 있다 (한규현, "복잡계(Complex systems)란 무엇인가?", 원자력산업, 2007년 3월). 복잡계

리가 모르는 영역이 너무나 많다. 죄가 모든 고난의 원인이라고 단정할 수는 없다.[26] 죄라는 단어 하나로 인생을 모두 설명할 수도 없다. 그러나 성도들의 죄가 고난의 원인일 가능성이 높다는 점을 부정해서는 안 된다. 이를 인정하는 것이 실천적으로 매우 중요한데, 그래야 고난을 극복하기 위한 방법을 찾을 수 있기 때문이다. 데릭 프린스(1915-2003) 목사님은 "문제의 뿌리는 죄다. 사람이 인생의 근본 문제인 죄의 실체를 직시하지 않으면 삶의 문제를 효과적으로 대처할 수 없다"라고 지적했다.[27]

정동진 목사님은 고난의 문제로 씨름하다가 고난이 죄와 연결되어 있다는 것을 발견했다.

> 나는 신앙생활을 시작하면서 '예수를 믿으면 모든 죄를 사함 받았다'는 가르침을 믿고, 또 그것을 그대로 가르치며 살아왔다. 예수를 믿어 모든 죄를 사함 받았다면 그리스도 안에서 풍성한 삶을 살아야 당연한 것 아닌가? 좁혀지지 않는 신학과 실제 내 삶의 격차는 끊임없이 나를 불편하게 했다.
>
> 예수님께서 나의 모든 죄를 사해 주셨으면 내 앞길에는 막힌 것이 없어야 정상일 것이다. 그러나 우리의 실생활에서는 넘지 못하는 장벽이 무수히 많고, 되지 않는 것이 너무나 많다. 축복을

---

라는 용어는 과학뿐 아니라 인생과 하나님 나라를 탐구해 나가는 데도 매우 유용한 도구이기 때문에 나는 이 책에서 복잡계라는 용어를 많이 사용한다.

26) 성도가 하나님의 나라를 위해 헌신하다가 고난을 받거나, 죄와 관계없이 고난을 겪는 경우도 있겠지만, 실제로 그런 경우는 많지 않다. 대체로 자신의 죄 때문에 죄의 열매를 거두어들이는 것이다.

27) 데릭 프린스, 『속죄』, 김유태 역(서울: 순전한 나드, 2010), p. 18.

받는다는 성경의 약속은 글일 뿐 실제 내 삶의 열매는 아니었다. 이것이 예수를 믿은 후에 얻을 수 있는 것의 전부란 말인가?

한 달에 두세 번씩 신약성경을 읽으면 읽을수록 예수를 믿고 모든 죄를 사함 받았다고 믿고 있는 나에게 도전적인 말씀이 있었다.

"자녀들아 너희 자신을 지켜 우상에게서 멀리하라"(요일 5:21), "그러므로 땅에 있는 지체를 죽이라 곧 음란과 부정과 사욕과 악한 정욕과 탐심이니 탐심은 우상숭배니라"(골 3:5), "그런즉 내 사랑하는 자들아 우상숭배하는 일을 피하라"(고전 10:14)고 말하고 있었다.

말씀은 예수를 믿으면 모든 죄를 사함 받았으니 죄를 지어도 괜찮다고 말하지 않고, 계속해서 우상숭배를 피하고 일상생활에서 지을 수 있는 모든 죄를 멀리하며 나를 죽이라고 하였다. 신약성경의 요구를 따르기 위해서 우상숭배를 피해 멀리하고 나를 죽이는 방법이 무엇인가를 찾다가 '회개'라고 하는 너무도 단순한 원리를 발견했다. 회개를 하면서 예수님을 나의 구세주로 믿게 된 이후로 단 한 번도 하나님께 고백하지 않았던 우상숭배의 죄를 고백하게 되었다.[28]

김봉화 권사님은 기독교인들을 대상으로 상담사역을 해왔다. 상담을 해보니 성도들의 가정에 자녀 문제, 질병, 사업 문제, 이혼, 불륜 등이 끊이지 않았고, 심지어 목회자 가정도 예외가 아니었다. 김

---

28) 정동진, 『깊은 우상숭배 회개문』(서울: 유하, 2018), 뒤쪽 표지.

권사님은 이런 의문을 가졌다. '도대체 하나님을 믿지 않는 가정과 믿는 가정이 무엇이 다르단 말인가?' 세월이 좀 흘러 권사님은 기도하던 중 하나님에게서 이에 대한 명확한 대답을 들었다고 한다. 하나님의 답은 '죄 문제가 해결되지 않아서 그런 것이고, 모든 죄를 낱낱이 회개해야 한다'는 것이었다. 나는 김 권사님의 이야기가 성경적일 뿐 아니라 매우 설득력 있다고 생각했다. 권사님은 《거듭남의 기도》라는 책에 이 이야기를 적어 놓았다.

> 2009년 9월 말 나는 드디어 하나님의 놀라운 대답을 들었다.
> "왜 믿는 자녀들의 가정에도 안 믿는 사람들과 다름없이 문제들이 많고 아픔과 슬픔이 끊이질 않나요?"
> "죄 문제가 해결되지 않아서 그런 것이니라."
> "네? 우리의 죄는 예수님을 믿음으로 다 해결 받은 것 아닌가요?"
> "믿음으로 용서와 구원은 받지만 보응은 남아 있느니라."
> "그러면 어떻게 해야 하나요?"
> "회개를 해야지!"
> "우리가 기도할 때마다 회개하잖아요?"
> "믿지 않는 가족이나 회개하지 않고 죽은 조상들의 죄는 어떻게 할래?"
> "네? 조상들의 죄까지도 우리가 회개해야 하나요?"
> "사탄은 죄악의 흔적을 따라 공격하기 때문에 대신 너희라도 반드시 회개해야 하느니라."[29]

---

29) 김봉화, 『거듭남의 기도』(서울: 좋은땅, 2018), p. 49.

## (5) 고난을 미화하면 안 된다

서점에 가면 '고난은 하나님의 은혜다'라는 주제의 책들이 넘쳐나고 있다. 대부분의 성도가 고난을 겪고 있기 때문이다. 이런 책들은 고난은 연단의 과정이고, 고난을 잘 견디면 하나님의 축복을 경험하게 된다는 메시지를 전달한다. 더불어 설교자들도 이런 취지로 설교하고 있다. 신앙 간증을 들어봐도 대부분 고난 속에서 하나님을 만났다는 이야기다. 이런 책, 설교, 간증을 통해 성도들은 위로와 격려를 받는다.

고난을 극복하는 과정을 통해 죄를 끊고, 회개하며, 겸손을 배우고, 하나님을 더 알게 되며, 하나님과 더 친밀한 교제를 하게 되며, 도우시는 하나님을 체험하게 된다. 이 점에서 고난이 은혜라는 말은 맞다. 나는 이 말에 백 번, 천 번, 만 번 동의한다. 나 역시 고난 속에서 하나님의 은혜를 체험한다.

조니 에릭슨 타다(Joni Eareckson Tada)는 17세 때 사고로 사지가 마비되었지만 절망을 이기고 믿음으로 살면서 전 세계 많은 장애우와 성도들에게 도전과 격려를 주고 있다.[30] 나는 오랜 기간 동안 조니의 라디오방송을 들으면서 많은 격려를 받았다. 많은 사람이 삶의 고난을 이야기하지만 조니만큼 고난의 문제가 절절한 현실인 사람은 드물 것이다. 조니는 사지가 마비된 상태이기 때문에 하루하루 육체의 고통과 씨름해야 한다. 너무 고통스러워 잠을 자지 못하고 새벽에 깨기도 한다. 그럴 때면 천정을 바라보면서 "예수님 안에서 나는 너무 행복하다!"라고 고백한다. 조니는 고난 때문에 하나님

---

30) 조니의 사역에 대한 자세한 것은 https://www.joniandfriends.org/를 참조하라.

께 더욱 집중하게 되었고, 천국에서 예수님을 만나기를 간절히 바라며 감사로 하루하루를 살고 있다. 조니에게는 천국과 예수 그리스도가 이론이나 논리가 아닌 현실이며 진리다. 조니 외에도 질병과 고난 속에서 인내하며 하나님과 동행하고 천국을 소망하는 훌륭한 신앙인이 많이 있다. 그런 분들을 볼 때 나는 고난이 하나님의 은혜라는 것을 마음으로 받아들인다.

고난 중에는, 조니의 경우처럼 이를 잘 견디며 하나님과 친밀하게 동행하는 법을 배워가야 하는 고난이 있고, 이를 극복하여 하나님의 영광을 드러내야 하는 고난이 있다. 대부분의 고난은 후자에 해당한다고 생각한다. 만약 고난을 견디는 것보다는 극복하기를 선택한다면 반드시 해법을 찾아야 한다. 견디는 것만으로는 충분하지 않다. 그런데 고난이 은혜라는 말은 고난을 잘 견딜 수 있도록 위로하는 데 초점이 맞추어져 있다. 해법을 제시하지는 않는다.

다시 말해, 이런 위로는 고난의 원인을 찾아서 해결하도록 돕는 것이 아니고, 그저 고난을 잘 견딜 수 있도록 도와주는 것일 뿐이다. 이것은 통증 때문에 고통스러워하는 환자에게 진통제를 투여하는 것과 비슷하다. 진통제는 통증을 가라앉힐 뿐 치료해 주지는 못한다. 이것이 '고난이 은혜'라는 말이 가지는 약점이다. 교회는 성도들이 해법을 찾도록 도와주어야 한다. 고난을 극복하기 위한 실제적인 해법을 찾도록 도와주지는 않은 채 '고난이 은혜'라는 말만 자꾸 되풀이하면 성도들은 고난을 극복하지 못하고 고난에 계속 머물게 될 위험이 있다.

인생은 복잡계이며 고난의 원인은 다양하다. 하나님의 연단일 수도 있고, 죄 때문일 수도 있으며, 하나님의 영광을 위한 것일 수도 있다. 이러한 원인들이 복합적으로 작용한 것일 수도 있다. 그러나 앞서 설명한 것처럼 고난의 원인은 대체로 죄라고 보면 크게 틀리지 않을 것 같다. 이와 관련해 한양훈 목사님은 《성경적 영성》에서 이렇게 설명하고 있다.

하나님이 허락하신 연단이 아니다

성도들이 영적인 싸움에서 승리하여 죄 문제가 어느 정도만 해결되면 여러 가지 연단은 거의 끝난다. 분명한 것은 성도의 삶에 나타나는 모든 고통은 하나님이 허락하시는 고난이 아니라는 사실이다. 특히 대대로 신앙을 가진 집안 사람보다 당대에 믿는 사람들이 더 많은 고난을 받는데 이것이 그 사실을 증명해 준다. 그 이유는 부모가 죄로 인해 어두운 가정을 만들었고, 당연히 부모의 영적 에너지가 없고 가정과 자신의 죄를 하나님 앞에서 깔끔하게 해결하지 못했기 때문이다.

신자가 고난을 받으면 모든 것을 하나님 때문에 고난 받는다고 갖다 붙이지 말아야 한다. 성도의 고난은 죄 때문에 당하는 것이 의외로 많다. 이런 경우는 과거 우상과 단절하지 못했기 때문에 나타나는 현상이라고 볼 수 있다. 그 이유는 하나님과 사탄은 원수이기 때문이다.

사탄 입장에서 보면 예수를 믿게 된 사람은 배신자이므로 자연히 공격을 한다. 배신자를 혼내주고 다시 자기 수하에 두기 위해서 사탄은 우는 사자같이 돌아다니는 것이다(벧전 5:8). 사탄의 그 울부짖음을 과소평가해서는 안 된다. 우리는 하나님을 믿으면 고난을 으레 받는 것이라고 생각하는데 이런 억울하고 이유를 모르는 고난은 받을 필요가 없다. 목회자나 일반 성도가 고난을 받는 경우에는 그 이유를 육적인 부분에서만 찾

*지 말고 영적으로 잘 찾아 해결해야 한다. 이 싸움은 모든 인생*
*이 해야 할 일이다.[31]*

성도들이 겪는 대부분의 고난은 사실 굳이 겪을 필요가 없는 불필요한 것이며 인생 낭비인 경우가 많다. 고난 속에 있는 성도에게 "당신이 고난을 겪는 이유는 하나님과의 막힌 담 때문이니, 당신의 죄를 철저히 회개하고 막힌 담을 헐어야 한다"라고 말해주어야 한다. 그래야 고난에서 빨리 탈출하고 하나님과의 관계도 회복된다. 죄를 지적하고 회개를 이야기하면 칼로 환부를 도려내는 것처럼 처음에는 아플 수 있다. 그러나 이것이 가장 **빠른** 회복의 길이다.

만약 성도가 상처받을까 봐 회개하라는 말을 하지 못하고 고난이 은혜라는 말만 자꾸 해준다면, 그 성도는 자신의 죄 문제를 해결할 생각도 하지 못한 채 세월만 보내게 된다.[32] 고난이 더 깊어져 더는 돌이킬 수 없는 지경에 이르면, 그제야 스스로 자신의 죄를 직면하게 되고 부랴부랴 회개하는 단계로 들어가게 된다. 엄청난 인생

---

31) 한양훈, 『성경적 영성』(서울: 유하, 2015), p. 260.

32) 좀 과장해서 말하면, 교회 안에 넘쳐나는 위로의 메시지는 병을 치료해 주는 것이 아니라 통증을 완화하는 주사를 놔주는 것에 불과하다고 볼 수 있다. 이런 위로는 자칫 잘못하면 성도들이 무조건 잘 될 것이라는 망상에 빠지게 만들고, 해법을 적극적으로 찾으려는 노력을 방해하며 세월을 낭비하게 만든다. 많은 성도가 이런 위로의 메시지만 듣고 힘들게 살면서 고난을 탈출하지도 못하고, 고난 속에서 죽는다. 폴 워셔(Paul Washer) 목사님은 2008년 10월 22일 미국 조지아주 애틀랜타에서 유명한 설교를 했다. 그는 이 설교에서 "성령님이 하시는 일이 죄에 대해 책망하시는 것인데(요 16:8), 우리가 만약 죄를 가볍게 다룬다면 그것은 바로 성령님을 대항해서 싸우는 것입니다. 우리가 사람들이 싫어할까 봐 죄를 지적하지 않는다면, 우리는 사기꾼이며 사람들이 하나님께로 돌아올 기회를 빼앗는 것입니다"라고 말했다 (Paul Washer, "Ten Indictments against the Modern Church", Chapel Library, 2008).

낭비다. '허송세월'이라는 단어가 이 상황에 딱 들어맞는다. 만약 누군가가 회개하라고 말해주었더라면, 그 말이 잠시 상처가 되기는 했을지라도 일찍 회개를 시작해서 죄의 문제를 이미 해결했을 텐데 기회를 놓친 것이다. 그러므로 고난이 하나님의 은혜라는 말은 백 번, 천 번 맞지만, 이를 너무 강조하면 회개를 가로막고 고난에서 탈출하는 것을 막을 수 있다는 점을 반드시 기억해야 한다.

## (6) 많은 성도가 죽을 때까지 고난에서 벗어나지 못한다

하나님을 믿으면 기쁨과 평강, 그리고 형통의 복을 누리게 된다고 성경은 말하고 있다. 이것은 진리이지만, 현실에서는 이것을 경험하기가 어렵다. 물론 성도들은 '약간의' 기쁨, 평강, 형통을 누린다. 그러나 '약간의' 기쁨, 평강, 형통은 하나님을 믿지 않거나 타 종교를 가진 사람도 누리고 있다. 창조주 하나님을 믿는 성도라면 하나님이 주시는 기쁨, 평강, 형통을 '풍성하게' 경험해야 한다. 그러나 현실을 보면 대부분의 성도가 풍성한 기쁨, 평강, 형통을 경험하지 못하고 오히려 고난 속에서 살아간다.[33]

이와 관련해 우리가 직면해야 할 끔찍한 현실이 있다. 그것은 많은 성도가 죽을 때까지 고난에서 벗어나지 못한다는 사실이다. 조금 구체적으로 말해보고자 한다. 많은 성도가 앞길이 막히고, 일이 잘

---

33) 무슨 근거로 '대부분'이라고 말하느냐고 내게 질문하는 성도가 있다. 많은 성도가 나에게 상담을 요청한다. 상담하다 보면 이들의 비밀스러운 고통과 고난 이야기를 듣게 된다. 겉으로는 행복하게 잘 사는 것 같지만, 실상은 많은 성도가 고통과 고난 속에서 신음하고 있음을 깨닫는다.

풀리지 않는 것을 경험한다. 일이 될 듯하다가도 안 되는 것을 반복해서 경험한다. 그러다 보니 자신감도 없어지고 자존감도 떨어진다. 죽을 때까지 자신감과 자존감이 회복되지 않는다. 스스로를 초라하다고 생각하면서 살다가 죽는다. '하나님을 믿는데도 왜 일들이 잘 풀리지 않는가'라는 의문을 품고 산다. 그러다 답도 모른 채 죽는다.

가난 때문에 마음고생을 하는 성도들은 죽을 때까지도 좀처럼 가난에서 해방되지 못한다. 가족관계도 깨지고 망가진다. 이혼도 하고 부모와 자녀가 갈등하면서 서로 등을 돌리기도 한다. 성도들 중에도 눌리고 우울하고 죽고 싶다는 생각을 하는 사람이 너무나 많다. 남들에게 말하기 어려운 질병 때문에 고생한다.

불의의 사고도 당한다. "예수를 믿어도 별 수 없네", "예수를 믿으니 더 고통을 겪네"라는 조롱을 들으면서 살다가 영광스러운 돌파를 경험하지도 못하고 죽는다. 엉뚱한 일이 생겨 손해 보면서 힘들게 살다가 회복을 경험하지도 못하고 죽는다. 대부분의 성도는 평생 걱정과 근심 속에서 살고, 죽는 순간까지 걱정 근심에서 벗어나지 못한다.[34]

성도들은 특별한 사정이 없다면 지금처럼 살다가 죽게 될 것을 너무나 잘 알고 있다. 지금까지 최선을 다해 하나님을 믿고 살았는데도 이 모양 이 꼴이라면 앞으로도 달라질 것은 없으리라는 절망감에 깊이 사로잡혀 살아간다. 너무나 비참한 삶이다. 그런데 이것이 철야기도, 새벽기도, 예배, 말씀 묵상, 봉사, 찬양 등에 헌신하면서

---

34) "걱정과 근심은 죄입니다. 걱정하거나 근심하지 마세요"라고 권하면, "현실 상황을 무시하고 하나님께 기도하기만 하면 문제가 해결됩니까?" 하며 항의하는 성도도 있다. 하나님과 친밀한 교제를 누리지 못하고, 하나님을 바라보는 것을 배우지 못하면, 평생 현실만 바라보며 걱정하고 근심하게 된다. 이것은 분명 비참한 삶임에도 많은 성도가 이것을 모든 인간이 겪는 정상적인 삶으로 받아들인다.

평생 살아온 성도들의 현실이다.

이런 비참한 현실을 더 비참하게 만드는 것은, 이렇게 평생 고난에 매여 힘들게 살다 보니 하나님께 드릴 열매가 별로 없다는 점이다. 고난 속에서는 자기 한 몸 돌보기도 어렵기 때문에 하나님이 맡겨주신 소명을 이룬다는 것은 생각하지도 못한다. 죽어서 하나님 앞에 섰을 때 하나님의 칭찬이나 상급을 기대하기 어렵다. '악하고 게으른 종'이라는 책망을 들을 가능성이 매우 크다. 너무 서글픈 일이다. 창조주이신 하나님을 믿는다는 것이 고작 이것밖에 되지 않는가?

### (7) 고난을 통과하려면 회개해야 한다

고난 속에 있는 성도들은 다음과 같은 위로의 메시지를 많이 듣는다.

> 고난은 위장된 축복입니다. 고난을 극복하면 믿음이 강해집니다. 하나님께서는 반드시 당신의 기도에 응답하십니다. 하나님께서 당신을 사랑하시며, 우주를 창조하기 전부터 당신을 특별히 선택하셨습니다. 하나님께서는 항상 당신과 함께하시는 분이십니다.

이런 위로의 메시지는 많은 경우 설교자 자신이 고난을 경험하고 얻은 통찰력에서 비롯된 것이기 때문에 성도들은 이런 위로의 말을 듣고 힘을 얻는다.[35] 그러나 대부분 시간이 지나면서 다시금 현실

---

35) 문제는 많은 성도가 이런 통찰력 있는 위로의 메시지를 제대로 소화해 내지 못한

앞에서 두려워하게 되고, 소망과 믿음을 잃게 된다. 다른 성도들이 하나님과 친밀한 관계를 맺고 행복해하는 것을 보면 자신만 소외되었다는 생각에 더욱더 절망하기도 한다.[36]

목회자들은 이 같은 위로의 메시지가 성도들에게 약간의 힘을 북돋워 줄 뿐, 고난을 통과하는 데는 별로 도움이 되지 않는다는 사실을 잘 알고 있다. 그래서 하나님 믿고 그냥 버텨보자며 성도들의 고통을 공감해 준다. 그것이 성도들에게 오히려 더 큰 힘이 되기도 한다.[37] 그러나 버틴다는 것은 대체로 너무 막막하고 힘든 과정이다. 버티더라도 제대로 버티는 방법을 찾아야 한다. 실제로 많은 성도가 막연하게 버티면서 많은 세월을 낭비한다. 그렇게 버티다 고난에서 탈출하지도 못하고 평생 고난 속에서 살다 죽는 경우도 허다하다. 이런 점을 고려하면, 버티면서 무엇을 하는지가 중요하다고 할 수 있다.

그렇다면 고난 속에 있는 성도들은 기도, 말씀 묵상, 봉사, 헌신, 예배, 헌금 등을 더욱더 열심히 하면 될까? 그동안 이러한 신앙활동을 다 해봤는데도 여전히 고난 속에서 힘들어하고 허덕이고 있다면, 적어도 그 성도에게는 이런 신앙활동이 고난을 탈출하는 데 별로

---

다는 사실이다. 많은 경우 위로의 메시지를 듣고서 안심하기는 하나, 고난 속에서 영적 진보를 어떻게 이루어내야 할지 진지하게 고민하지 못하게 되는 경향이 있다. 다시 말하면, 위로와 격려의 메시지를 자꾸 듣다 보면 '그래, 나는 잘 하고 있어'라는 생각이 들어 영적 돌파를 위한 노력을 게을리하게 된다. 내가 그랬다.

36) 신앙생활을 오래 한 성도일수록 이런 절망감이 커 위로와 소망의 메시지를 잘 받아들이지 않는 경향이 있다.

37) 솔직히 말해 고난 속에서는 버티지 않으면 달리 할 것도 없다. 실제로 버티는 것이 고난을 통과하는 데 도움이 된다.

도움이 되지 않았다고 봐야 한다.[38]

위로, 공감, 그리고 열정적인 신앙활동이 고난을 탈출하는 데 별로 도움이 되지 않았다면 무엇을 해야 하는가? 열정적인 신앙활동을 계속한다는 전제에서 말하자면, 나의 답은 '회개해야 한다'는 것이다. 성도들이 고난을 겪는 것은 대체로 악한 영들 때문이다. 악한 영들은 성도들의 죄를 통해서 합법적으로 성도들을 공격한다. 악한 영은 어떻게 해서든 성도들을 망하게 하려고 한다. 악한 영들이 이런 일을 자유롭게 할 수 있는 것은 성도들이 죄의 문제를 해결하지 못했기 때문이다.

따라서 악한 영들의 공격을 막아내려면 죄를 회개해야 한다. 회개 외에 다른 방법이 없다. 회개하지 않으면 악한 영들은 떠나가지 않는다. 회개를 해야 우리를 망하는 길, 고난의 길로 이끄는 악한 영이 떠난다. 악한 영이 떠나면, 하나님과의 관계가 회복되고 고난에서 벗어나게 된다. 하나님의 은혜는 대가 없는 용서를 포함하는 것이지만, 하나님의 은혜가 있다고 해서 모든 악한 영이 자동적으로 떠나가지는 않는다. 거듭 강조하지만 회개하지 않으면 악한 영들은 떠나가지 않는다.[39] 악한 영들과 더불어 살면 고난 속으로 빠져들게 된다.

---

38) 기도, 말씀 묵상, 봉사, 헌신, 예배, 헌금 등의 신앙활동은 매우 중요하다. 성도들은 천국 가는 날까지 이런 신앙활동을 계속해야 한다. 그러나 열심히 이런 신앙활동을 하고 있음에도 고난이 반복되고, 지금 현재 고난 속에서 힘들어하고 있다면, 자신이 무엇을 놓치고 있는지 스스로 점검해 봐야 한다.

39) 고난을 벗어나기 위해서 회개해야 한다고 말하면 "나는 그동안 회개를 해왔는데요?"라고 반문하는 성도가 있을 수 있다. 그러나 그동안 회개를 해왔는데도 여전히 마음에 걱정과 근심이 가득하고 고통과 고난 속에서 살고 있다면, 이것은 하나님과 관계가 좋지 않다는 뜻이고, 그동안 너무 대충 회개를 해왔다는 분명한 증거다. 대충 회개해서는 악한 영들이 떠나지 않는다. 회개를 제대로 알고, 또 제대로 해야 한다. 악한 영들은 그리 만만한 상대가 아니다.

# 2.
# 성도들은 회개를 잘 모른다

"우리 주 예수 그리스도께서 '회개하라'(마 4:17)고 하셨을 때, 이는 믿는 자의 삶 전체가 회개하는 삶이어야 함을 말씀하신 것입니다."
– 마틴 루터의 95개 조 반박문 중 첫 번째 조항

## (1) '회개'의 뜻 정리하고 시작하기

이제 본격적으로 회개 이야기를 하려고 한다. 머리말에서도 언급했다시피 이 책에서는 '회개'라는 단어를 많이 사용한다. '회개'는 추상적인 단어다. 사람마다 머릿속에 입력되어 있는 회개의 개념이 다 다르다. 같은 말을 해도 받아들이는 사람이 다 다르게 받아들인다면 제대로 된 의사소통을 할 수 없다. 그래서 '회개'라는 단어의 뜻을 다시 한번 정리하려고 한다.

일반적으로 성도들은 "회개합니다"라고 하나님께 고백할 때 '죄를 인정하고 하나님께 용서를 구하는 것' 정도로 생각한다. 이 책에서 '회개'라는 단어를 사용할 때도 이러한 의미를 염두에 두었다. 나는 '회개'를 생활 용어로 사용한 것이므로 이 책을 읽으면서 '회개'라는 단어를 보면 '죄를 인정하고 하나님께 용서를 구하는 것' 정도라고만 생각해 주면 좋겠다.[40]

　강조하고 싶은 것은 우리가 생활 용어로서 '회개'라는 단어를 사용하더라도 회개를 효과적으로 하는 데 아무런 문제가 없다는 점이다. 만약 우리가 회개할 때 회개라는 단어의 의미를 깊이 이해해야만 하나님이 우리의 죄를 용서해 주신다면 죄 용서 받을 수 있는 사람이 별로 없을 것이다.[41] 나는 이 책 군데군데에서 내가 사용하는 회개라는 단어가 '죄를 인정하고 하나님께 용서를 구하는 것' 정도라는 점을 반복해서 언급할 예정이다.

　또 내가 강조하고 싶은 것은 이 책은 불신자를 위한 책이 아니라 성도들을 위한 책이라는 점이다. 그렇기 때문에 내가 이 책에서 다루려고 하는 회개는 구원받은 성도들이 천국 가는 날까지 해야 할 회개다. 불신자들이 구원받을 때 하는 회개는 다루지 않는다. 이 두 가지, 즉 성화를 위한 회개와 구원을 위한 회개가 다르지 않겠지만, 구원받은 성도들에게도 여전히 회개가 필요하다는 점을 강조하기 위해서 나는 구원받은 성도들이 해야 하는 회개, 즉 성화를 위한 회

---

40) 이 책은 어떻게 하면 회개를 더 잘 할 수 있는지에 대한 책이지, 회개의 의미를 분석하려는 신학책이 아니다. 회개의 의미에 대해 신학적 연구를 하고 싶은 이들에게는 정동진 목사님의 《회개와 영성 회복》(유하, 2015)이라는 책을 추천한다.

41) 이 책을 읽고 회개를 제대로 하기로 결심한 성도라면, 회개라는 단어의 신학적 의미를 몰라도 아무런 문제가 없다. 단지 자신의 죄를 인정하고 하나님께 용서를 구하면 된다. 이 책을 계속 읽으면 내가 왜 이런 말을 하는지 이해할 것이다.

개만을 집중해서 다루려고 한다.[42] 만약 '나는 성도니 회개가 중요하지 않다'고 생각하고 있다면, 이 책이 많은 도움이 될 것이다.

## (2) 성도들은 회개에 대한 많은 의문을 품고 살아간다

우리가 모두 알고 있듯이 예수님이 사역을 시작하시면서 처음으로 선포하신 말씀은 "회개하라, 천국이 가까이 왔다"였다. 예수님은 회개는 천국으로 들어가는 관문이라고 알려주셨다. 다시 말해, 천국에 들어가려면 먼저 죄의 문제를 처리해야 하고, 죄의 문제는 회개를 통해 처리된다고 예수님이 친히 알려주신 것이다. 이런 예수님의 가르침은 불신자들만을 위한 것일까? 구원받은 성도들은 회개와 상관이 없는 것일까?

예수님은 사역을 회개로 시작하셨을 뿐 아니라, 이 땅에서 사역하시는 중에도 수시로 회개를 강조하셨다.

> "내가 의인을 부르러 온 것이 아니요 죄인을 불러 회개시키러 왔노라"(눅 5:32).
> "너희도 만일 회개하지 아니하면 다 이와 같이 망하리라"(눅 13:3).
> "내가 너희에게 이르노니 이와 같이 죄인 한 사람이 회개하면 하나님의 사자들 앞에 기쁨이 되느니라"(눅 15:10).

---

42) '성화'(聖化, sanctification)란 성도가 살아가면서 거룩을 이루어가는 상태나 과정을 말한다.

특히 예수님께서 제자들에게 기도를 가르쳐주시면서 "우리가 우리에게 죄 지은 자를 사하여 준 것같이 우리 죄를 사하여 주시옵고"라고 기도하라고 하셨는데, 이는 기도할 때마다 회개할 것을 강조하신 것이다.

이것이 끝이 아니다. 예수님은 이 땅에서의 사역을 마치시고 천국으로 가신 후에도 초대교회 성도들에게 회개의 중요성을 알려주고 싶어 하셨다. 요한계시록을 보면 예수님이 사도 요한을 통해 일곱 교회의 성도들에게 말씀을 주시는데, 핵심 메시지는 '회개하라'였다. 여기서 강조하고 싶은 것은 '회개하라'는 예수님의 메시지의 대상은 '성도들'이었다는 점이다. 예수님이 이토록 성도들의 회개를 중요하게 다루신 이유는 회개에 거대한 영적 비밀이 담겨 있기 때문이다.

> "그러므로 어디서 떨어졌는지를 생각하고 회개하여 처음 행위를 가지라"(계 2:5).
> "그러므로 회개하라 그리하지 아니하면 내가 네게 속히 가서 내 입의 검으로 그들과 싸우리라"(계 2:16).
> "만일 그의 행위를 회개하지 아니하면 큰 환난 가운데에 던지고 또 내가 사망으로 그의 자녀를 죽이리니"(계 2:22-23).
> "그러므로 네가 어떻게 받았으며 어떻게 들었는지 생각하고 지켜 회개하라"(계 3:3).
> "무릇 내가 사랑하는 자를 책망하여 징계하노니 그러므로 네가 열심을 내라 회개하라"(계 3:19).

그러나 회개의 원리는 의외로 간단하다. 우리가 회개하면 죄가 용서된다. 회개는 이 한 문장으로 설명하면 끝이다. 달리 덧붙일 말이 없다. 회개에 대한 책을 읽을 필요도 없다.

> "만일 우리가 우리 죄를 자백하면 그는 미쁘시고 의로우사 우리 죄를 사하시며 우리를 모든 불의에서 깨끗하게 하실 것이요"(요일 1:9).

"지금 회개하고 있는데 왜 회개 이야기를 하느냐?"라고 반문하는 성도들도 있을 것이다. 맞다. 성도들은 회개를 하고 있다. 예배 시간의 대표기도에도 회개가 자주 언급된다. 또 많은 교회는 주일예배 순서에 회개 시간을 갖고 있다. 예배인도자가 "회개하면 하나님이 용서해 주신다"라고 약속의 말씀을 선포하고 회개를 촉구한다. 그러면 성도들은 잔잔한 반주에 맞추어 회개 기도를 한다. 이것은 2~3분 정도의 짧은 회개다. 다른 예배 순서가 있으니 더 길게 회개할 수는 없다. 회개 시간이 짧으므로 성도들은 "알고 지은 죄, 모르고 지은 죄 모두 용서해 달라"고 뭉뚱그려 대충 회개할 수밖에 없다.

나는 "알고 지은 죄, 모르고 지은 죄를 모두 용서해 달라"는 회개를 하나님이 받으시기만 한다면 이보다 더 효과적인 회개는 없으리라고 생각해 본다. 단 한 번의 회개로 모든 죄가 용서받는 것이니 더는 회개할 필요가 없기 때문이다. 아무튼 성도들은 매 주일예배 중 회개 시간에 2~3분 정도 지난주에 지었던 죄를 떠올리면서 회개한다. 성도들은 회개 기도를 마치면 죄 용서를 받았다는 뿌듯함을 느낀다. 그리고 일주일 단위로 이렇게 회개를 계속 반복하고 있다. 회개할 때마다 죄 용서가 되었다고 생각한다.

하지만 성도들은 매 주일 회개를 하고 있으면서도 회개에 대해 풀리지 않는 의문을 품고 산다. 가끔씩 생각 속에 이런 질문들이 떠오른다.

목사님이 예수님을 믿으면 단번에 과거, 현재, 미래의 모든 죄가 용서되는 것이라고 가르치는데, 이것이 사실이라면 왜 주일 예배 시간마다 회개를 반복하는 것일까? 예수님을 믿고 모든 죄가 용서되었다는 것이 사실이라면, 죄의 용서를 구하는 회개를 계속 반복한다는 것은 모순이 아닌가? 회개는 불신자들이나 하는 것 아닌가? 성도들도 회개해야 한다면 2~3분의 회개가 죄에 대한 용서를 모두 받을 만큼 충분한 회개인가? 우리의 회개가 충분하지 않다면 용서받지 않고 남아 있는 죄는 우리에게 어떤 영향을 미치는 것일까? 불충분한 회개를 수십 년간 해왔다고 가정하면, 용서받지 못한 죄들이 계속 쌓이는 것일까? 만약 용서받지 못한 죄들이 계속 쌓이고 또 쌓인다면, 수년간 혹은 수십 년간 용서되지 않고 남아서 쌓인 죄는 성도들에게 어떤 영향을 미치게 될까? 조상들이 수백 년간 지은 죄는 구원받은 나에게 아무런 영향을 못 미치는 것이 확실할까? 그 2~3분간 회개할 때 진짜로 나의 죄가 용서되는 것일까? 사정상 예배에 참석하지 못해 회개하지 못한 성도가 있다면 이 성도의 죄는 어떻게 되는 것일까?

성도들은 수요기도회, 금요기도회, 새벽기도회 등 기도회에도 참석한다. 이런 기도회에서 인도자들은 회개하자고 말한다. 그러면 성도들은 이 제안에 따라 같이 회개한다. 그러나 앞서 말한 것처럼 회개에 대해 의문이 많은 상태이고 회개에 대한 입장 정리가 잘 되지 않다 보니, 성도들의 회개에는 힘이 별로 없다. 마지못해 회개하는 모양새가 펼쳐진다. 이런 성도들은 '회개하지 않으면 망한다'는 것은 상상도 하지 못한다.

한편 성도들은 여름수련회 등을 통해 회개하는 특별한 이벤트를 갖기도 한다. 아마 모닥불 앞에 함께 모여 앉아 회개하는 경험을 한 번쯤은 해보았을 것이다. 대충 이런 장면이다. 수련회 마지막 날 밤 성도들이 모닥불 앞에 앉아 있다. 목회자가 죄 용서와 회개에 대해 설교하고, 성도들에게 자신만이 알고 있는 죄를 종이에 써보라고 권한다. 그다음 목회자는 종이에 쓴 죄를 회개하라고 권한다.

성도들은 눈물 콧물을 흘리고 통곡하며 자신의 죄를 인정하고 하나님께 용서를 구한다. 회개를 마치면 목회자가 죄를 모두 용서받았다고 선포한다. 그리고 종이를 찢고 모닥불에 던지도록 한다. 종이가 타는 모습을 보면서 성도들은 죄를 용서받았다는 것을 마음에 새긴다. 여기까지는 좋다. 문제는 수련회에서 받은 은혜가 지속되지 않는다는 점이다. 수련회를 마치고 집으로 돌아가면 여름 수련회에서 분명 은혜를 받은 것 같은데 그 은혜가 지속되지 않는 것을 발견한다. 그리고 이런 질문들을 하게 된다.

*여름 수련회에서 눈물 흘리며 회개했는데 왜 나는 여전히 똑같은 죄를 계속 지으면서 살고 있는 것일까? 회개했는데 왜 나의 삶에 변화가 일어나지 않는 것일까? 내 삶에 아무런 변화가*

*없다는 것은 죄 용서를 받지 않았다는 것이 아닐까? 여름 수련*
*회에서 나의 죄를 회개하고 용서를 받았는데, 또 회개를 해야*
*하는 것일까?*

이처럼 성도들은 회개를 하고 있으면서도 회개에 대한 많은 의문을 품고 살아간다. 그리고 매우 혼란스러워한다. 평생 신앙생활을 해도 속 시원한 답을 얻지 못한다. 이런 의문을 가진 상태에서는 회개에 열심을 낼 수가 없다. 회개하라고 강력하게 선포하는 사람도 별로 없다. 간혹 회개를 강조하는 목회자가 있기는 하지만, 이런 목회자들도 회개하라고만 할 뿐 어떻게 회개해야 하는지에 대하여 구체적으로 가르쳐주지는 않는다. 어쩌면 우리는 회개에 대해 잘 모르면서 습관적으로 또는 형식적으로 '회개'라는 것을 하고 있는지도 모른다.

## (3) 성도들은 회개하라는 말을 좋아하지 않는다

한국의 무디라고 불리던 이성봉 목사님(1900~1965)은 설교할 때 회개를 강조하며, 죄지은 사람이 지옥에 가는 것이 아니라, 회개하지 못한 사람이 지옥에 가는 것이라고 말했다. 이성봉 목사님의 설교를 듣고 많은 사람이 변화되었다. 그런데 요즘에는 교회에서 죄와 회개에 대해 설교하면 성도의 숫자가 줄어든다고 한다. 성도들이 회개 메시지를 별로 좋아하지 않는다는 뜻이다. 회개 메시지를 싫어하지는 않더라도 회개를 이야기하면 "다 아는 이야기를 왜 또 하냐"며 의아해하기도 한다. 경우에 따라서는 회개하라는 말이 성도들에게 큰 상처와 고통을 주기도 한다.

다음은 내가 잘 아는 김 장로님에 대한 이야기다. 이 이야기는 30년 이상 내 머릿속에서 떠나지 않고 계속 맴돌고 있다.

박 권사님은 병원의 병실에서 김 장로님을 만났다. 김 장로님은 암으로 투병 중인 상태였고, 담임목사님을 비롯해 교회 권사님들과 함께 병문안을 간 것이다. 평소에 교회에서 건강한 모습으로 환하게 성도들을 맞아주던 김 장로님의 모습을 떠올리며 지금 홀쭉하게 살이 빠져 병상에 누워 있는 김 장로님의 모습을 보니 가슴이 아팠다. 김 장로님을 치유해 달라고 간절하게 합심기도를 드렸다. 기도를 마친 후에 박 권사님은 자신의 체험을 이야기하기 시작했다.

"장로님, 저도 암으로 죽어 갈 때 하나님께 살려달라고 기도했어요. 어느 날 기도를 간절히 하고 있는데, 제 눈앞에 영화를 보는 것처럼 제가 지은 죄가 다 보이는 거예요. 하나님께 너무 죄송해서 눈물을 흘리며 그 죄들을 낱낱이 회개하기 시작했어요. 회개한 후에 제 몸이 가벼워졌다는 것을 느끼게 되었어요. 그 후 병원에 가서 진단을 받아보니 암세포가 다 사라지고 저는 완전히 치유되었답니다. 얼마나 하나님께 감사했던지! 지금도 그 기억이 생생하고, 하나님을 생각하면 행복합니다. 장로님도 열심히 죄를 회개하세요."

같이 갔던 권사님들은 박 권사님의 이 간증을 익히 알고 있기는 했지만, 죽어 가고 있는 김 장로님에게 그런 말을 할 줄은 몰랐다. 다들 당황했다. 박 권사님의 '회개하라'는 말 한마디가 암으로 죽어 가고 있는 김 장로님에게 '당신의 죄 때문에 암이 생겼다'고 비난하는 것처럼 들렸기 때문이다. 아무리 좋은 말이라도 상황에 맞지 않으면 상대방에게 상처를 주게 되는데 박 권사님의 '회개하라'는 말이 그랬다. 김 장로님도 겉으로는 표시를 내지 못해도 속으로 매우 당황스러워했다.

내가 들여다보고 싶은 부분은 '왜 김 장로님이 당황스러워했을까?'이다. 김 장로님뿐 아니라 질병과 고난으로 고통 속에 있는 성도라면 '회개하라'는 말을 들을 때 누구라도 비슷한 반응을 보일 가능성이 크기 때문이다. 30년이 넘는 세월 동안 이 이야기가 내 머릿속에 자주 떠올랐고, 나는 김 장로님 입장에서 많은 생각을 해보았다.

첫째, 김 장로님은 '회개하라'는 말을 들으면서 자신이 파렴치한 범죄자로 낙인 찍혔다고 생각했다. 김 장로님은 암 진단을 받고 하나님을 원망했다. '나보다 신앙생활 제대로 하지 않는 사람들도 암에 안 걸리는데 왜 하필 나인가!'라는 생각을 하면 서러웠고 눈물이 많이 났다. 성도들은 고난을 겪으면 하나님 앞에서 자신을 돌아보며 회개하게 된다. 자연스럽게 김 장로님도 살면서 하나님께 큰 죄를 지은 것은 없는지 생각해 보았다.

완벽하지는 않았지만, 죄를 지으면 늘 회개했고, 말씀대로 살려고 노력했으며, 누구보다 열심히 하나님을 섬겨 왔다는 사실을 부인할 수 없었다. 적어도 죄의 문제 때문에 징계를 받는 것은 아닐 것이라고 안심했고, 하나님이 병을 고쳐주실 것을 기대하고 있었다. 그런데 '회개하라'는 말을 듣는 순간 이 말은 마치 판사가 유죄판결을 선고하듯 "야, 이 나쁜 놈아! 네가 죄를 지어서 남들이 안 걸리는 병에 걸린 거야!" 하고 정죄하는 것처럼 들렸다. 수치스럽고 충격적이었다. '아, 남들이 나를 볼 때 내가 죄가 많아서 하나님께 벌을 받았다고 생각하는구나'라는 생각이 들었다. 겉으로는 장로로서 경건한 척했지만, 실제로는 감추어진 죄가 많아 암에 걸렸다고 다들 생각할 것 같아 분하고 억울하기도 했다. 교회 성도들이 수군거리며 자신을 흉볼 것이라고 생각하니 미칠 것만 같았다. 죄를 회개하라는 말은 죽어 가고 있던 김 장로님에게 극도의 수치감만 안겨주었다.

둘째, 김 장로님은 죄가 암의 원인이라고 인정하고 싶지 않았다. 김 장로님은 예수님이 우리의 죄 때문에 십자가를 지신 것을 당연히 알고 있었다. 예수님께서 죄를 다 용서해 주셨다는 설교도 너무 많이 들어서 잘 알고 있었다. '목사님들의 설교에 따르면 예수님이 죄를 다 용서해 주셨는데, 왜 장로인 내가 죄 때문에 병이 들었단 말인가?' 이런 생각을 하면서 자신의 병이 죄 때문이란 것을 인정할 수가 없었다. 또 실제로도 나름 하나님께 충성된 삶을 살아왔기 때문에, 도대체 어떤 죄가 암의 원인인지 이해되지 않았다. 그리고 이렇게 생각했다.

'나는 늘 죄를 회개하면서 살아오지 않았던가! 나만큼 열심히 하나님을 믿은 사람이 어디 있을까! 나보다 더 죄 많은 사람도 병에 걸리지 않고 잘 살고 있지 않은가! 이렇게 하나님께 충성한 내가 죄로 암에 걸린다는 것이 말이 되는가! 하나님의 섭리를 다 아는 것은 아니지만, 적어도 내가 병든 것이 죄의 문제는 아닐 것이다.'

결국 김 장로님은 다음과 같은 결론을 내리고 스스로를 위로하게 되었다.

*'하나님이 더 큰 은혜를 주시려고 고난을 허락하신 것이다. 내가 열심히 하나님을 찾고 기도하면 하나님이 나를 회복시켜 주실 것이다.'*

김 장로님에게는 이런 두려움도 있었다. 만약 자신의 병이 죄 때문에 생긴 것임을 인정해 버리면, 죄 용서를 아직 못 받았다는 것이 되고, 자신이 하나님의 은혜 속에 있지 않다는 것이 된다. 죄에 대한 징계로 암에 걸린 것이라면, 하나님이 암을 치료해 주지 않을 수도 있고, 암으로 죽을 수도 있다는 것인데 김 장로님은 이를 받아들일 자신이 없었다.[43]

셋째, 김 장로님은 무엇을 회개해야 하는지, 어떻게 회개해야 하는지, 회개하면 병이 나을 것인지 등을 전혀 알지 못했다. 백 보 양보하여 암이 죄 때문에 생겼다고 인정해 본들 이제 와서 달라질 것 같지도 않았다. 도대체 무슨 죄를 어떻게 회개해야 하는지 알 길이 전혀 없었다. 지금까지 늘 회개를 해왔는데 이제 와서 무엇을 더 회개해야 하는지 도무지 알 길이 없었다. 회개한다고 해서 병이 나을 것이라는 보장도 없었다. 박 권사님의 경우 하나님이 강권적으로 인생 필름을 보여주시면서 죄를 생각나게 해서 회개를 했겠지만, 이런 초자연적인 은혜는 아무에게나 주시는 것이 아니라는 것쯤은 김 장

---

43) 홍수가 나서 강둑이 무너지면 온갖 쓰레기와 더러운 물이 강물과 함께 넘쳐 흘러오게 된다. 죄를 인정하는 것은 강둑이 무너지는 것과 같아서 대부분의 성도는 죄를 인정하는 순간 죗값을 지불해야 하고, 하나님의 은혜에서도 끊어질 것 같은 두려움에 사로잡히게 된다. 그래서 어떻게 해서든 이것만은 막아야 한다는 생각이 마음 속 깊은 곳에 잠재되어 있다. 인간은 자기가 통제할 수 없는 상황에 들어가는 것을 극도로 싫어한다.

로님도 알고 있었다. 의사가 얼마 못 산다고 진단한 상황에서 이러지도 못하고 저러지도 못하는, 그야말로 절망이었다.

결국 '회개하라'는 사랑의 권고는 김 장로님과 그 가족들에게 도움을 주기는커녕 절망과 수치만 안겨주었다. 마음 좋고 훌륭한 신앙인이었던 김 장로님은 암을 이기지 못하고 세상을 떠났다.

김 장로님 이야기와 같은 상황은 미국 같은 외국에서도 벌어진다. 〈미라클즈 프럼 헤븐〉(Miracles From Heaven)이라는 영화가 있다. 이 영화는 크리스티 빔의 회고록을 원작으로 2016년에 공개된 미국의 기독교 영화다. 크리스티의 둘째 딸 애나벨이 원인을 알 수 없는 병 때문에 어떤 음식도 소화시킬 수 없게 되었다. 의사는 애나벨의 병을 치료하기 어렵다고 했다. 크리스티는 애나벨을 살리기 위해 모든 노력을 다 했다. 크리스티가 다니는 교회의 성도들은 애나벨의 치유를 위해 열심히 기도했다. 그런데도 좀처럼 치유될 기미가 보이지 않았다. 성도들은 '우리가 이렇게 열심히 기도하고 있는데 왜 하나님께서 애나벨을 아직까지 치유해 주시지 않을까'라며 의아해했다.

그리고 서서히 이것이 죄 때문일 수 있다고 생각하게 되었다. 죄의 담 때문에 하나님의 응답이 오지 못하는 것이라고 생각하게 된 것이다. 어느 주일 날 예배를 마친 후 지쳐 있는 크리스티에게 성도들이 다가왔다. 크리스티는 예배를 통해 하나님께 새 힘을 얻고 겨우 몸과 마음을 추스리고 있는 상황이었다. 이런 크리스티에게 성도들이 다가와 진지하게 회개를 권하면서 다음과 같이 말한다.

*"우리는 애나벨을 위해 계속 기도하고 있어요. 그런데 생각보다*
*기도 응답이 더딘 것 같아요. 아직 애나벨이 치유되고 있지 않으*

*니 이제는 죄의 문제에 대해 질문할 때가 된 것 같아요. 아마도
누군가의 죄가 치유에 장애가 되는 것일지도 몰라요. 크리스티
당신이나 당신 남편, 아니면 애나벨의 죄가 원인일 수도 있어요."*

죄 때문에 애나벨이 불치병에 걸렸고, 죄 때문에 치유가 일어나지
않는 것이라는 평가에 크리스티는 충격을 받았다. 이런 말을 듣는
것이 수치스럽고 화가 났다. 결국 크리스티는 그 성도들이 꼴도 보
기 싫어 교회에 나가지 않기로 결심한다. 누군들 화가 나지 않을까?
김 장로님의 이야기와 동일하다. 크리스티를 위한다는 성도들이 사
실은 "네가 죄인이다"라고 판결선고를 한 꼴이 되어버렸다. 당연히
그럴 의도는 없었지만, 상황상으로는 그랬다.[44]

'회개하라'는 말이 성도들에게 상처가 되는 현실을 고려하면서,
팀 켈러 목사님은 자신의 책《Walking with God through Pain and
Suffering》에서 회개 권유보다는 격려와 공감이 더 중요하다고 말한
다. 그는 그 근거로 절망 속에 있던 엘리야를 다루시는 하나님의 방
법을 이야기했다. 즉, 하나님은 엘리야를 야단치시거나 회개하라고
다그치신 것이 아니라, 우선 쉬게 하시고 먹이셨던 것을 언급했다.
그리고 언젠가는 문제의 실체에 직면해야겠지만 절망 속에 있는 성

---

44) 김 장로님은 치유되지 못했지만, 애나벨은 치유의 기적을 체험했다. 죄를 처리하기
위한 회개를 하지 않았는데도 말이다. 죽을 날만 기다리며 집에서 요양 중이던 애
나벨이 어느 날 언니들과 나무 위에서 놀다가 속이 빈 나무 속으로 떨어지고, 이 과
정에서 애나벨은 천국을 경험했다. 그리고 죄의 문제와는 아무 상관 없이 완전히
치유되었다. 죄 때문에 애나벨이 불치병에 걸렸을지도 모른다고 생각했던 성도들은
애나벨의 치유를 축하하면서도 자기들의 진단이 부적절했다는 점 때문에 매우 부
끄러워하고 당황했을 수 있다. 인간에게는 복잡계를 제대로 다룰 능력이 없다.

도들에게 당장 필요한 것은 고통에 공감해 주고 기다려주는 것이라고 지적했다.[45]

이런 견해는 초보 성도들에게는 도움이 되지만, 어느 정도 성장한 성도들에게는 별로 도움이 되지 않는 것 같다. 그런 생각을 가지고 있으면 성도들에게 상처를 줄 것 같아 죄와 회개에 대해 말하지 못하게 되고, 결국 성도들의 회복과 성장을 오히려 방해할 수 있다. 성도들이 회복과 성장을 경험하려면 죄의 문제에 직면해야 하고, 그것은 빠르면 빠를수록 좋다.[46]

엄두섭 목사님(1919~2016)은 한국이 낳은 훌륭한 영성가다. 그는 《영맥》이라는 책에서 이렇게 말한다.

> 한국의 기독교인들은 성령을 신비, 입신, 방언, 신유의 영인 줄로만 알고 있으며 회개를 도외시하고 있다. 그러나 회개를 모르는 성령은 기독교의 성령이 아니다. 성령의 가장 큰 역사는 죄인을 회개시켜 겸손하게 만들고 성화시키는 일이다. 회개를 못 하는 것은 두려운 일이다. 바리새인은 회개하지 않는 종교인들이다.[47]

---

45) Tim Keller, *Walking with God through Pain and Suffering*(London: Penguin Books, 2016), p. 244.

46) 또한 잊지 말아야 할 것은, 하나님은 절망하고 있던 엘리야에게 휴식과 음식을 주신 후 바로 은퇴시켜 버렸다는 사실이다. 하나님이 휴식과 음식을 주셨다는 것에 감동하지 말고, 엘리야를 조기 은퇴시켜 버렸다는 사실에서 바짝 긴장해야 한다. 하나님이 내게 맡기신 소명을 다른 사람에게 빼앗기는 일이 없도록 바짝 긴장하고 하나님께 더욱 열정적으로 충성해야 한다.

47) 엄두섭, 『영맥』(서울: 은성, 1992), p. 198.

## (4) 성도들은 회개를 잘 모른다

내가 성도들은 회개를 잘 모른다고 말하면 화를 내는 성도들도 있을 것이다. 그리고 이렇게 항의할 것이다.

> "모든 성도가 회개를 하고 있습니다. 성도들도 회개가 '죄를 인정하고 하나님께 용서를 구하는 것'이라는 정도는 알고 있습니다. 전혀 모른다면 아예 처음부터 회개를 하지 않았을 것입니다. 그런데 왜 당신은 당신만 회개를 아는 것처럼 말하고, 다른 성도들은 회개를 모른다고 말합니까?"

물론 성도들 중에는 회개를 열심히 하는 성도들도 있다. 그런데 내가 보기에 일반적인 성도의 경우 회개에 대한 이해의 수준은 대체로 매우 낮다. 다음의 대화 내용은 성도들의 회개에 대한 인식과 이해의 수준이 어떤 것인지를 잘 보여준다. 너무 우스꽝스럽다고 생각할지 모르겠지만, 현실이다.

> 목사: 아담이 죄를 지어 세상에 죄와 저주가 들어왔습니다.
> 집사: 맞습니다.
> 목사: 지금도 죄를 근거로 해서 악한 영들이 성도들을 공격하고 있습니다. 성경에도 마귀가 삼킬 자를 찾아다닌다고 하지 않습니까?
> 집사: 그런 것 같습니다. 맞습니다.
> 목사: 우리는 우리 죄를 철저하게 회개해야 하고 마귀를 대적해야 합니다.

집사: 맞습니다. 회개해야 합니다.

목사: 그런데 집사님! 집사님이 현재 겪는 고난은 교만의 죄 때문이라는 생각이 듭니다. 이번 기회에 집사님께서 교만의 죄를 철저하게 회개하시기 바랍니다.

집사: (당황하면서 얼굴을 붉힌다) 목사님! 저를 어떻게 보고 그런 말을 하시는 겁니까? 교만이라니요? 제가 죄인이라는 거예요? 저는 도둑질도 하지 않았고, 사람을 괴롭히지도 않았어요. 법도 위반하지 않았어요. 매일 기도하고 말씀 보면서 하나님께 나아가고 있어요. 그리고 다른 사람이라면 몰라도 제가 얼마나 열심히 하나님께 충성하고 있는지는 목사님이 누구보다 잘 아시잖아요? 제가 힘들어하고 있는 줄 아시면서 왜 저를 죄인 취급 하시는 겁니까? 몹시 불쾌해요. 다시는 그런 말 하지 마세요!

목사: 집사님을 공격하려는 뜻은 아니었습니다. 집사님께서 조금 전에 악한 영들이 죄를 타고 성도들을 공격한다는 데 동의하셨잖아요? 그리고 하나님께서 그런 감동을 제게 주셔서 조심스럽게 알려드린 것입니다.

집사: 그건 일반적으로 그렇다는 것이지, 저와는 상관없는 이야기입니다. 저는 목사님께 회개하라는 말을 들을 만큼 교만하지 않습니다. 불쾌하니 더는 저를 죄인 취급 하지 마세요. 이제 다른 교회 나가야겠군요.

이 이야기에 등장하는 집사도 평소에 다른 성도들처럼 회개를 하고 있다. 회개를 안 하는 것이 아니다. 교회의 충성된 일꾼이다. 그런데 일반적인 회개의 필요성에는 공감하고, 스스로 회개도 하고 있으면서 자기 자신을 향한 회개의 촉구는 받아들이지 못한다. 수치심을 느끼고 불쾌해하며 반발한다. 참으로 우스꽝스러운 모습인데 나는 이것이 회개를 잘 몰라서 제대로 된 회개를 해본 적이 없기 때문이라고 본다. 만약 제대로 된 회개를 하고 있는 성도라면 아마 이런 반응을 보였을 가능성이 매우 높다.

> *"목사님, 평소에도 교만의 죄를 회개하고 있기는 한데 이번 기회에 교만의 죄를 좀더 깊이 회개해 보겠습니다. 제가 교만한 죄인이라 하나님께 늘 죄송한 마음입니다. 목사님, 깨우쳐주셔서 정말 감사합니다."*

회개를 잘 알고 있는지 테스트하기 위해 이제 회개에 대한 몇 가지 실제적인 질문을 해보고자 한다.

1. 왜 회개해야 하는가?
2. 어떤 죄를 회개해야 하는가?
3. 어떻게 회개해야 하는가?
4. 언제까지 회개해야 하는가?
5. 얼마나 많이 회개해야 하는가?
6. 회개하면 어떤 일이 일어나는가?
7. 회개하지 않으면 어떻게 되는가?

이 일곱 가지 질문은 신학적인 질문이 아니라, 실제로 어떻게 회개를 하고 있는지에 대한 것이다. 이에 대해 자신 있게 답할 수 있다면, 나름 회개를 잘 알고 있다고 할 수 있다. 만약 이 일곱 가지 질문에 대해 답을 제대로 할 수 없다면 회개를 잘 모른다고 스스로 평가해도 틀리지 않을 것이다.

조 장로님은 사업가다. 신앙적으로나 세상적으로 성공한 삶을 살고 있다. 그러나 나이가 들어 자신의 삶을 돌아보니 자신이 자기 삶의 주인이었고 하나님과 별로 관계없는 삶을 살았음을 깨닫게 되었다. 사람들은 자신에게 존경을 표하지만, 스스로는 헛살았다고 느꼈다. 오랜 세월 동안 신앙생활을 했지만 여전히 자신이 자기 삶의 주인이라는 어처구니없는 현실 앞에서 참담함을 느꼈다. 이런 깊은 고민 속에 조 장로님은 회개를 더 많이 해야겠다고 느꼈고 제대로 회개를 해보고 싶었다.

그런데 막상 회개를 시작해 보려고 하니 난관에 부딪혔다. 자신이 회개에 대해 잘 모르고 있다는 사실을 깨달은 것이다. 무슨 죄를 회개해야 할지, 어떻게 회개해야 할지, 언제까지 회개해야 할지 등에 대해 아는 것이 별로 없었다. 이렇게 막막하니 회개를 제대로 시작할 수가 없었다. 다른 사람들은 별로 회개하지 않는데 자기만 열심히 회개하는 것이 이상하게 보일 것이라는 부담감도 있었다.

주변을 둘러봐도 열심히 회개하는 사람이 없었기 때문에, 회개하면 어떤 효과가 있는지에 대한 정보도 전혀 없었다. 죄를 인정하고 하나님께 용서를 구하는 회개를 해야 한다고 느꼈지만, 잘 모르는 회개에 귀중한 시간과 에너지를 투자하려니 매우 부담스러웠다. 인생의 황혼기에 얼마 남지 않은 시간을 엉뚱한 곳에 투자해 버리는 실수를 범하게 될까 두려웠다. 그래서 선뜻 회개에 집중할 수가 없었다. 우리라면 조 장로님에게 어떤 조언을 해줄 수 있겠는가?

많은 성도가 회개를 실제로 하고 있음에도, 실상은 회개에 대해 잘 모르고 있는 이유가 무엇일까? 내가 생각하는 이유는 다음과 같다.

첫째, 성도들은 죄의 문제를 너무 가볍게 생각한다. 하나님이신 예수님이 인간의 죄 문제를 해결하기 위해 십자가에서 죽으셨다. 죄의 문제가 가벼운 것이라면 굳이 예수님이 십자가에서 죽으시지 않았을 것이다. 사도 요한은 하나님이 예수님을 이 땅에 보내셔서 십자가를 지게 하신 것은 우리 죄를 속하기 위한 것이라고 말했다.

> "하나님의 사랑이 우리에게 이렇게 나타난 바 되었으니 하나님이 자기의 독생자를 세상에 보내심은 그로 말미암아 우리를 살리려 하심이라 사랑은 여기 있으니 우리가 하나님을 사랑한 것이 아니요 하나님이 우리를 사랑하사 우리 죄를 속하기 위하여 화목제물로 그 아들을 보내셨음이라"(요일 4: 9-10).

사정이 이러함에도 성도들은 윤리와 도덕을 기준으로 죄를 판단하고, 윤리와 도덕에 어긋나는 죄를 저지르지 않으면 큰 문제가 없다고 생각하는 경향이 있다. 다시 말해, 도둑질하고 살인하고 사기 치고 폭행하는 것과 같은 죄만 짓지 않으면 된다고 생각한다. 물론 이런 범죄 외에 우상숭배, 교만, 혈기, 시기 질투, 미움, 분노, 거짓 등도 죄라고 인정한다. 교회에서 이런 죄들도 회개하라고 하니 말이다.

그런데 이런 종류의 죄는 누구나 저지르며 살고 있으므로 큰 문제가 아니라고 생각한다. 적어도 이런 죄를 지었다고 해서 윤리·도덕적으로 문제가 있는 것도 아니고, 사람들에게 손가락질받지는 않으니 안심한다. 하나님의 관점에서는 우상숭배, 교만, 혈기 같은 죄가 훨씬 더 심각하다는 점을 인식하지 못한다. 이런 종류의 죄에 대해서는 교회에서 일주일에 한 번씩 주일예배에서 2~3분 정도 뭉뚱그려 회개하거나, 가끔씩 생각날 때 회개하는 정도면 충분하다고 착각한다. 예수님을 믿을 때 모든 죄가 용서되었다는 가르침을 좋아하는 성도라면 자신의 죄로 인해 애통해할 이유는 더더욱 없다.

우리 하나님은 사랑이시기도 하지만 '두려운' 하나님이다. 성경은 하나님을 두려워하는 것이 지혜의 근본이라고도 가르친다.

> "여호와를 경외하는 것이 지식의 근본이거늘 미련한 자는 지혜와 훈계를 멸시하느니라"(잠 1:7).
> "몸은 죽여도 영혼은 능히 죽이지 못하는 자들을 두려워하지 말고 오직 몸과 영혼을 능히 지옥에 멸하실 수 있는 이를 두려워하라"(마 10:28).

하나님을 두려워한다는 것[48]은 하나님이 얼마나 죄를 미워하시는지를 깨닫고 죄에 대한 하나님의 징계와 심판을 무서워한다는 것을 포함한다. 요즘 성도들은 하나님을 두려워하지 않는다. 하나님의 '사랑'에 대해서만 이야기하면서 하나님을 마음씨 좋은 동네 할아버

---

48) 하나님을 두려워하는 것은 마귀를 두려워하는 것과는 차원이 완전히 다르다. 한글 성경은 여러 곳에서 이것을 하나님을 '경외'(敬畏)하는 것이라고 번역하고 있다. 대체로 성도들은 '경외'라는 추상적 단어의 의미를 잘 이해하지 못한다. '경외'가 무슨 뜻인지 잘 모르니 하나님을 '경외'하지 못한다. 아무리 사랑하라고 해도 사랑이 무엇인지 구체적으로 느끼지 못하면 사랑할 수 없는 것과 마찬가지다. 한글성경에서 '경외'라는 단어 대신 '두려워하다'라는 단어를 사용하였더라면 성도들이 하나님과 관계를 맺는 데 훨씬 더 도움이 되었을 것 같다. 이런 점에서 추상적이고 불명확한 단어의 사용을 자제하도록 노력하는 것이 신앙생활을 하는 데도 많은 도움이 된다.

지 정도로 생각한다. 그러나 하나님은 무서운 분이시다. 우리가 천국에 가서 뵙게 될 성자 하나님의 모습은 쳐다보기조차 무섭다.

> "…그의 눈은 불꽃 같고 그의 발은 풀무불에 단련한 빛난 주석 같고…그의 입에서 좌우에 날 선 검이 나오고 그 얼굴은 해가 힘 있게 비치는 것 같더라"(계 1:14-16).

하나님을 동네 할아버지 정도로 생각한다면 이는 하나님을 무시하고 멸시하는 것이다. 이런 생각을 가지고 있으면 하나님의 죄에 대한 경고를 가볍게 여기게 된다. 죄를 가볍게 여기니 회개를 제대로 하지 않게 된다.

또 다른 관점에서 성도들이 죄 문제를 가볍게 생각하는 것은 하나님을 사랑하지 않기 때문이다. 대부분의 성도가 겉으로는 하나님을 사랑하는 것 같지만 실제로는 하나님을 사랑하지 않는다. 성경을 읽어보면 죄에 대한 하나님의 경고로 가득 차 있다. 하나님을 진심으로 사랑한다면 하나님이 죄를 얼마나 미워하시는지를 분명하게 알 것이고, 누가 시키지 않아도 저절로 철저히 회개하게 된다. 하나님을 사랑하지 않으니 하나님이 무엇을 기뻐하시고 또 싫어하시는지에 대해 별로 관심이 없다. 그래서 하나님의 죄에 대한 경고를 너무나 쉽게 무시한다. 죄의 심각성을 모르니 왜 회개가 중요한지, 왜 회개해야 하는지 등에 대해 깊이 생각하지 않는다.[49]

---

49) 죄의 심각성을 안다고 말하면서도 실제로 회개를 열심히 하지 않는다면, 그것은 죄의 심각성을 머리로만 알 뿐 마음으로는 알지 못한다는 증거다.

둘째, 성도들은 악한 영에 대해 너무 모른다. 나는 이것이 성도들이 회개에 깊이 들어가지 못하는 결정적인 이유라고 본다. 성도들은 성경 또는 경험을 통해 악한 영들이 성도들을 공격하고 있다는 것을 어렴풋이 안다. 회개하면 악한 영들이 떠난다는 것도 희미하게 안다. 딱 이 정도로만 알고 있다. 더 구체적인 것을 모른다. 성도들은 이를 몰라도 신앙생활하는 데 지장이 없다고 생각한다. 그러다 보니 과연 악한 영이 있을까, 천사가 있을까 의심을 품기도 한다. 성도들에게 악한 영, 귀신, 마귀의 존재 유무에 대해 물어보면 자신 있게 답하는 사람이 많지 않다. 대부분의 경우 "글쎄요. 있는 것 같기도 하고, 아닌 것 같기도 하고…"라는 반응을 보인다.

악한 영들의 목표는 성도들을 죽이고 망하게 하는 것이다.

"도둑이 오는 것은 도둑질하고 죽이고 멸망시키려는 것뿐이요"(요 10:10).

그런데도 이것이 얼마나 두렵고 무서운 사실인지 성도들은 잘 느끼지 못한다. 그저 '악한 영의 공격이 있어도 하나님이 나를 도와주시겠지'라는 막연한 기대를 가지고 산다. 그러다 보니 악한 영들을 어떻게 해서든 내보내야겠다는 결심을 하지 못한다. 하나님이 보호해 주시니 굳이 악한 영들을 내보내기 위해 애쓸 필요가 없다고 생각한다. 성경에서 강조하는 영적 전투를 치러야 한다는 것은 머릿속에 관념으로만 남아 있을 뿐이다. 영적 전투는 자기와 별로 상관이 없다고 생각한다.

사람마다 정도의 차이는 있겠지만, 악한 영에 대해 잘 모르면 회개는 관념의 수준에만 머무르기 쉽고, 회개를 제대로 해야 한다거나 더 알아야 한다는 생각을 하지 못하게 된다. 회개를 조금 해보고는 회개가 다 되었다고 착각한다. 회개해도 당장 변화가 느껴지지 않기 때문에 회개를 계속할 필요를 느끼지 못한다. 회개에 대한 설교를 아무리 많이 들어도, 회개에 관한 책을 아무리 많이 읽어도 깊은 회개를 할 수 없게 된다.

그러나 악한 영이 지금 현재 나를 공격하고 있다는 사실을 알게 되면, 어떻게 해서든 악한 영을 내 삶에서 쫓아내야겠다고 결심하게 된다. 악한 영은 죄를 통해 합법적으로 들어온다는 것을 알기 때문에 악한 영을 쫓아내기 위해 철저하게 죄를 회개하게 된다. 이런 상황에서는 회개하지 않고 가만히 있는 것이 오히려 이상할 것이다. 결국 악한 영에 대해 얼마나 알고 있는지가 회개와 직결된다고 할 수 있다. 불행하게도 많은 성도가 악한 영에 대해 잘 알지 못한 채 살고 있다.

셋째, 성도들은 예수님을 처음 믿을 때 모든 죄가 다 용서되었다는 가르침 때문에 회개하기를 주저한다. 황 목사님은 총신대학원을 나온 엘리트 목사이고 매우 논리적인 분이다. 목회 초창기 시절 황 목사님은 예수님을 믿을 때 과거, 현재, 미래의 모든 죄를 용서받는다고 생각했다. 어느 날 목사님은 예배 중 성도가 대표기도를 하면서 죄를 회개하는 것을 듣고 화가 났다. 예배 후에 그를 불러 "예수님을 믿을 때 과거, 현재, 미래의 모든 죄를 용서받았는데 왜 또 회개하느냐"고 야단을 쳤다.[50] '예수님을 믿을 때 과거, 현재, 미래의 모든 죄를 용서

---

50) 현재 황 목사님은 그때 일을 부끄러워하면서 열심히 회개하고 있다. 배본철 성결대 역사신학 교수님은 회개로 나아가는 데 가장 큰 장애물이 되는 것은 죄 용서에 대한 극단적인 해석이라고 〈크리스천투데이〉에 기고한 칼럼에서 지적했다. 칼럼 내용

받는다'는 가르침에는 신학적으로 깊은 의미가 담겨 있다고 생각한다.[51] 다만 신학적 배경이 없는 일반 성도들이 이 말을 듣게 되면, 문자 그대로 '예수님을 믿을 때 모든 죄를 용서받았으니 죄 문제로 더는 심각하게 고민할 필요가 없다'고 단순하게 받아들이게 된다는 것이 문제다. 이런 상태에서 목회자가 회개하라고 하면 성도들은 잘 받아들이지 못한다. 예수님을 믿음으로 모든 죄를 용서받았다고 해놓고, 죄를 용서받기 위해 또 회개해야 한다고 가르치는 것은 앞뒤가

---

을 인용하면 다음과 같다. "오늘날 우리 주위에는 그리스도의 은혜 안에 거한다고 하는 것이 마치 죄를 지을 수 있는 특권이라도 받은 것인 양 오해하는 사람이 많다. 그래서 그들은 다음과 같은 지나친 합리화의 유혹에 빠져 있다. '나의 죄는 이미 주님의 보혈로 모두 깨끗해졌다. 과거의 죄, 현재의 죄, 심지어 미래에 내가 지을 죄까지도 이미 다 용서된 것이다. 그러므로 아무리 많은 죄를 지을지라도 나는 이미 구원받은 것이다.' 그러나 이러한 잘못에 대해 하나님의 말씀은 매우 단호하게 경고하고 있다. '그런즉 우리가 무슨 말을 하리요 은혜를 더하게 하려고 죄에 거하겠느냐 그럴 수 없느니라 죄에 대하여 죽은 우리가 어찌 그 가운데 더 살리요'(롬 6:1-2)." 배본철, "성령의 회개 사역을 위한 준비", 크리스천투데이, 2023년 8월 30일.

51) 이와 관련하여 신학교 교수이신 김찬도 목사님(합신)은 조직신학의 핵심을 내게 설명해 주었다. 목사님의 설명에 의하면, 아담의 죄 때문에 인간이 물려받은 것은 첫째로 부패한 본성 즉 죄성(sinful nature)이고, 둘째는 죄에 대한 책임, 즉 죄책 (guilt)이다. 예수님을 믿을 때 우리의 모든 죄를 용서해 주셨다는 것(골 2:13)은 죄가 없어졌다는 것이 아니라, 죄가 있음에도 그리스도를 믿음으로 인하여 정죄(죄가 있다는 판결)하지 않겠다는 뜻이다. 이것을 다르게 표현하면, 죄책(죄의 처벌, 형벌을 받게 되는 상태)을 면제해 주겠다는 의미이며, 궁극적으로 하나님 앞에서 죄인으로 선고받고 지옥의 형벌에 처해지지 않는다는 것을 의미한다. 그리고 죄성과 그 죄성으로 인해 지은 죄(자범죄)는 여전히 우리 속에 거하고 남아 있다고 한다 (롬 6:6, 7:17; 요일 1:8). 김 목사님은 칼빈도 《기독교강요》에서 "하나님께서 구원을 약속하시고 모든 죄를 깨끗이 씻어주신다는 진술은 죄의 실체(peccati materiam)보다 죄에 대한 책임(reatum)에 관한 것이라고 생각한다.…성도들은 하나님 앞에서 죄인이며 죄책(죄에 대한 책임)을 져야 하는 자들임에도 하나님의 은혜로 이 죄책에서 해방된다"(제3권 제3장 11)라고 말했다고 강조했다. 결론적으로 김찬도 목사님은 죄성과 자범죄가 여전히 남아 있으니 성도라 하더라도 죄 용서를 위한 회개는 매우 중요하다고 말해주었다.

맞지 않다고 반발한다. 당연히 성도들은 회개하기를 주저할 수밖에 없다. 그리고 회개에 대해 탐구할 생각을 하지 못한다.

아쉽게도 대부분의 성도가 죄 속에 살고 있고, 죄로 인해 괴로워 하고 있다. 예수님을 영접해서 구원받은 성도가 되었어도 처리해야 할 죄는 여전히 산더미처럼 많이 남아 있다. 성도는 죄를 반드시 처리해야 하고, 죄의 처리는 회개를 통해 이루어진다. 죄를 인정하고 하나님께 용서를 구할 때 비로소 예수님의 보혈로 용서받게 된다.

예수님을 믿고 구원받았다는 사실만으로 회개도 하지 않았는데 모든 죄가 자동적으로 용서되는 것이 아니다. 회개 없이는 죄 용서도 없다. 그리고 죄를 용서받으면 죄의 배후에 있던 악한 영들이 회개한 만큼 떠나간다. 악한 영들이 떠나가면 그만큼 하나님의 은혜가 임하고 하나님과 가까워진다. 이것이 우리가 구원 이후에도 죄를 용서받기 위해 계속 회개해야 하는 이유다.

넷째, 악한 영들은 성도들이 회개하는 것을 방해한다. 그들은 성도들이 회개하는 것을 가장 싫어한다. 회개로 어떤 죄를 용서받으면 그 죄로 인해 성도들에게 들어온 영들은 쫓겨나야 하기 때문이다. 그래서 쫓겨나지 않기 위해 기를 쓰고 회개를 방해한다. 특히 무지의 영은 악한 영들의 정체를 성도들이 알지 못하도록 만들고, 성도들이 회개에 대해 제대로 알지 못하도록 만든다. 아쉽게도 대부분의 성도가 이런 무지의 영의 공격을 받고 있고, 회개를 제대로 이해하지 못한 상태에서 평생을 산다.

## (5) 회개를 잘 모르면 제대로 된 신앙생활을 할 수 없다

공 목사님은 남편의 외도로 가정이 파괴되는 큰 고통을 겪었다. 10년간 하루에 10시간씩 기도하면서 하나님께 살려달라고 기도했다. 그러나 기대했던 응답은 없고, 오히려 상황이 더욱 악화해 말로 표현할 수 없는 고난 속으로 빠져들어 갔다. 절망하고 좌절했다. 자살도 여러 번 생각했다.

이런 절망적인 상황에서 공 목사님은 우상숭배의 죄를 제대로 처리하지 못했다는 것을 알게 되었고, 그때부터 자신과 조상들의 우상숭배의 죄를 회개하기 시작했다. 2~3년간 통곡하며 회개했더니 삶에 변화가 일어났다. 영적 은사가 더 깊어지고 하나님의 임재에 깊이 들어가게 되었으며, 깨어진 가정이 회복되고 목회가 회복되었다. 그동안 아무리 기도하고 말씀 묵상하고 헌신해도 삶에 변화가 없었는데, 회개했더니 악한 영들이 떠나가면서 변화가 일어나는 것을 분명히 경험하게 되었다.[52]

농사는 잡초와의 전쟁이라고 말한다. 잡초는 가꾸지 않아도 저절로 생겨나 농부들을 힘들고 어렵게 한다. 농부에게 잡초가 있다면 성도들에게는 죄가 있다. 죄는 잡초와 같다. 잡초를 방치하면 농사

---

52) 공 목사님이 회개하기 전 열심히 신앙생활을 했지만 열매가 없었던 이유는 죄의 담 (사 59:2)과 악한 영의 공격 때문이다. 회개를 통해 죄의 담이 걷히고 악한 영들이 떠나가자 열매가 맺히기 시작했다고 할 수 있다(렘 5:25). 공 목사님이 2~3년이라는 짧은 기간에 회복을 경험하고 하나님과 더 가까워지게 된 것은 회개하기 전에 하나님께 기도하고 헌신하는 삶이 있었기 때문일 것이다. 이런 점에서 회개하기 전 열매 없는 삶을 산 것이 전체적으로는 인생 낭비이지만 완전한 낭비는 아니다. 인생은 복잡계다.

를 망치듯이 죄를 방치하면 인생이 힘들어진다. 죄는 예수님을 믿고 구원받았다고 자동적으로 처리되지 않는다. 성경은 죄를 지으면 흑암과 사망의 그늘에 앉게 되고 곤고와 쇠사슬에 매이게 된다고 말한다. 쉽게 말하면 죄를 지으면 고난에 빠진다는 것이다.

> "사람이 흑암과 사망의 그늘에 앉으며 곤고와 쇠사슬에 매임은 하나님의 말씀을 거역하며 지존자의 뜻을 멸시함이라"(시 107:10-11).

회개란 죄를 인정하고 하나님께 용서를 구하는 것이다. 회개는 죄라는 잡초를 처리하는 방법이다. 회개하지 않거나, 설사 회개한다 하더라도 제대로 하지 않는다면 이는 죄를 방치하거나 잘 처리하지 못한다는 것을 의미한다. 실제로 성도들은 죄를 방치하거나 제대로 처리하지 못하기 때문에, 아무리 노력해도 말씀대로 살지 못하고, 정욕을 죽이지도 못하고, 자신이 주인인 삶을 내려놓지도 못한다. 그래서 삶이 고달프고 고난이 많다. 많은 경우 고난 속에서 살다가 회복을 경험하지 못하고 그냥 죽는다. 결국 회개를 잘 모르면 신앙생활에 너무 많은 문제가 생긴다. 더 정확히 말하면 제대로 된 신앙생활이 불가능하다.

또한 회개하지 않는 것은 언제 터질지 모르는 시한폭탄을 안고 살아가는 것이라고 할 수 있다. 대부분의 성도가 타락한 세상에서 죄를 지으며 살고 있기 때문에, 악한 영의 영향력에서 완전히 벗어날 수 없다. 그 결과 누구나 악한 영의 지배를 받으며 살고 있다. 악한 영의 목표는 사람들을 망하게 하는 것이기 때문에 성도들에게 고통과 고난을 가져다준다. 지금 순탄하게 살고 있다 해도 죄라는 시한폭탄을 제거하지 않으면 언제 이 폭탄이 터질지 모른다. 그런데 회개를 제대로 하면 죄라는 시한폭탄을 어느 정도 제거하게 되므로 악한 영의 공격에서 많이 벗어날 수 있게 된다. 악한 영의 공격에서 벗어날수록 고통과 고난에 처하는 횟수가 줄어들게 된다.

제대로 된 회개를 하지 않고 형식적으로 회개한다면 죄를 제대로 처리할 수 없고 악한 영의 공격을 계속 받게 된다. 거듭 말하지만, 악한 영은 성도를 망하게 하고 고난에 처하도록 만든다. 악한 영의 공격을 받으면 성도들은 고난에 자주 처하게 되고, 많은 경우 죽을 때까지 고난에서 벗어나지 못한다. 또 하나님과의 친밀한 교제에 들어가지 못한다. 그러므로 회개를 잘 모르면 제대로 된 신앙생활을 할 수 없다. 회개는 신앙생활의 기초 중 기초다.

이 부분을 부연 설명해 보면, 회개의 의미를 제대로 이해하게 되면 신앙생활이 완전히 달라진다. 회개를 제대로 알면 죄의 문제가 얼마나 심각한지 알게 되고, 악한 영이 얼마나 끈질기게 성도들을 공격하는지도 알게 된다. 그래서 천국 갈 때까지 더 많이 회개하면서 살게 된다. 회개를 잘 알게 되면 자연스럽게 십자가 사건이 지금 현재도 얼마나 중요한지 알게 된다. 이런 성도들에게는 보혈, 십자가, 속죄(죄 씻음)에 대한 찬양이나 설교가 절절하게 마음에 와닿게 된다.[53]

---

53) 반면 회개를 잘 모르는 성도는 죄가 얼마나 심각한지 모르기 때문에 예수님이 지신 십자가, 예수님이 흘리신 보혈이 더는 자기와 상관이 없다고 생각한다. 즉, 구원받기 전에는 십자가 사건이 당연히 상관이 있었지만, 구원받은 후에는 십자가 사건이 자기와 더는 관계가 없다고 생각하는 것이다. 이런 성도들은 보혈, 십자가, 속죄에 대한 찬양이나 설교에 별로 공감하지 못한다. 예수님이 이미 다 끝내버리신 죄문제를 자꾸 떠올리는 것이 우스꽝스럽다고 생각한다. 이런 성도들은 속으로 이렇

회개를 잘 아는 사람은 고난 속에서는 더 많이 회개하지만, 고난이 끝나도 회개를 중단하지 않는다. 한 가지 고난이 지나갔다고 모든 죄가 용서되었다거나 악한 영이 다 떠나간 것이 아님을 너무나 잘 알기 때문이다. 그 결과 계속 회개하는 사람들은 항상 하나님 앞에 서 있게 되고, 영적 전투를 계속하며 악한 영들의 공격을 이겨내고 승리하며 살게 된다. 그래서 고난을 계속 당하지 않는다.

이것이 철저한 회개 생활의 유익이다. 이것이 회개를 잘 알아야 하는 이유다. 그러므로 회개를 잘 몰라도 신앙생활에 문제가 없다는 말은 틀렸다. 회개를 잘 모르면 계속 악한 영의 공격을 받고 반복적으로 고통과 고난을 겪게 된다. 이제는 성도들이 스스로 신앙생활을 잘 하고 있다는 망상에서 벗어나야 하며, 회개의 의미를 잘 깨닫고 잡초와 같은 죄, 시한폭탄과 같은 죄를 처리해 불필요하게 반복되는 고난과 고통을 끊어야 할 때다.

## (6) '신앙생활을 잘하고 있다'는 거대한 착각

대체적으로 성도들은 힘들게 살고 있다. 하나님의 은혜를 기대하며 어려움을 잘 견뎌내고 있을 뿐이다. 힘들게 살고 있으면서도 기도, 예배, 말씀 묵상, 봉사, 찬양, 헌금, 주일성수 등 신앙 활동을 열심히 하고 있으므로, 비록 부족한 점이 있을지라도 이 정도면 신앙생

---

게 말한다. "예수님, 십자가 고난 겪으시느라 수고하셨어요. 예수님 때문에 저는 구원을 받았어요. 감사해요. 예수님이 하실 일은 이미 다 하셨어요. 저는 이제 성령님과 교제하면 되니, 예수님께서는 저를 위해 더 하실 일이 없어요. 이제 천국에서 편히 쉬세요."

활을 잘하는 것이라고 스스로 평가한다. 그리고 만족해한다. 이런 평가에 타당한 근거가 있을까? 신앙생활을 잘하고 있는지 아닌지는 여러 가지로 확인해 볼 수 있지만, 마음에 평강이 있는지를 보면 금방 알 수 있다.

만약 성도들이 제대로 신앙생활을 하고 있다면 하나님이 주시는 평강 속에서 안식을 누리고 기쁨과 감사가 넘쳐야 정상이다. 그러나 대부분의 성도가 걱정 근심, 스트레스, 두려움, 혈기와 분노 등으로 인해 마음의 평강을 별로 누리지 못한다. 이것은 부인할 수 없는 현실이다.

물론 성도로서 누리는 기쁨과 감사와 평강이 '전혀' 없는 것은 아니다. 기쁨, 감사, 평강이 충만한 상태를 100퍼센트라고 가정했을 때, 실제로 많은 성도가 누리는 기쁨, 감사, 평강의 수준은 20~30퍼센트 정도밖에 되지 않을 것이다. 20~30퍼센트 정도의 기쁨, 감사, 평강밖에 누리지 못하고, 대체로 걱정과 근심, 두려움, 우울 속에 살면서 나름 신앙생활을 잘하고 있다고 생각하는 것은 매우 우스꽝스럽다. 이것은 망상이라고 해도 과하지 않다.

제대로 신앙생활하지 않으면서도 성도들이 자신의 신앙생활에 후한 점수를 주는 이유는 두 가지 정도로 말할 수 있다. 첫째는 성도들이 다른 성도들과 자신을 비교하는 경향이 있기 때문이다. 성도들은 하나님이 자신에게 요구하시는 것이 무엇인지, 기대하는 수준이 어떤 것인지 진지하게 고민하지 않는다. 하나님이 자신에게 맡기신 소명이 무엇인지 알고 사는 성도도 많지 않다. 그러다 보니 '나는 박 집사보다 더 나은 신앙생활을 하니 하나님이 나를 더 예뻐하실 거야' 생각하면서 만족해하는 것이다. 이것은 엄청난 착각이다.

이 점에 대해서는 예수님도 바리새인과 세리 비유(눅 18:9-14)를 통해 경고하신 바 있다. 바리새인과 세리가 성전에 기도하러 갔는데, 바리새인은 "나는 다른 사람들 곧 토색, 불의, 간음을 하는 자들과 같지 아니하고 이 세리와도 같지 아니함을 감사하나이다 나는 이레에 두 번씩 금식하고 또 소득의 십일조를 드리나이다"(11-12절)라고 기도했다. 반면 세리는 멀리 서서 감히 눈을 들어 하늘을 쳐다보지도 못하고 가슴을 치며 "하나님이여 불쌍히 여기소서 나는 죄인이로소이다"(13절)라고 기도했다. 대부분의 성도가 바리새인처럼 하나님의 기대수준도 모른 채 남들과 비교하여 만족감을 누리며 산다.

둘째로, 성도들이 자기 삶이 형통하거나 기도 응답이 있다는 사실을 하나님이 자신의 신앙생활을 인정해 주신 증거로 착각하기 때문이다. 예를 들어, 목회자가 목회가 잘되거나 교회가 부흥하면 '아! 하나님이 나를 인정해 주시는구나'라고 생각한다. 성도가 사업이 잘되거나 형통하면 '아! 하나님이 나를 인정해 주시는구나'라고 생각한다. 그러나 이것이야말로 엄청난 착각이다.

정 목사님은 부교역자 시절에 성공적으로 사역을 감당해서 주변 동료들의 부러움을 많이 샀다. 성도들에게서는 "목사님은 교회 개척하면 잘하실 거예요"라는 말을 많이 들었다. 그러나 교회 개척 후 정 목사님은 이루 말할 수 없는 고난을 겪었다. 성도들의 삶을 관찰해 보면, 어떤 때는 사업이 잘되기도 하지만 어떤 때는 잘 안 되기도 한다. 형통을 누릴 때도 있고, 고난을 겪을 때도 있다.

인생은 복잡계다. 성공하는 사람이 늘 성공하는 것도 아니다. 만약 형통이 하나님이 인정해 주신 증거라면, 형통이 떠나가고 갑자기 고난이 닥치면 하나님께서 인정해 주신 것을 갑자기 취소하신 것인가? 그럴 리가 없다. 처음부터 성공과 형통은 하나님이 그 사람의 신앙생활을 인정한 증거가 아닐 가능성이 매우 높다.

성도들이 누리는 형통과 기도 응답은 대체로 하나님의 은혜다. '은혜'는 전적으로 하나님이 하시는 일이다. 우리가 잘해서 하나님이 은혜를 주시는 것이 아니다. 함량 미달의 신앙생활을 해도 하나님은 은혜를 주신다. 그러므로 형통과 기도 응답이 있다고 해서 하나님이 자신의 신앙을 인정해 주신 증거라고 단정하는 것은 거대한 착각이다.

신앙생활을 잘하고 있다는 착각은 부작용이 너무 크다. 자기가 신앙생활을 잘하고 있다고 생각하게 되면 신앙의 진보를 이룰 수 없다. 즉, 지금 현재 하나님께 인정받아 신앙생활을 잘하고 있으니 더는 자신의 신앙생활의 문제점이 무엇인지 진지하게 고민해서 고쳐나갈 생각을 하지 못하게 된다. 현재 신앙생활을 잘하고 있으니 지금처럼 계속 꾸준하게 신앙생활을 해나가면 충분하다고 생각한다. 지금처럼 말씀 묵상과 기도, 찬양, 예배 등 통해 하나님의 은혜를 받으면 된다고 생각한다. 누군가가 회개가 중요하다고 강조하더라도 별로 관심을 기울이지 않는다. 회개의 중요성을 인정하지만, 굳이 회개에 시간을 많이 투자할 필요는 없다고 생각한다. 생각날 때마다 가끔 회개하는 정도로 충분하다고 생각한다.

그러다 갑자기 고난이 닥치거나 고난이 오랜 세월 동안 지속되면,[54] 이런 성도들도 패닉상태에 빠지고 하나님을 원망하며 믿음이

---

54) 어떤 성도는 고난이 닥치면 바로 패닉상태에 빠지지만, 어떤 성도는 고난이 닥쳐도 담담하게 받아들이기도 한다. 후자의 경우 고난이 하나님의 연단이라고 생각하면서 믿음으로 고난을 잘 극복해 낼 수 있다고 자신만만하게 생각한다. 그러다 고난이 더 길어지면 견디지 못하고 그제야 패닉상태에 빠지기도 한다. 어설픈 믿음으로 버티다 세월만 낭비한 꼴이다. 차라리 고난이 닥치면 바로 패닉상태에 빠지는 것이

흔들린다. 고통 속에서 오래 괴로워하다가 서서히 자신이 하나님 앞에 큰 죄인임을 깨닫게 된다. 평소에 자신의 죄를 깨닫고 열심히 회개했더라면 이 고난을 당하지 않을 수도 있었다는 것을 알게 된다. 그제야 비로소 자신이 신앙생활을 잘하고 있다고 생각했던 것이 거대한 착각이었음을 깨닫는다. 이것을 너무 늦게 깨닫고 인생을 낭비했다는 사실을 알게 되면 통곡하게 된다.

### (7) 죄인인가, 의인인가?

회개와 관련하여 짚고 넘어가야 할 것이 또 하나 있다. '내가 죄인인가?'라는 질문이다. 너무 당연한 질문이 아니냐고 생각할 수 있지만, 이 질문은 생각보다 중요하다. 성도들에게 "당신은 죄인입니까?"라고 물어보면 자기는 죄인이 아니라고 말하는 성도가 꽤 있다. 설교자들이 설교 중에 "우리는 죄인입니다"라고 말할 때는 이 말을 받아들이면서도, 정작 자신을 향한 "당신은 죄인입니까?"라는 질문에 대해서는 거부하고 부정한다. 예수님을 믿어 의롭게 되었다는 점 때문에 자기가 죄인이 아니라 의인이라고 생각한다.

앞서 언급한 엄두섭 목사님은 한국이 낳은 훌륭한 영성가로, 평양신학교에서 신학을 공부하다 서울로 와서 장로회신학대학교를 졸업했다. 이후 은성수도원을 세웠고, 은성출판사를 설립해 영성생활에 대한 저서를 많이 남겼다. 엄두섭 목사님은 《영맥》이라는 책에서 이렇게 말했다.

---

더 나은 것일 수도 있다.

*세상에서 가장 자기가 죄인인 줄 모르는 이는 성직자들과 자*
*선사업가들이다. 성직을 맡다 보면 어느새 자기가 성인인 줄로*
*착각하게 되며, 선한 일을 하다 보면 내 힘으로 했다는 착각이*
*생긴다. 그것이 죄다.[55]*

만약 성도가 자신이 죄인이 아니라 의인이라고만 생각한다면 모든 죄를 이미 다 용서받았다고 생각할 가능성이 크다. 모든 죄를 다 용서받았으므로 회개를 하기는 하더라도 그 필요성을 강하게 느끼지 못하게 된다. 반면 구원을 받았으나 여전히 죄인이라고 생각한다면 어떻게 하면 죄 문제를 잘 처리할 것인지 고민하게 될 것이고, 자연스럽게 더 많이 회개하게 된다. 이런 점에서 자신이 죄인인지 아닌지에 대한 인식은 성도의 회개 생활에 큰 영향을 미친다.

'죄인'과 '의인'이라는 말은 완전히 충돌하는 개념이기 때문에 자신의 신분이 의인이라고 생각하게 되면 자신이 죄인임을 인정하기가 쉽지 않다. 자신이 의인이라고 생각하는 성도는 자연스럽게 '죄인'에 대해 성경이 말하는 부분은 자신과 상관이 없다고 생각한다. 비록 자신이 죄를 짓기는 하지만 의인이므로 죄인이 받는 형벌과 저주를 받을 이유가 없다고 믿는다.

'나를 힘들게 하는 사람들' 또는 '나의 원수'가 성경에 나오는 죄인이라고 생각한다. 성경에서 의인에 대한 내용은 자신에게 적용하고, 죄인에 대한 내용은 자신을 미워하는 사람에게 적용하면서, '하나님은 의인인 나를 보호하시고 죄인인 저 사람을 벌하신다'는 착각 속에서 살아간

---

55) 엄두섭, 『영맥』(서울: 은성, 1992), p. 288.

다. 내가 바로 벌을 받아 마땅한 죄인이라고는 생각하지 못한다.

이처럼 성도들은 자기가 죄 속에서 살고 있다는 것을 인정하면서도 선뜻 자신이 죄인임을 인정하지는 못하는데, 그 이유로 두 가지를 들 수 있다. 첫째, 자신이 죄인이라고 인정하는 것은 믿음으로 의인이 되었다는 신앙의 기초를 무너뜨리는 것이라고 생각하기 때문이다. 예수님을 믿어 의인이 되었는데 또다시 죄인이라고 고백하며 슬퍼하는 것은 건강하지 못한 신앙이라고 생각하기도 한다. 이것은 성도가 '죄인'이라는 정보를 제대로 처리하지 못해 생기는 현상이다. 마치 컴퓨터의 소프트웨어가 정보를 제대로 처리하지 못하면 오류가 생기는 것과 비슷하다.

이런 성도들에게 바울은 자신을 '죄인 중의 괴수'라고 고백했다는 사실을 지적해 주고 싶다. 교회사에 등장한 무수한 신앙의 선배들이 "주 예수 그리스도시여, 이 죄인을 불쌍히 여기소서"라는 고백을 중요하게 생각했다는 점을 말해주고 싶다.

또한 성경의 바리새인과 세리 비유(눅 18:9-14)에서 세리는 "하나님이여, 불쌍히 여기소서, 나는 죄인이로소이다"라고 고백했고, 예수님은 이 세리가 바리새인보다 더 의롭다 하심을 받았다고 말씀하셨다. 성도는 누구나 하나님께 나아갈수록 자신의 죄성이 보이고 죄인임을 인정하게 된다. 만약 어떤 성도가 자신이 죄인임을 인정하기 싫어한다면, 그것은 그 성도가 하나님과 피상적인 관계를 맺고 있으며 아직 하나님과의 친밀한 관계에 들어가지 못했다는 분명한 증거다.

둘째, 자신이 죄인이라고 인정하는 순간, 성경에서 말하는 죄인에게 임하는 징계와 저주가 자신에게 쏟아져 내릴 것 같아 두렵기 때문이다. 신명기 28장에는 하나님의 말씀대로 살지 않는 죄인에게 주어지는 무시무시한 저주가 생생하게 기록되어 있다. 자신이 죄인임을 인정해 버리면 성경에서 말하는 죄인에게 임하는 온갖 저주를 자신이 다 받아도 할 말이 없게 된다. 성도들은 무의식적으로 이것을 매우 두려워한다. 죄인이기 때문에 받는 징계와 저주를 감당할 수 없기 때문이다.

그러므로 성도들의 의식의 흐름에는 자신이 죄인이라는 사실을 강력하게 부정하고 싶은 마음이 내재해 있다. 그래야 마음이 편하다. 교회에서도 죄에 대한 경각심을 불러일으키기보다는 구원의 기쁨이나 하나님의 은혜만 계속 강조하기 때문에, 성도들은 '내가 죄인인가'라는 점에 대해 더는 깊이 고민하지 않는다.

한편 현실을 보면 혼란이 생긴다. 열심히 신앙생활을 해도 고난과 어려움을 겪는다. 성경에 죄인이 받는 징계라고 기록되어 있는 고난을 의인인 자신이 겪게 되는 어처구니없는 경우가 생긴다. '죄인은 벌하시더라도 예수님을 믿고 의인이 된 나에게는 복을 주셔야 하는 것이 아닌가? 그런데 왜 성경에서 의인에게 보장된 복이 오지 않고, 오히려 죄인이 받아야 마땅한 고난을 내가 겪는 것일까? 하나님을 믿지 않는 죄인들도 잘 사는데 밤낮 기도하는 의인인 나는 왜 고난을 겪고 있을까?' 도저히 설명할 수가 없다. 뭔가 이상하다고 생각한다.

그러나 많은 성도가 대체로 이 정도 선에서 생각을 멈춘다. 그리고 희망회로를 돌린다. '하나님이 언젠가 의인인 나에게 더 큰 복을 주실 거야. 지금은 내가 믿음의 연단을 받고 있는 중이니 조금만 인내하면 좋은 일이 생길 거야. 고난은 축복을 받기 전에 반드시 거쳐야 할 관문이야'라고 생각한다. 그런데 생각이 이런 방향으로 흘러가면 고난에 대한 해결책이 나오지 않는다. 영문도 모른 채 평생 고난 속에 살다 죽는다. 솔직하게 자신이 죄인임을 인정하고, 저주를 받아 마땅한 존재임을 인정해야 실천 가능한 해결책이 생긴다. 해결책은 자기의 죄를 인정하고 하나님께 용서를 구하는 것이다. 이것이 바로 회개다.

성경 주석을 쓰신 신학자 박윤선 목사님(1905~1988)은 80세 때 설교를 하면서 "나는 80년 묵은 죄인이다"라고 고백했다.[56] '80세 된' 죄인이라고 표현한 것이 아니라, '천 년 묵은 구미호' 같은 말에 등장하는 '묵은'이라는 단어를 사용했다. 요즘은 이 단어를 사용하지 않지만, '묵은'이라는 단어는 '오래되었다'는 뉘앙스가 강하다. 굳이 '묵은'이라는 단어를 사용한 것을 보면 박 목사님이 죄로 인해 얼마나 슬퍼하고 괴로워했는지 느낄 수 있다. 훌륭한 신학자로 존경받은 박윤선 목사님도 죄인이라는 고백을 하면서 죄로 인해 괴로워했던 것이다.

앞에서도 이야기했지만, 우리의 생각이나 신학적 입장과 상관없이 하나님께 가까이 가면 갈수록 자신이 죄인임이 실감 나기 시작한다. 이것이 정상이다. 죄를 짓는 사람을 죄인이라고 부르는 것이 당연한 것 아닌가!

하나님께 가까이 가면 갈수록 살인, 거짓, 사기, 폭행, 간음 등만 죄가 아니라 말씀대로 살지 않은 것, 미워한 것, 교만한 것, 우상숭배한 것, 선을 행하지 않은 것, 하나님께 충성하지 못한 것 등 하나님의 뜻과 말씀에 반하는 생각과 행동이 모두 죄라는 것이 서서히 깨달아지면서 이런 죄가 부담스러워진다. 예수님을 믿어 구원받았지만 자신

---

56) 홍정길 목사님은 2018년 11월 6일 강동구 은평교회에서 개최된 '박윤선 목사님 30주기 기념대회'에서 박윤선 목사님은 80세 때, '여전히 나는 80년 묵은 죄인'이라고 고백했다고 회고했다. 홍 목사님은 그 말을 들을 당시에는 이해가 안 됐는데 그 나이가 되어 보니 지금은 이해가 된다고 고백했다. 노형구 기자, 기독일보, 2018년 11월 9일.

은 여전히 죄 속에서 뒹굴고 있는 추악한 죄인이라는 사실을 인정하게 된다. 사도 바울도 말년에 자신을 '죄인 중의 괴수'라고 인정했다는 사실이 남의 일 같지 않다는 생각이 든다. 두려움이 엄습한다. 그리고 이렇게 질문하게 된다. '내가 죄 속에서 뒹굴고 있으면서 하나님의 진노를 피할 수 있을까? 내가 천국에 갈 수 있을까?'[57]

이런 단계에 도달하게 되면 성경에서 말하는 죄인이 받는 보응이 내게도 임할 수 있다는 것을 인정하게 된다. 죄를 짓기는 하지만 죄인은 아니라는 해괴한 논리를 더이상 내세우지 않는다. 자신이 죄인임이 실감 나면 그제야 비로소 제대로 된 회개를 한다. 이사야 선지자가 하나님의 임재 속에서 자신의 죄를 보고 충격을 받고 "망하게 되었도다!"라고 고백한 것을 이해하게 된다.

> "웃시야 왕이 죽던 해에 내가 본즉 주께서 높이 들린 보좌에 앉으셨는데 그의 옷자락은 성전에 가득하였고 스랍들이 모시고 섰는데 각기 여섯 날개가 있어 그 둘로는 자기의 얼굴을 가리었고 그 둘로는 자기의 발을 가리었고 그 둘로는 날며 서로 불러 이르되 거룩하다 거룩하다 거룩하다 만군의 여호와여 그의 영광이 온 땅에 충만하도다 하더라 이같이 화답하는 자의 소리로 말미암아 문지방의 터가 요동하며 성전에 연기가 충만한지라 그때에 내가 말

---

57) 엄두섭 목사님은 90세가 넘은 나이에 젊은 목사님들과 죄와 회개에 대해 대화를 나누다가, "내가 천국을 갈 수 있을까?"라고 진지하게 말했다고 한다. 엄 목사님의 책인 《영맥》이나 《영성생활의 향기》 등을 읽어보면 엄 목사님이 죄에 대해 얼마나 민감하게 생각하며 살았는지를 알 수 있다.

하되 화로다 나여 망하게 되었도다 나는 입술이 부정한 사람이요 나는 입술이 부정한 백성 중에 거주하면서 만군의 여호와이신 왕을 뵈었음이로다 하였더라 그때에 그 스랍 중의 하나가 부젓가락으로 제단에서 집은 바 핀 숯을 손에 가지고 내게로 날아와서 그 것을 내 입술에 대며 이르되 보라 이것이 네 입에 닿았으니 네 악이 제하여졌고 네 죄가 사하여졌느니라 하더라"(사 6:1-7).

성도들은 모두 의인이면서(롬 5:1) 동시에 죄인이다(딤전 1:15; 요일 1:8, 10). 변호사들이 흔히 사용하는 용어로 표현해 보면, 성도들은 의인과 죄인이라는 이중적 지위를 가지고 있다고 할 수 있다. 좀더 정확하게 말하자면 대부분의 성도는 구원받을 정도로만 의인일 뿐, 산과 같이 거대한 죄들을 짓고 사는 흉악한 죄인이다. 만약 어떤 성도가 자신이 죄인이 아니라고 생각한다면, 그것은 그 성도가 하나님과 친하지 않다는 확실한 증거다. 하나님과 친하면 절대로 그런 생각을 할 수 없다. 죄인임을 인정하더라도, 의인으로 불러주셨다는 구원의 섭리와 충돌하지 않는다. 자신이 죄인임을 적극적으로 인정해야 비로소 회개를 제대로 할 수 있게 된다.

### (8) 그리스도의 군사로 살고 있는가?

우리는 성도를 그리스도의 군사라고 부른다. 군사란 전쟁을 수행하는 사람이다. 전쟁을 한다는 것은 적과 싸운다는 뜻이다. 적과 싸우려면 적에 대한 정보를 갖는 것은 필수이며, 적과 싸울 수 있는 무기를 가지고 있어야 한다. 이렇게 하나님은 우리를 악한 영들과 싸우라고 하시면서 군사로 부르셨다. 그리고 회개를 중요한 무기로 우리에게 주셨다. 회개하면 악한 영들이 떠난다. 영적 싸움은 회개로 시작된다.

그런데 아쉽게도 대부분의 성도가 군사로 살지 않는다. 적이 누구인지, 또 어디 있는지도 잘 모른다. 영적 전쟁을 수행할 때 활용할 수 있는 무기가 무엇인지에 대해서도 잘 모른다. 군사로서의 사명을 잊은 채 살고 있으면서도 신앙생활을 잘하고 있다고 생각한다. 이렇게 말하면 어떤 성도는 자기는 적이 누구인지 안다고 항변하면서 그 적은 바로 마귀 또는 사탄이라고 말할 것이다. 그런데 마귀 또는 사탄이 적이라는 정보는 영적 전쟁을 수행하는 데 아무런 도움이 되지 않는다. 이것은 마치 '우리의 적은 북한이다'라고 말하는 것이 실제로 전투 현장에서 눈앞에 나타난 적군과 전투를 벌이는 데 아무런 도움이 되지 않는 것과 같다. 눈앞에 나타난 적군과 싸우려면 적군의 위치가 어디인지, 적군은 어떤 무기를 가지고 있는지, 적군을 제압하기 위해서 어떤 무기를 활용해야 하는지를 잘 알아야 한다. 그렇지 않으면 적군의 총에 맞아 사망할 가능성이 매우 크다.

실제로 많은 성도가 우리의 적인 악한 영들의 공격을 받아 건강에 문제가 생기고 인생의 길이 막히는 등 많은 고통을 겪으면서 살고 있다. 그런데도 성도들은 이런 악한 영들의 공격을 인식하지 못하고 있고, 오히려 하나님을 원망하거나 체념하면서 현실을 받아들인다. 악한 영들과 싸운다는 것은 생각조차 하지 못한다. 사정이 이렇다 보니 성도들은 그리스도의 군사라는 말도 별로 좋아하지 않는다. 회개하라는 말도 싫고, 죄인이라는 단어도 싫고, 군사라는 단어도 싫다.

그러나 우리를 군사로 부르신 하나님의 뜻에 순종하기를 진심으로 원한다면 적에 대해, 우리에게 있는 무기에 대해, 그리고 전투 방법에 대해 잘 연구하고, 실제로 전투를 수행해 승리해야 마땅하다. 만약 이렇게 영적 전투를 하지 않으면서 살고 있다면 불순종의 삶을 살고 있다는 뜻이다. 그렇게 살면서 하나님을 사랑한다고 말하는 것은 거짓말하는 것이다. 우리는 불순종의 죄를 철저히 회개해야 한다.

## (9) 회개의 유익 돌아보기

이제 회개의 유익을 정리해 보자. 회개는 악한 영들과 싸우는 영적 전쟁의 가장 중요한 무기이고, 성도들을 그리스도의 군사로 살 수 있게 만들어 준다. 또한 회개는 악한 영들의 공격을 막아내고 하나님이 이끄시는 길로 가도록 만들어 하나님이 성도들에게 주신 복을 받아 누릴 수 있게 해준다. 제대로 된 회개를 하면 하나님과 친밀한 교제를 할 수 있게 된다. 이런 점에서 회개는 신앙생활의 가장 중요한 요소라고 할 수 있다.

예수님은 회개를 매우 강조하셨다. 사랑의교회 옥한흠 목사님은 '2007년 한국교회 대부흥 100주년 대회'에서 설교하면서 '회개만이 살길'이라는 표현을 사용하였다.[58] 엄두섭 목사님은 《영맥》이라는 책에서 제대로 회개하지 않는 성도들을 강하게 질타했다.

*삶을 통하여 진정한 회개를 한 적도 없으면서 죄 사함 받기를 원*

---

58) 옥한흠 목사님의 설교문 중 해당 부분은 다음과 같다. "주님은 행위가 죽은 사데 교회를 향해 회개하라고 명하십니다. 회개만이 살길이라는 것입니다. 한국교회를 향해서도 똑같은 명령을 하고 계신다고 저는 믿습니다." http://www.kidok.com/news/articleView.html?idxno=48748

하는 사람이 참으로 많다. 그들은 탐욕, 교만, 진노, 미움, 질투, 거짓, 불의를 떠나지 않고 계속 이를 범하고 있으면서도 그리스도의 공로가 자신들에게 돌려지기를 바라고 있다. 그들은 단지 그리스도를 믿고 안다는 것으로 자신들이 선한 그리스도인이라고 착각하고 있으며, 그래서 자신들의 모든 것이 거룩해진 줄 알고 있다. 아! 망상에 사로잡힌 거짓된 그리스도인들이여! 성경은 그렇게 가르치지 않는다. 만약 죄 사함 받기를 원한다면 먼저 회개하고 죄에서 떠나야 하며, 죄로 인해 애통해하고, 그리스도를 믿어야 한다. 탕자와 함께 돌이켜 울며(눅 15:18) 죄로 인해 애통해하고 그 죄를 미워하고 피하며 하나님의 은혜를 구한다면, 그리고 믿음으로 십자가에서 돌아가신 그리스도와 그 피 묻은 상처를 바라보면서(민 21:8) "하나님이여, 불쌍히 여기소서 나는 죄인이로소이다"(눅 18:13)라고 고백하면 그 모든 것을 용서받고 깨끗이 지워질 것이다. 하나님께서는 죄에 대한 회개를 받으신다.[59]

이렇게 중요한 회개를 그동안 성도들은 너무 소홀히 해왔다. 하나님과 더 가까이 동행하고 싶고, 조금이라도 더 하나님과 가까워지고 싶은 성도라면, 이제라도 시간과 에너지를 투자하여 회개를 탐구하고, 열심히 회개해야 한다. 목숨 걸고 회개해야 한다.[60] 지금처럼 대충 회개해서는 소망이 없다. 이제 우리가 해야 할 질문은 '어떻게 회개해야 하는가'이다.

---

59) 엄두섭, 『영맥』(서울: 은성, 1992), p. 181.
60) 왜 목숨 걸고 회개해야 하는가? 회개하지 않아 남아 있는 죄가 산더미 같고, 하나님을 믿는다고 하면서도 악한 영들의 공격에 무방비 상태로 살아 영과 육이 모두 만신창이가 되어 망하는 길로 가고 있기 때문이다.

# 3.
# 나의 회개 이야기

"회개는 한 번 크게 삶의 방향을 돌이키는 데서 그치지 않고 계속해서
울면서 돌이키고 또 돌이키는 것을 의미합니다." – 김명혁 목사


## (1) 좌절과 절망 속에서 세월을 보내다

나는 하나님을 믿는 가정에서 태어났다. 초등학생 때 개인적으로
하나님을 만나는 경험을 하였다. 그때 이후로 하나님을 생각만 해도
마음이 기뻤다. 항상 어떻게 하면 하나님을 더 사랑할 수 있을지, 하
나님께 더 충성할 수 있을지, 하나님의 영광을 드러낼 수 있을지를
생각하면서 살았다.

나는 대학에서 법학을 공부하면서 하나님의 율법에 특별한 관심
을 갖게 되었다. 나는 '율법'이 성도에게 중요하다고 생각했고, '거룩하
라'는 하나님의 명령이 자연스럽게 마음에 새겨졌다. 그리고 거룩하

기 위해서는 회개가 중요하다는 것을 알게 되었다. 나는 올바르게 회개하여 하나님과 가까워지길 바랐다. 회개에 관한 책도 사서 읽었다. 그때가 회개를 더 깊이 이해할 수 있었던 첫 번째 기회였다. 하지만 아쉽게도 그때는 나이가 어려 인생 데이터가 축적되지 않았고, 삶이 순탄하여 회개의 의미가 잘 와닿지 않았다. 그 후로 나이가 들면서 많은 삶의 문제에 직면하게 되었고, 기쁨과 평강이 서서히 줄어들면서 고민과 걱정이 내 삶에서 점점 더 큰 자리를 차지하기 시작했다.

대학생 시절에서 약 20년이 지난 2009년경 두 번째 기회가 찾아왔다. 어떤 계기인지는 잘 기억나지 않는데 이때 회개의 의미를 좀더 뚜렷하게 깨닫게 되었던 것 같다. 죄의 문제를 해결해야 하나님과의 친밀한 관계를 회복할 수 있다는 것을 좀더 잘 알게 되었다. 자비로 우신 하나님은 성도들에게 회개를 통한 속죄의 길을 주셨고, 누구든지 죄를 회개하면 예수 그리스도의 보혈로 죄를 씻어주신다는 것을 깨달았다.

죄에서 자유롭게 되면 마귀가 우리를 건드리지 못하게 되고, 하나님과의 친밀한 교제가 가능하게 된다는 것도 알게 되었다. 만약 성도들이 회개하지 않으면 악한 영이 우리를 합법적으로 공격하게 되는데, 이것이 하나님이 만드신 영적인 법이라는 것을 깨달았다. 그리고 '회개하라'는 말이 무거운 짐이 아니라 하나님이 주신 선물이라는 것도 알게 되었다. 내가 2009년 블로그에 적은 글을 보면 나는 회개의 중요성을 이미 그때 알고 있었던 것 같다.

*신앙생활하면서 늘 듣던 단어가 회개라는 단어입니다. 이 단어는 너무나 익숙하지만, 별로 가슴에 와닿지 않는 단어였습니*

다. 그러나 이제는 이 회개라는 단어가 제 인생을 뒤바꿀 만큼 강력한 하나님의 선물이라는 것을 알게 되었습니다.

저는 이미 대학생 시절 회개에 대하여 알고자 하였습니다. 성도라면 누구나 회개에 대하여 관심을 갖는 것은 당연한 일이지요. 대학생 시절 특별히 조셉 얼라인이 쓴 《회개의 참된 의미(An Alarm to the Unconverted)》라는 책을 열심히 읽었던 기억이 납니다. 당시에는 회개의 의미를 머리로만 이해했을 뿐 깨닫지는 못했던 것 같습니다. 20여 년이 훨씬 지난 지금 이 책을 책장에서 꺼내 먼지를 털어내고 다시 읽어봅니다. 그리고 생각해 봅니다.

'이러한 진리를 왜 그동안 알지 못했을까?'

알지 못했다기보다는, 알고는 있었으나 그 진리를 마음속 깊이 이해하고 깨닫지는 못했다고 하는 것이 더 정확할 것 같습니다. 참으로 신기합니다. 그때는 깨닫지 못했는데, 왜 지금 이 진리를 가슴속 깊이 깨닫게 되었는지 신기할 따름입니다.

어쨌든 지금 저는 회개하는 즐거움 속에서 살아가고 있습니다. 자비로우신 하나님은 우리에게 회개를 통한 속죄의 길을 주셨습니다. 누구든지 죄를 회개하면 예수 그리스도의 보혈로 죄를 씻어주시는 것입니다. 죄에서 자유로워지면 마귀가 우리를 건드리지 못하게 되고, 하나님과의 친밀한 교제가 가능하게 됩니다. 그야말로 복된 삶이 펼쳐지는 것입니다.

저는 매일 회개합니다. 이전에는 회개라는 단어를 알면서도 회개를 별로 하지 못했다면, 지금은 회개를 합니다. 즉, 나의 죄가 무엇인지를 깊이 생각하면서 죄를 발견하려고 노력하고, 성령님의 도움으로 죄를 알게 되면 그 죄를 실제로 회개한다는 것입니다. 그런데 이것이 제게 큰 기쁨이 됩니다.

무슨 죄를 회개하느냐고요? 성도들이 생각하는 죄와 하나님이 생각하시는 죄는 다른 것 같습니다. 우리의 가장 큰 죄는 하나님을 삶의 주인으로 삼지 않고 우리 스스로가 삶의 주인이 되는 것입니다. 이것은 우상숭배의 죄이고, 불신의 죄이자, 교만의 죄입니다. 또한 우리는 살면서 염려와 근심을 많이 합니다. 이것도 죄입니다. 하나님을 믿지 못하는 불신으로 인한 것이 염려와 근심입니다.

과연 회개에 그토록 중요한 영적 의미가 있는지 직접 확인해 보기 위해, 우선 염려와 근심의 죄를 매일 회개해 보십시오. 회개하고 예수 그리스도의 보혈로 씻어주실 것을 간구하십시오. 그리고 죄를 타고 역사하려는 마귀를 대적하십시오. 그러면 며칠 지나지 않아 삶이 변화되는 것을 알게 될 것입니다.

이렇게 2009년경 철저한 회개를 할 수 있는 두 번째 기회가 왔지만 나는 이 기회를 살리지 못했다. 처음에는 매일 회개했던 것 같은데 차츰 시들해졌고, 생각날 때마다 회개하는 정도로 변해버렸다. 회개에 대해 나름 잘 알고 있었고, 회개도 나름 한다고 했지만, 내 신앙생활에서 회개의 비중이 별로 높지 않았다. 지금 돌아보면 다른 성도들보다 조금 더 회개하는 정도였다. 예를 들어, 기도는 두세 시간을 해도, 성경은 매일 읽어도, 회개는 죄가 생각나거나 영들의 공격이 느껴질 때마다 하는 정도였다. 회개의 중요성에 비해 내 삶에서의 회개의 비중은 상대적으로 너무 낮았지만, 나는 나의 회개가 부족하다고 전혀 생각하지 못했다.

나는 두 번째 회개의 기회를 놓쳐버리고 2009년부터 2020년까지 약 11년의 세월을 헛되이 보냈다. 회개의 중요성을 잘 알고 있던 내가 왜 그렇게 회개를 소홀히 다루었을까? 지금 돌이켜 생각해 보면 이유는 다음과 같다.

첫째, 죄의 심각성을 알지 못했다. 돌아보면 나의 죄로 인해 합법적으로 들어온 악한 영들이 나의 삶을 지배했으며, 나를 망하는 길로 이끌어 가고 있었다. 그러나 나는 이 사실을 몰랐다. 오히려 내가 하나님의 은혜 안에 들어가 있다고 생각했다. 나의 삶에 형통이 있고 하나님이 여러 가지 은혜를 부어주셨는데, 이것을 하나님이 나와 함께하시는 증거라고 착각했다. 비록 내가 죄를 짓더라도 그 죄가 하나님과의 관계를 망칠 만큼 심각하지 않다고 착각했다. 주변 사람들도 나의 신앙생활을 오랫동안 지켜보면서 칭찬과 격려를 아끼지 않았다. 나는 잘하고 있다고 착각했다. 상황이 이렇다 보니 회개의 중요성은 알았지만 열심히 회개할 필요를 느끼지 못했다.

둘째, 하나님이 악한 영의 공격에서 나를 보호해 주신다고 생각했다. 나 역시 죄인이므로 악한 영이 나를 공격할 수는 있다고 생각했다. 그런데 이 공격은 나에게 심각한 타격을 주는 수준은 아니라고 막연하게 생각했다. 나는 하나님의 자녀이기 때문이었다. 내가 하나님의 자녀니 하나님이 나를 보호해 주신다고 생각했다. 그러니 회개를 더 열심히 해야 할 필요를 느낄 수가 없었다. 더구나 내 몸속에 악한 영이 가득하리라고는 상상할 수도 없었다. 만약 내 몸속에도 악한 영이 가득하다는 것을 그때 알았더라면, 나는 어떻게 해서든 이 영들을 내보내려고 회개에 열심을 냈을 것이다.

셋째, 아무도 회개를 가르쳐주지 않았다. 돌아보면 나는 회개의 원리에 대해 비교적 잘 알고 있었던 것 같다. 그러나 구체적으로 무슨 죄를 회개해야 하는지, 어떻게 회개해야 하는지, 언제까지 회개해야 하는지, 회개하면 어떤 일이 일어나는지 등에 대한 개념이 없었다. 회개를 어떻게 해야 하는지 가르쳐주는 사람도 없었다. 나의 죄를 지적하고, 회개하라고 권유하는 사람도 별로 없었다. 오히려 나는 신앙생활을 잘하고 있다는 칭찬을 많이 들었다. 이런 칭찬은 내가 신앙생활을 정말 잘하고 있다고 착각하게 만들었다. 칭찬이 독이 된 셈이다. 지금 생각하면 너무나 아쉽다. 누군가 나의 죄를 지적하고 회개를 가르쳐주었더라면 내 인생이 달라졌을 것이다.[61]

넷째, 악한 영들이 회개를 방해했다. 무지의 영, 혼란스럽게 하는 영 등 수많은 악한 영이 내 몸속에서, 그리고 환경 속에서 나의 회개를 강력하게 방해했다. 만약 이런 영들의 방해가 없었더라면 나는 세월을 낭비하지 않고 이미 오래전에 더 깊은 회개를 시작했을 것이다.

다섯째, 하나님을 사랑하지 않았다. 지금까지의 네 가지 이유는 부수적인 것에 불과하다. 내가 회개를 소홀히 할 수밖에 없었던 근본적인 이유는 하나님을 사랑하지 않기 때문이다. 회개를 하면서 나는 하나님을 진심으로 사랑하는 성도들의 삶을 관찰해 보았다. 내가 관찰해 본 바에 의하면, 이들의 특징 중 하나는 열심히 회개한다는 것이었다. 달리 표현하면 이들의 삶 자체가 회개의 삶이었다.

---

61) 회개를 시작한 이후로 나는 여러 성도에게 회개하라고 권하고 회개를 가르치고 있다. 나의 이야기에 동의하지 않는 성도도 있지만, 귀 기울여 듣고 회개를 시작하는 성도도 많다. 회개를 시작한 성도들은 삶이 변화되는 경험을 하고 있다.

회개하는 것이 숨 쉬는 것처럼 자연스러워 이들은 다른 성도들에게 회개 이야기를 할 필요성을 느끼지 못했다. 회개가 너무나 자연스러운 것이다 보니 다른 성도들도 자기처럼 회개할 것으로 생각하는 것 같았다. 또 회개가 너무나 자연스러운 것이다 보니 회개에 대해 깊이 탐구할 필요성도 느끼지 못했다. 회개에 대한 깊은 통찰을 가지고 있지는 않아도 이들은 하나님의 마음을 잘 알았다. 하나님을 두려워하며 하나님의 말씀에 민감하게 반응했다. 말씀대로 살지 못한 것을 발견하면 눈물을 흘리며 철저하게 회개했다.

아쉽게도 나는 그렇지 못했다. 그동안 열심히 회개할 마음만 있었지, 실제로는 열심히 회개하지 못했는데, 이것은 내가 하나님을 사랑하지 않았다는 강력한 증거다. 하나님을 사랑하지 않으면서도 사랑한다고 거짓말한 셈이다.

나는 오랜 세월 동안 회개를 해왔다. 그러나 나의 회개가 삶을 변화시킬 만한 동력이 되지는 못했다. 대신 나는 하나님과의 관계에서 풀리지 않는 숙제로 많이 고민했다.

*열심히 하나님을 찾는데도 왜 나는 하나님의 뜻을 잘 알지 못하는 것일까? 회개를 하고 있는데도 왜 나는 여전히 걱정하고 근심하는 것일까? 열심히 중보기도를 하고 있는데도 왜 그 사람의 삶에 하나님의 은혜가 임하지 않는 것일까? 왜 내 기도에는 능력이 별로 없는 것일까? 열심히 기도하는데도 왜 삶의 문제들이 아직 해결되지 않는 것일까?*

나는 하나님과 가까워지고 싶어서 수십 년 동안 많은 영적 순례를 하였다. 영적인 책을 많이 읽고, 국내외 각종 집회에 참석했으며, 훈련 기회가 있으면 열심히 참여했다. 그러나 아무리 애쓰고 노력해도 하나님과 가까워지지 않았다. 답답했다. 내게는 여전히 풀리지 않는 삶의 숙제들이 있었으며, 열매를 많이 맺지 못하고 있었다. 나는 깊이 절망하고 좌절했다. 그렇게 시간만 낭비하면서 수십 년의 세월을 보냈다. 이런 나에게 하나님은 회개할 수 있는 세 번째 기회를 주셨다. 그것은 실로암세계선교회와의 만남이었다.

### (2) 철저한 회개를 시작하다

오랜 기간 중보기도를 해온 성도들이 있었다. 그런데 아무리 그 성도들을 위해 기도해도 삶에 변화가 일어나지 않는 것을 보고 나는 깊이 절망하고 좌절하고 있었다. 내 기도가 별로 효과가 없다는 사실에 깊은 무력감도 느꼈다. 영적 자신감도 사라졌다. 이런 절망, 무기력, 좌절 속에서 나는 성도들의 삶의 문제는 대체로 죄의 문제이고, 죄를 타고 악한 영이 공격하는 것이라고 강하게 느끼고 있었다. 자연스럽게 나는 죄 문제를 해결하지 않고는 그 성도들을 위해 아무리 중보기도를 많이 하더라도 별로 소용이 없겠다고 생각하게 되었다.

그래서 나는 이들의 죄를 대신 회개하는 것을 본격적으로 시도해 보기로 했다. 이전에도 나는 성도들을 위해 기도할 때 대신 회개를 해온 적이 있기 때문에 '대신 회개한다'는 것은 내게 매우 익숙한 개념이었고, 이것이 중보기도의 핵심이라고 생각하고 있었다. 2020년 3월경부터 나는 기도 대상자들의 이름을 불러가며 이들의 우상숭배와 교만의 죄 등을 대신 회개하기 시작했다. 그리고 기도 대상자들을 위한 작정회개기도를 했다.

그러던 어느 날 동생인 김현숙 전도사가 내게 여러 책을 보내주었다. 이 중에 한양훈 목사님이 쓰신 《영의 눈이 열리다》, 《내 양을 치유하라》, 《성경적 영성》이 있었다. 이 책들을 읽어보니, 한 목사님은 합동신학대학원에서 공부한 엘리트 목사인 것 같은데, 영적 절망과 좌절을 많이 경험했다고 했다.

목회자임에도 사역지를 옮기는 문제나 새로운 사역을 시작하는 문제 등 중요한 결정을 할 때, 정작 자신은 하나님의 뜻을 알지 못하고 다른 은사사역자들을 통해 하나님의 뜻을 전달받아야 하는 현실 앞에 좌절했다고 했다. 그리고 이렇게 다른 사람들이 말해준 하나님의 뜻에 따랐다가 손해만 보았다. 결국 망하게 되었고, 그런 후에 비로소 깊은 회개를 하게 되었다고 했다. 나 역시 한 목사님이 겪은 좌절과 실패를 다 겪어 보았기 때문에 한 목사님의 이런 솔직한 고백에 깊이 공감되었다. '나와 똑같은 경험을 한 사람이 있었네!'라고 생각했다.

한양훈 목사님의 책에는 특별히 나의 관심을 끄는 두 가지가 있었다. 그것은 성도들의 몸속에 악한 영들이 있다는 것과 악한 영의 실체를 영안으로 볼 수 있다는 것이었다.

성경을 자세히 읽어보면 성도들의 몸속에도 악한 영들이 있을 수 있다는 것을 쉽게 인정할 수 있다.[62] 또한 치유·축사사역 현장에서

---

62) 이 부분에 대해서 신학교 교수이신 김찬도 목사님이 내게 설명을 해주셨는데, 죄와 악한 영의 관계는 동전의 양면과 같고(같이 붙어 있다, 함께 간다), 죄가 있으면 악한 영이 반드시 역사한다는 것이다. 즉, 모든 죄의 배후에는 악한 영이 있다는 것이

사역의 과정을 지켜보거나 성도들의 간증을 들어봐도 실제로 성도들의 몸속에 악한 영들이 있다는 것을 알 수 있다. 그러나 우스꽝스럽게도 나는 그동안 성도들의 몸속에 악한 영이 있다는 사실을 거부해 왔다. 성도들의 몸속에 악한 영이 있다는 것이 사실이라면 이에 대한 대책이 있어야 하는데, 내게는 아무런 대책이 없었기 때문이다. 골치 아픈 이 문제를 방치해 두고 싶었던 것 같다. 대신 성령님이 성도들의 몸속에 거하고 계시니 악한 영들이 접근하지 못할 것이라는 황당한 안도감을 가지고 살았다. 그러다 한 목사님의 책을 읽으면서 나는 성도들의 몸속에 악한 영이 있다는 사실을 좀더 심각하게 생각해 보게 되었다.

한편 '영들의 실체를 본다'는 것은 매우 참신한 개념이었다. 악한 영들과 싸울 때 악한 영의 실체를 보면서 싸울 수 있다는 것은 대단히 중요하다고 생각했다. 나는 그동안 영적 세계를 많이 탐구해 왔기 때문에 이 개념을 받아들이는 데 아무런 거부감이 없었다. 더 알고 싶다는 생각이 들었다.

나는 한양훈 목사님이 실로암세계선교회(이하 '실로암')를 세우고 회개운동을 하고 있다는 것을 알게 되었다. 이곳에 한번 가서 나의 영적

---

다. 김찬도 목사님은 그 근거로 로마서 6장 6절을 들었다. 즉, 이 구절에서 '죄의 몸'이라는 표현을 사용하고 있는데, 이것은 '죄가 있는 몸'이라는 뜻이고 성도의 몸에 죄, 즉 악한 영이 있다는 것이다. 마가복음 1장 21-28절은 안식일에 주님이 회당에서 귀신 들린 사람을 치유한 사건을 기록하고 있다. 또 누가복음 13장 10-13절은 안식일에 주님이 회당에서 18년 동안 귀신 들려 허리가 꼬부라진 여인을 치유한 사건을 기록하고 있다. 이 두 사건은 모두 예수님이 회당에서 치유한 사건이다. 회당은 하나님의 백성이 있는 곳이다. 오늘날로 치면 교회 예배당이다. 이들도 모두 하나님의 백성이다. 하나님의 백성 중에도 귀신 들린 경우가 너무 많아 축사 사역이 예수님의 3대 사역 중 하나가 되었다.

상태를 진단해 봐야겠다는 생각이 들었다. 하지만 그곳에 가기가 부담스럽기도 하고 주저되기도 했다. 이유는 이렇다. 나는 이전에 수십 년간 많은 영성 집회에 참석하고 영성과 관련된 많은 책을 읽었기 때문에 영의 세계에 대해 배울 만큼 배웠다. 이렇게 열심히 영의 세계를 알고자 노력했지만 열매가 별로 없어 깊이 절망하고 있었고, 이런 영적 탐구가 이제는 내게 의미가 없다고 생각했다. 이런 마음을 가지고 있던 내가 새삼스럽게 실로암이라는 곳에 가서 그곳에 무엇이 있는지 들여다본다는 것은 당시 나로서는 생각하기 힘든 선택이었다.

우여곡절 끝에 2020년 5월 화창한 어느 날 오후 실로암을 방문했다. 당시 실로암은 서울 강서구 방화동에 있었다. 이날 이소진 전도사님의 안내를 받아 교회 건물 2층 본당 안쪽에 있는 작은 유아실로 갔다. 그곳에서 박영미 사모님을 처음으로 만나게 되었다. 박 사모님은 한양훈 목사님의 아내인데 사역을 같이 하고 있다고 자신을 소개했다. 유아실은 장식도 별로 없고 한쪽에 낡은 직사각형 탁자가 놓여 있는 소박한 공간이었다. 나는 탁자를 앞에 두고 박 사모님과 마주 보고 앉았다. 사모님을 보니 눈이 크고 솔직하며 소탈하다는 느낌이 들었다. 사역자로서 영적 권위를 내세운다는 느낌이 들지 않아 대하기가 편했다.

간단한 인사를 나눈 후 박영미 사모님은 환상을 보면서 나에 대한 영적 진단을 시작했다. 사모님은 내가 어린이 놀이터에 있는 밧줄로 된 다리를 건너고 있다고 했다. 다리를 건넜는데, 그곳은 시멘트 바닥이 아니라 뻘밭이라고 했다. 뻘밭이다 보니 발이 빠지는 형국이고, 이것은 고난과 어려움이 계속되는 것을 의미한다고 했다. 그리고 손끝이 벗겨져 피가 나는 모습을 보았다고 하면서 내가 손해를 많이 보고 있다고 했다. 더구나 피가 멈춘 것이 아니라 계속 흐르고 있어 현재진행형이라고 했다. 여기까지는 보통 수준의 은사사역자들도 일반적으로 할 수 있는 사역이라고 나는 생각했다.

그다음은 일반 은사사역자들과 달랐다. 박 사모님은 우상숭배의 죄로 인해 악한 영들이 몸속에 많이 들어온다고 전제하고, 내 몸속에 있는 다양한 영을 그림으로 그려주었다. 그리고 이 그림을 바탕으로 몇 가지를 설명해 주었다. 요약하면 다음과 같다.

- 뇌가 실과 같은 영들로 잔뜩 감겨 있다.
- 머리 위쪽으로 교만의 영, 눌림의 영 등 악한 영들이 붙어 있다.
- 어깨와 팔에도 눌림의 영이 붙어 있다.
- 가슴에도 많은 영이 있고, 간에는 지치게 하는 영이 붙어 있고, 위장에는 두려움의 영, 조바심의 영이 붙어 있다.
- 오른쪽 전립선과 왼쪽 신장에도 영들이 붙어 있다.
- 기쁨도 30퍼센트 정도밖에 안 된다.

박영미 사모님 옆에 앉아 있던 이소진 전도사님은 '영 진단'이라는 제목이 적힌 종이에 내 머리, 가슴, 팔, 다리에 분포되어 있는 악한 영의 이름을 각각 10개씩 총 40개를 적어주었다. 이소진 전도사님은 막힘이 없었다. 마치 무언가를 보면서 적는 것 같았다. 신기했다. 더 많겠지만, 적을 칸이 40개밖에 없어서 40개만 적어준 것 같았다. 내가 받아서 읽어보니 방향을 잃게 하는 영, 막막하게 하는 영, 걱정 근심의 영, 평안을 얻지 못하게 하는 영, 기도 방해의 영 등이었다.

나는 내 몸속에 악한 영이 있다는 진단을 틀렸다고 말할 수 없었다. 말로 설명하기는 어렵지만 나의 인생 데이터나 삶의 현실 그리고 성경에 비추어 이것이 맞다는 것을 즉각적으로 알았다. '아, 그동안 내가 하나님과 아무리 가까워지려고 해도 가까워지지 못한 것이 악한 영들 때문이었구나! 그동안 회개한다고 했지만 제대로 회개하지 못해서 남아 있는 죄가 너무 많구나!'라고 생각하게 되었다.

앞에서도 말했지만, 실로암을 방문하기 전 나는 한 목사님의 책을 읽으면서 성도들의 몸속에 악한 영이 있다는 사실을 많이 생각해 보았다. 우습게 들릴지 모르겠지만, 다른 성도들의 몸속에는 악한 영이 있다고 하더라도 하나님을 열심히 믿고 살아온 나는 그렇지 않으리라는 희망을 가지고 있었다. 그러므로 바로 내 몸속에 악한 영들이 있다는 진단은 충격이었다. 내 몸속에 많은 영이 들어와 있었다! 평생 하나님을 믿고 살아온 나에게 말이다. 이것은 나의 신앙생활을 180도 변화시킬 만큼 강력한 충격이었다.

악한 영이 내 몸속에 존재한다는 사실은 그 영이 365일, 24시간 나를 공격한다는 것을 의미한다. 내가 가는 곳마다 악한 영들도 따라온다는 것을 뜻한다. 악한 영들이 내 몸을 자기들의 집으로 삼고 있다는 것을 말한다. 악한 영들이 내 몸속에서 나의 건강을 파괴하고 내 인생을 망하게 해왔다는 것을 의미한다. 그동안 거룩한 척하고 살았는데 실제로는 거룩하지 않고, 악한 영이 내 몸속에 가득하다는 것을 안 이상 나는 가만히 있을 수 없었다.[63] 대책을 찾아야만 했다.

---

[63] 하나님께서는 영성가들을 통해 영적 세계를 성도들에게 알려주기를 원하신다. 영적 세계를 알게 되면 회개하지 않을 수 없다. 정소영, 『이 땅을 넘어서』(서울: 유하, 2022), p. 73.

새로운 정보 앞에서 충격을 받고 당황해하고 있는 나에게 박 사모님은 유하출판사에서 발행한 노란색 표지로 된 얇은 회개기도문을 주면서, 이것을 읽으며 회개하라고 권했다. 특별히 우상숭배와 교만의 죄를 회개하라고 말했다. 평생 신앙생활을 해왔지만, 아무도 내게 구체적으로 회개할 죄를 알려주지 않았다. 박 사모님이 처음이었다. 당시에 나는 이미 나의 기도 리스트에 있는 사람들을 위해 40일 작정회개기도를 하고 있었기 때문에 회개하라는 사모님의 권고를 아무런 거부감 없이 받아들일 수 있었다.[64] 아울러 사모님은 6월과 7월 두 달간 실로암에서 사역자 훈련을 하니, 훈련을 한번 받아보라고 권유했다. 거부할 이유가 없었다.

나는 오랜 세월 동안 하나님과 더 친해지고 싶어서 예배, 말씀 묵상, 기도, 찬양, 헌신, 헌금, 봉사 등에 힘썼고 각종 은사를 사모하며 다양한 영성 훈련을 받아 보았지만, 슬프게도 이런 나의 노력은 하나님과 친해지는 데 아무런 도움이 되지 않았다. 인생을 낭비한 것 같다고 생각하며 깊은 절망감에 빠져 있었다. 그런데 박 사모님의 진단을 받으면서 회개를 통해 내 속에 있는 악한 영들을 쫓아내면 하나님과 친해지고 나의 삶의 문제를 해결할 수 있을 것이라는 새로운 희망이 생겼다. 나는 회개가 내 인생의 마지막 승부처가 되리라고 느꼈다.[65]

---

64) 지금 돌이켜 생각해 보면 내가 40일 작정회개기도를 하게 된 것은 하나님께서 내가 회개에 본격적으로 돌입할 수 있도록 미리 준비하게 해주신 것 같다.

65) 가족들은 내가 회개한다고 했을 때 별로 기대하지 않았다. '이전에도 여러 영적 순례를 하고 영적 훈련을 했지만 별로 열매가 없었지. 이번에도 열심을 내서 몇 년 동안 회개하겠지만 이것이 시들해지면 또 다른 것을 찾아 순례를 떠나겠지'라고 생각하는 것 같았다.

2020년 5월 영적 상태에 대한 진단을 받은 후 나는 회개기도문을 읽으면서 하루에 3~4시간씩 회개했다. 내 몸과 환경에 들어온 모든 악한 영을 내보낸다는 마음으로 회개했다. 2020년 6월이 되어 박영미 사모님에게 사역자 훈련을 받았다. 사역자 훈련은 비전 보기, 심령의 그릇 보기 등을 통해 영안이 열리도록 돕는 훈련이었다. 이 훈련은 모두 회개를 기초로 하는 것이었기 때문에 나는 이 훈련과정을 통해 회개를 좀더 깊이 탐구할 수 있었다.

실로암에서는 매달 한 번씩 3일간 집중회개기도회를 가졌다. 그때마다 달랐지만 70여 명 정도가 참석하여 회개했다. 이렇게 여러 사람이 모여 합심해서 회개하는 것이 효과적이라고 했다. 나도 시간이 될 때마다 이 기도회에 참석하여 회개도 하고, 다른 사람들은 어떻게 회개하는지도 유심히 관찰했다. 집중회개기도회에서 회개하는 분들은 대부분 목회자였고, 총신대학교 신학대학원과 합동신학대학원 출신 목회자가 많았다. 나는 보수 장로교단 출신의 목회자들이 열심히 회개하는 모습을 보면서 힘도 얻고 격려도 받았다.

### (3) 회개의 목표를 정하다

회개를 시작하면서 나만의 목표를 정해 보았다.

첫째, 악한 영을 빨리 내보내는 것이다. 악한 영들이 내 몸속과 환경 속에서 내 삶을 방해하고 있다는 사실을 알게 되었는데 이 사실은 너무 충격적이었다. 그래서 하루라도 빨리 이 영들을 내 몸과 환경에서 내보내야겠다고 자연스럽게 결심하게 되었다.

둘째, 영안이 깊이 열리는 것이다. 실로암에는 회개를 통해 영안이 열린 사람이 많았다. 회개는 영적 전투의 기초다. 악한 영들과 전투를 함에 있어서 악한 영의 정체를 파악하고 보는 것은 매우 중요하다. 그러려면 영안이 깊이 열려야 한다. 나는 영안이 깊이 열리기를 원했다. 회개해서 깨끗해지면 깨끗해질수록 영안이 깊이 열릴 것이라고 기대했다.

셋째, 하나님과 더 친밀해지는 것이다. 이것이 회개의 궁극적인 목표였다. 하나님께서 직접 거룩하라고 명하셨고, 성결한 삶을 원하신다는 것을 너무나 잘 알기 때문에 회개를 통해 하나님과 더 친해질 수 있을 것이라고 생각했다. 악한 영이 떠나는 만큼 내가 하나님과 더 가까워질 것이라고 생각했다. 그동안 악한 영들의 방해로 내가 아무리 노력해도 하나님과 친밀해지지 못했는데, 이제 내게 남은 선택지는 회개밖에 없었다. 설사 회개의 다른 목표들은 달성되지 않는다 하더라도 하나님과 친밀해지려는 목표는 꼭 달성하고 싶었다.

### (4) 무당의 손녀 이야기

나와 같이 사역자 훈련을 받은 사람 중에 김 집사님이 있었다. 집사님은 자신의 할머니가 옥황상제를 모신 용한 무당이었다고 했다. 집사님의 아버지는 몸이 좋지 않아 내림굿을 받았지만 결국 세상을 떠났다. 집사님은 어릴 때부터 할머니와 같이 살면서 할머니가 점치고 굿하는 것을 늘 지켜보았는데 이것이 너무나 싫었다. 김 집사님이 고등학생일 때 악한 영이 다가와 "너는 선택받았다. 무당이 되어라. 한국 최고의 무당이 되게 해주겠다"라고 제안했다. 집사님이 이 자리에서 피를 토하고 죽는다 해도 무당은 되지 않겠다고 거부하자, 악한 영들은 "네가 한 말을 후회하게 해주겠다"라고 말하고 떠났다. 이후 김 집사님은 예수님을 영접하였고 열심히 신앙생활을 했다. 김 집사님은 무당인 할머니에게도 복음을 전했고, 기적적으로 할머니는 말년에 예수님을 영접했다.

예수님을 믿어 구원받으면 하나님이 함께하시고 형통이 임한다고 배웠는데, 김 집사님의 삶은 형통과는 너무 거리가 멀었다. 삶에 고난이 너무 많았다. 김 집사님은 삶이 힘들수록 하나님을 애타게 찾았고 도움을 구했다. 성령충만하면 문제가 해결될 것 같아, 성령의 역사가 강하게 나타나고 하나님의 임재가 강한 교회에서 6년간 기도에 전념하기도 했다. 그러나 아무리 기도해도 삶은 여전히 힘들었고, 이따금씩 명치 쪽에 통증이 몰려올 때면 견디기가 너무 힘들었다. 의학적으로는 원인을 알 수 없는 통증이었다. 너무 절망스러웠다.

김 집사님은 "하나님, 왜 아무리 기도해도 삶이 힘들고 아픈 것이 해결되지 않나요?"라고 질문을 하며 하나님을 원망했다. 이때 하나님께서는 회개하라는 감동을 집사님에게 주셨다. 회개하라는 뜬금없는 말에 당황했지만, 이때부터 김 집사님은 회개에 대해 진지하게 생각해 보게 되었다. '회개를 어떻게 하는 거지?'라는 질문을 스스로에게 하기 시작했다. 우연한 기회에 김 집사님은 실로암에서 사역자 훈련을 받으면서 회개하게 되었다. 그러면서 명치 쪽 통증 등 삶의 고난이 할머니를 포함한 조상들의 우상숭배로 들어온 악한 영들의 공격이라는 것을 알게 되었다. 김 집사님의 회개는 목숨을 건 사투에 가까웠다. 회개를 시작하니 악한 영들이 자살 충동을 불어넣는 등 회개하는 것을 강력하게 방해했고, 김 집사님은 회개를 포기할 뻔하기도 했다. 김 집사님은 이전에 다니던 교회에서의 강한 기도 훈련이 없었다면 결코 회개를 지속할 수 없었을 것임도 알게 되었다.

나는 김 집사님이 열심히 사역자 훈련에 임하는 모습을 지켜보았다. 그리고 영적인 진보가 없다고 느낄 때마다 절망하고 좌절하는 모습도 지켜보았다. 김 집사님에게는 회개가 죽느냐 사느냐의 문제임을 나는 알았다.

김 집사님이 내게 해준 말이다.

"3~4대까지 조상들이 지은 우상숭배 죄는 쉽게 끊어지지 않는다는 것을 알았어요. 한 번 지은 우상숭배 죄는 회개하기 전에는 결코 사라지지 않는다는 것을 확인했어요.

저는 '바닥을 치는 인생들에게 어떻게 도움을 줄 수 있을까? 또 무당 계열은 회개기도문을 읽는 것조차 어렵고 누군가의 도움이 없이는 회개가 불가능하다고 할 수도 있는데 그런 영혼들은 어떻게 도울 수 있을까?'라는 생각을 많이 하고 있어요.

제 경우 회개하게 되리란 걸 안 악한 영들이 남편을 통해 엄청 저를 공격했어요. 또 저도 생각과 마음, 감정이 다스려지지 않았어요. 그렇게 가정에 태풍이 몰아쳐서 회개에 집중할 수 없는 상황이 되었어요. 회개를 시작할 수 없도록 악한 영들이 방해한 것이지요.

무당, 부처, 제사, 미신, 잡신을 섬긴 죄를 회개할 때마다 악한 영들이 깡패들처럼 떼거지로 달려들었어요. 저는 악한 영에게 엄청 욕을 먹었어요. 악한 영들에게 교양을 기대할 수는 없겠

죠. 동네사람들이 몰려와서 무지막지하게 욕하는 것처럼 그렇게 악한 영들이 욕을 했어요. 그리고 악한 영들이 공격하면 몸이 정말 아팠어요. 욕먹고 얻어 맞고, 정말 두려웠어요. 자살하고 싶은 충동도 강하게 생겼어요. 아플 때가 제일 힘든 것 같아요. 잔인하게 아프게 만들 때는 회개를 할 수도 없고…아무것도 할 수 없으니…."

이렇게 고생하면서도 회개의 줄을 놓지 않았던 김 집사님에게 마침내 변화가 찾아왔다. 회개한 지 약 6개월이 지난 2021년부터 악한 영들이 조금씩 떠나가면서 명치 쪽 통증이 완화되고 견뎌낼 수 있는 힘이 생겼다.

"2021년 1월 집중회개기도회 때 악한 영들의 기세가 좀 꺾였고요. 2021년 5월부터는 욕하는 소리가 안 들렸어요. 영들이 착해진 게 아니라, 나갈 건 나가고 세력이 힘을 잃은 것 같아요. 아프게 공격하는 것도 강도가 약해졌어요. 다행이라고 생각해요."

김 집사님은 악한 영들의 반격 때문에 회개가 쉽지 않았지만, 여러 사역자의 격려를 받으며 지금까지 회개를 계속하고 있다. 김 집사님은 자신처럼 무당의 영의 지배에서 벗어나려고 발버둥 치는 사람들을 돕고 싶다고 했다. 그것이 자신의 사명이라고 했다.

김 집사님의 이야기는 다소 생소하다고 느껴질 수 있지만, 우리의 영적 현실은 김 집사님과 별로 다르지 않다. 정도의 차이만 있을 뿐이다. 똑같이 악한 영의 공격을 받으며 살면서도, 우리는 악한 영이 공격하고 있는 것도 모르고 태평하게 살고 있는 반면, 김 집사님은 악한 영의 공격을 분명하게 느끼면서 살고 있다. 나는 김 집사님을 지켜보면서 영의 세계에서 악한 영들이 어떻게 활동하는지 좀더 뚜렷하게 이해하게 되었다. 그리고 조상들이 지은 죄로 인해 가문에 들어온 악한 영들이 후손에게로 이어진다는 성경 말씀이 사실임을 생생하게 목격하게 되었다.

> "너를 위하여 새긴 우상을 만들지 말고 또 위로 하늘에 있는 것이나 아래로 땅에 있는 것이나 땅 아래 물 속에 있는 것의 어떤 형상도 만들지 말며 그것들에게 절하지 말며 그것들을 섬기지 말라 나 네 하나님 여호와는 질투하는 하나님인즉 나를 미워하는 자의 죄 [우상숭배의 죄]를 갚되 아버지로부터 아들에게로 삼사 대까지 이르게 하거니와"(출 20:4-5).

### (5) 우상숭배의 죄를 회개하다

철저한 회개를 하기 전까지 나는 국가와 민족의 우상숭배의 죄는 가끔씩 회개했지만, 나와 관련해 우상숭배의 죄를 회개해 본 기억은 별로 없다.[66] 나는 모태신앙인인데다 제사 지내고 점치고 굿하는 우

---

66) 사실 이것은 내 우스꽝스러운 모습이다. 나라와 민족에는 나와 내 조상이 포함된다. 따라서 나라와 민족의 죄에는 나와 내 조상의 죄가 당연히 포함된다. 나라와 민족의 죄는 회개하면서, 나에게 더 많은 영향을 미칠 수도 있는 조상의 죄는 회개하지 않았다는 것은 내가 너무 무지했기 때문이다.

상숭배에 직접 관여한 적이 없었기 때문이다. 게다가 나는 구원받은 성도이므로 우상숭배는 이제 나와는 관계가 없다고 생각했다. 나의 큰 착각이었다.

물론 이전에도 가끔씩 조상들의 우상숭배의 죄를 회개해야 한다는 견해를 접할 수 있었고 이에 대해 공감했다. 그러나 우상숭배의 죄를 어떻게 회개해야 하는지에 대해서는 알지 못했기 때문에 더는 나아가지 못했다. 성경을 자세히 살펴보면 처음부터 끝까지 우상숭배의 죄에 대한 경고로 가득 차 있다. 그리고 이 경고는 하나님의 백성들에게 주어졌다. 그런데도 나는 내가 예수님을 믿고 구원받았다는 사실 하나만으로 우상숭배의 죄가 다 처리된 줄로 착각하고 있었고, 하나님의 경고를 무시하고 살았다. 죄를 미워하시는 하나님의 마음을 헤아리지 못하고 살아온 셈이다.

한반도에 살아온 우리 민족은 수천 년 동안 샤머니즘과 무속신앙 등 각종 우상숭배의 죄를 범해 왔다. 지금 열심히 신앙생활한다는 성도들의 가정도 몇 대만 위로 올라가면 모두다 우상숭배의 죄를 범했다. 그리고 성도들 스스로도 문화 속에 깊이 스며든 우상숭배의 영향을 받으며 우상숭배의 죄를 범하고 있다. 그러므로 성도들 중 우상숭배의 영향력에서 자유로운 사람은 아무도 없다고 보면 된다.

하나님은 이스라엘 백성을 사랑하셨다. 그런데 이스라엘 백성은 우상숭배를 하다 망했다. 우상숭배는 죽어 마땅한 죄다. 우상숭배의 죄는 예수님을 영접하고 구원받았다고 해서 자동적으로 다 용서되는 것이 아니다. 만약 다 용서되었다면, 성도들이 고난 속에 살지 않을 것이다. 구원을 받았더라도 회개하지 않으면 여전히 우상숭배의 죄로 인해 들어온 영들이 합법적으로 성도들을 공격하고 하나님과의 관계가 깨어지게 만든다. 이것은 중요한 영적 원리다. 우상숭배의 죄로 인해 성도들에게 들어오는 영은 너무 많다.

예를 들면 무지의 영, 무능의 영, 무책임의 영, 가난의 영, 앞길을 막는 영, 열매 맺지 못하게 하는 영, 어지럽게 하는 영, 혈기의 영, 음란의 영, 시기와 질투의 영, 교만의 영이 많이 들어온다. 이런 영들이 성도들에게 질병과 고난을 주고 성도들을 망하게 만든다.

> "도둑이 오는 것은 도둑질하고 죽이고 멸망시키려는 것뿐이요"(요 10:10).

회개를 하면서 나의 인생 데이터를 분석해 보니, 비록 내가 예수님을 믿고 구원을 받았지만 우상숭배의 죄를 제대로 처리하지 못했다는 것을 알게 되었다. 내가 아무리 하나님과 가까워지려고 노력해도 가까워지지 못했는데, 이것이 우상숭배의 죄를 처리하지 못했기 때문이라는 것을 알게 되었다. 내 몸에 있는 악한 영들은 상당 부분 나의 조상들의 우상숭배의 죄로 인해 내게 들어왔다는 점과 그 영들이 내 환경에 머물러 있으면서 나를 공격한다는 점도 충분히 인정할 수 있었다. 이를 인정하게 되자 나는 내 인생에서 처음으로 우상숭배의 죄를 진지하게 회개하기 시작했다.

한국교회는 우상숭배를 다소 가볍게 생각하는 경향이 있다. 그 이유 중 하나는 영적 환경이 좋고 우상숭배의 죄를 많이 저지르지 않은 미국 기독교의 영향을 받았기 때문이다. 그러나 미국과 한국은 영적 환경이 너무나 다르다. 미국은 기독교를 기초로 세워진 나라다. 비록 지금 미국에서 많은 우상숭배의 죄를 저지르고 있다 해도 한국만큼 우상숭배가 심각하지 않을 수 있다. 반면 한반도는 수천 년간 우상숭배를 해 온 곳이다. 수천 년간 방방곡곡에서 우상숭배의 죄를 범한 곳과 수백 년간 하나님을 섬긴 곳은 영적 환경이 다를 수밖에 없다. 그 차이는 뚜렷하다.

예를 들면 미국에서는 성도들이 새벽기도나 철야기도를 잘 하지 않는다. 그렇게 하지 않아도 하나님의 은혜를 쉽게 경험하기 때문이다. 그러나 한국은 영적으로 어둡고 악한 영들의 공격이 거세기 때문에 성도들이 새벽기도나 철야기도를 해야 겨우 하나님의 은혜를 경험한다고 해도 크게 틀리지 않는다. 그래서 한국에 있다가 미국으로 이민이나 유학을 가면 똑같은 기도를 해도 한국에서보다 훨씬 더 깊이 그리고 쉽게 하나님을 경험하는 현상도 생긴다. 이런 점에서 한국 성도들은 미국의 성도들보다 우상숭배의 문제를 훨씬 더 심각하게 연구할 필요가 있다.

한편 성도들이 살아가면서 짓게 되는 각종 죄는 우상숭배의 심각성에 비길 바 되지 못한다. 우상숭배는 죄의 뿌리와 같아서 이것을 통해 들어온 악한 영들은 너무나 강력하며 성도들의 삶을 파괴하고 망하게 만든다. 회개를 계속해 나가면서 나는 어머니 또는 할머니가 무당인 목회자들의 삶을 관심을 가지고 지켜보았는데, 많은 경우 큰 고통을 겪었다는 것을 알게 되었다. 하나님의 종인 목회자라 하더라도 자기와는 전혀 상관없는, 어머니나 할머니의 우상숭배의 죄 때문에 고통을 겪는 것이 부인할 수 없는 영적 현실이다.

성도들은 우상숭배의 죄와 관련해, 조상 제사를 지내거나 다른 종교를 믿는 사람들이 하나님의 벌을 받기는커녕 오히려 더 잘 사는 것을 보고 이해가 안 된다고 말하기도 한다. 나도 이전에는 이런 말을 들으면 공감했다. 그러나 회개를 하면서부터는 더는 이런 말에 공감하지 않게 되었다. 이런 말은 하나님을 무시하고 조롱하는 것임을 알게 되었다. 이런 말을 한다는 것은 그 사람이 하나님이 하신 말을 가볍게 생각하고 있다는 분명한 증거이기 때문이다. 하나님이 하신 말씀은, 우상숭배하면 반드시 망한다는 것이다. 그럼에도 현실을 보면 하나님 말씀이 틀린 것처럼 보이기 때문에 그 말씀이 도저히 믿어지지 않는 것이다. 그래서 이런 말을 하게 되는 것이다. 하나님의 말씀을 가볍게 생각하는 것은 하나님을 멸시하는 태도다. 철저히 회개해야 한다.

> "그러나 네가 만일…다른 신들에게 절하고 그를 섬기면 내가 오늘
> 너희에게 선언하노니 너희가 반드시 망할 것이라"(신 30:17-18).

우상숭배는 무서운 죄다. 하나님은 우상숭배하면 반드시 망한다고 말씀하셨다! 우상숭배하는 자들이 당대에 망할지, 후대에서 망할지, 또 어떻게 망할지 우리는 모른다. 하나님은 오래 참으시는 분이지만, 누구라도 우상숭배의 죄를 회개하지 않으면 반드시 망한다. 다른 사람의 삶을 들여다보며 '저 사람은 왜 아직 안 망할까?'라고 생각하면서 시간을 낭비해서는 안 된다. 다른 사람을 쳐다볼 여유가 없다. 자신에게 우상숭배의 죄가 없는지 돌아봐야 한다. 망해야 할 그 '누구'가 바로 내가 될 수 있기 때문이다.

## (6) 교만의 죄가 매우 심각함을 깨닫다

성경은 교만은 멸망의 선봉이라고 알려준다(잠 18:12). 교만이란 하나님보다 자기를 높이고 자기 생각과 뜻대로 행동하는 것을 말한다. 하나님이 교만을 가장 싫어하신다는 것을 모르는 성도는 없다. 나역시 하나님이 교만을 가장 싫어하신다는 것을 너무나 잘 알고 있었다. 나름 열심히 신앙생활을 해왔지만, 하나님이 나에게 교만하다고 나무라시면 반박할 수 없다는 것을 잘 알고 있었다. 나는 교만하지 않으려고 조심했다.

그러나 교만의 죄에서 자유로운 사람은 아무도 없다는 사실 또한 잘 알고 있었기에, 나의 교만이 그리 큰 문제가 되리라고는 생각하지 않았다. 특히 나는 열심히 신앙생활을 했고, 하나님의 은혜도 많이 받았다는 사실을 기억하면서 은연중에 '나는 하나님과 좋은 관계를 맺고 있구나!' 하고 착각했다. 더구나 '교만'이라는 단어가 추상적이다 보니, 교만이 무엇인지에 대해 구체적인 그림을 가지고 있지 못했다. 나는 교만이 내 삶을 망가뜨릴 만큼 심각하리라고는 상상도 하지 못했다.

그러나 회개를 하다 보니, 나의 교만의 모습이 내 생각 속에 하나씩 떠오르기 시작했다. 나는 내가 하나님을 의지한다고 생각했는데, 삶을 돌아보니 하나님을 의지한 것이 아니라 내 힘과 능력을 믿고 살았다는 것이 깨달아졌다. 내가 하나님을 의지하고 바라보았다면 하나님이 나의 길을 인도해 주셨을 텐데 그렇지 못했고, 내 힘으로 살다 보니 삶이 버겁고 힘들었다. 그러니 마음에 기쁨과 평강이 넘치지 않았고, 늘 걱정하고 근심하고 우울했으며, 하나님을 원망했다. 나는 이것이 하나님과 멀어진 삶이고, 비참한 삶이라는 것을 알게 되었다.

나의 교만의 모습에는 너무 많은 것이 포함되어 있었다. 일부만 말해보면 하나님을 바라보지 않은 것, 하나님을 의지하지 않은 것, 내가 내 삶의 주인이 된 것, 하나님보다 앞서간 것, 내가 영광을 받으려고 한 것, 조바심을 낸 것, 내 생각대로 살아온 것, 내 힘과 능력을 의지하고 살아온 것, 내 계획대로 살려고 한 것, 내 마음에 들지 않으면 하나님께 불순종한 것, 하나님의 뜻을 따르지 않은 것, 말로만 하나님을 사랑하고 실제로는 사랑하지 않은 것, 하나님께 온전히 맡기지 못한 것, 걱정하고 근심한 것, 내가 싫어하는 일을 시키실까 봐 하나님께 물어보지 않은 것, 하나님이 도우신다는 확신을 갖지 못하고 살아온 것, 하나님을 원망한 것 등이었다.

이 하나하나가 다 교만이었다. 이런 교만의 죄가 쌓이고 쌓여 하나님과 나 사이에 막힌 담이 되어버렸다. 그 결과 하나님과 동행하는 기쁨을 누리지 못했다. 대신 악한 영들을 잔뜩 불러들였고 그들과 동행했다. 망하는 길로 갔다. 말로 다 설명하기는 어렵지만, 나의 인생 데이터를 분석해 보면 이것은 너무나 분명했다. 그런데도 나는 내가 이렇게 심각할 정도로 교만하다는 것을 인식하지 못하고 살았다.

당연한 말이지만 나는 교만하고 싶지 않았다. 그런데도 교만했다. 교만의 죄가 쌓이고 쌓여 처리 불가능할 지경이 되었다는 것을 알고서 충격을 받았다. 내가 살아 있는 동안 아무리 회개해도 이 교만의 죄를 다 떨쳐버리지 못할 것임을 알았다. 돌이켜 생각해 보면, 조상에게서 교만의 영을 물려받고 그 영의 지배를 받으면서 평생 하나님을 대적하며 교만하게 살았다. 교만하니 교만의 영을 스스로 계속 불러들였다. 교만의 죄는 계속 쌓이고, 교만의 영은 계속 들어와 힘이 강해져 버렸다. 슬픈 것은 열심히 회개하고 있는 지금도 여전히 교만의 영의 지배를 받으면서 살고 있다는 점이다. 그동안 교만한 줄도 모르고 교만하게 살면서 하나님과 관계없이 살았는데, 고작 몇 년 회개한다고 하나님과의 관계가 바로 회복될 것 같지는 않다는 생각을 하니 슬펐다.

### (7) 조상이 지은 죄를 다루다

나는 무당 손녀인 김 집사님의 고난을 가까이에서 지켜보면서 조상의 죄가 후손에게 미치는 강력한 영향을 생생하게 보게 되었다.[67] 나의 인생 데이터를 분석해 보면 정도의 차이만 있을 뿐 나도 조상의 죄의 영향을 받았음을 충분히 인정할 수 있었다. 성경 말씀에 비추어 봐도 조상의 죄가 후손에게 영향을 미친다는 것을 부인하기 어려웠다. 조상의 죄를 어떻게 다룰 것인가를 둘러싸고 기독교 내에서 논란이 있다는 점도 조상의 죄가 후손들에게 영향을 미친다는 것을 보여주는 증거라고 생각했다. 나는 이런 점들을 고려하면서 조상의 죄가 후손들에게 어떤 영향을 미치고 있는지를 탐구했다.

우리가 조상의 죄에 관심을 갖는 이유는 조상을 위한 것이 아니며 조상에 대해 관심이 있어서도 아니다. 우리의 조상은 죽어서 천국에 갔거나 지옥에 갔다. 기본적으로 후손과는 아무 상관이 없다. 우리의 관심은 조상의 죄로 인해 가문에 들어온 영들이 후손의 삶

---

67) 나와 연결되어 있거나 나의 교제권에 있는 사람이 무당의 영으로 고생을 하고 고통을 받고 있다는 이야기는 저 멀리 아프리카의 어떤 나라에 있는 무당의 후손이 고통을 받는다는 이야기와는 전혀 다른 느낌으로 다가온다. 나는 김 집사님뿐 아니라 무당의 영의 영향을 직접 받고 있는 여러 성도를 가까이에서 지켜보면서 악한 영의 목표가 성도를 망하게 하는 것이라는 것을 생생하게 느낄 수 있었다.

에 어떤 영향을 미치는지에 있다. 만약 조상의 죄가 후손의 삶에 영향을 미친다면 그냥 놔둘 수 없고 어떻게든 처리해야 한다.

성도들이 신앙생활하면서 많이 듣는 설교 예화 중 하나는 조나단 에드워즈(Jonathan Edwards)와 맥스 주크스(Max Jukes)의 후손들에 대한 것이다. 내용은 대충 이렇다. 미국의 교육학자인 윈십(A. E. Winship)이 미국 대각성 운동의 지도자이자 목사인 조나단 에드워즈의 후손들의 삶을 추적해 보았다. 조사 결과 조나단 에드워즈의 후손 중에는 부통령 1명, 법대 학장 1명, 의대 학장 1명, 상원의원 3명, 주지사 3명, 시장 3명, 대학 총장 13명, 판사 30명, 의사 60명, 교수 65명, 장교 75명, 공무원 80명, 변호사 100명, 목사 100명, 대학 졸업자 285명이 있었다.

한편 사회학자인 리처드 덕데일(Richard Dugdale)은 조나단 에드워즈와 동시대 인물인 맥스 주크스의 후손들의 삶을 추적해 보았다. 조사 결과 하나님을 믿지 않고 악하게 살았던 주크스의 후손 중에는 살인자 7명, 도둑 60명, 창녀 190명, 각종 범죄자 150명, 거지 310명, 알코올중독자 440명이 있었고, 후손 중 300명은 일찍 죽었다는 것이 확인되었다.

성도들은 복을 받은 조나단 에드워즈의 후손 이야기에 집중하며 자신들도 복 받을 것을 기대하겠지만, 실제로 성도들에게 의미가 있는 것은 맥스 주크스의 후손 이야기다. 나와 내 조상이 바로 맥스 주크스와 같은 악을 행하고 하나님을 제대로 섬기지 않은 사람일 수 있기 때문이다. 하나님을 믿는다는 외형을 갖추고 있을지라도, 맥스 주크스처럼 악을 행하고 하나님을 제대로 섬기지 않을 경우 후손들이 고난 속에 살게 된다는 사실은 부인하기 어렵다.

맥스 주크스처럼 악을 행하고 하나님을 제대로 섬기지 않을 경우 후손이 고난 속에 살게 된다는 것이 이해된다면, 조상이 지은 죄로 인해 악한 영들이 후손의 몸과 환경 속에 들어와 그들의 삶에 영향을 미치고, 하나님과 친밀한 교제를 하지 못하도록 방해할 수 있다는 것도 인정할 수 있게 된다. 악한 영들은 죄로 인해 합법적으로 성도에게 들어와 공격하는 것이기 때문에, 성도가 아무리 열심히 기도하고 예배드리고 봉사해도 회개하지 않으면 공격을 잘 멈추지 않는다. 조상이 지은 죄로 인해 후손에게 들어온 영들이 그들을 고난과 고통으로 이끈다는 것을 인정한다면, 이 영들을 불러들인 조상의 죄를 우리가 회개해야 한다.[68]

데릭 프린스(Derek Prince) 목사님(1915~2003)도 이렇게 지적했다.

> 당신의 부모나 조부모, 다른 조상들이 당신의 가계에 저주의 문을 열어놓았을 수도 있다. 당신은 잘못이 없지만, 그래도 그 결과로 고통을 당하는 것은 당신이다. 당신의 가문에서 그러한 죄를 청산하기 위하여, 그 책임이 누구에게 있든 당신이 대신하여 회개하라.[69]

조상의 죄를 회개하는 문제에 대해 부담을 느끼는 성도가 많이 있으므로, 조상의 죄 회개에 대한 나의 견해를 좀더 설명하고 넘어가는 것이 좋을 듯하다.

---

68) 조상의 죄가 후손에게 미치는 영향을 효과적으로 끊어낼 수만 있다면, "조상의 죄를 인정하고 자복합니다"라고 하든지, "조상의 죄를 용서해 주세요"라고 하든지, "조상의 죄를 대신 회개합니다"라고 하든지 아무런 상관이 없다.

69) 데릭 프린스, 『속죄』, 김유태 역(서울: 순전한 나드, 2010), p. 123.

① 실제로 한국교회는 성도들에게 조상의 죄를 회개하라고 가르치고 있다

일제시대에 우리 신앙의 선배들과 조상들은 일본 천황의 조상신들을 모신 신사에 참배했다. 이것을 신사참배라고 한다. 신사참배는 우리 조상들이 지은 우상숭배의 죄 중 하나다.

1905년 호주장로회 소속 선교사가 개척한 진주교회는 1938년 당시 경남 지역에서 가장 큰 교회로 알려져 있었다. 진주교회는 1938년 신사참배 반대 결의를 하고 교회당 문에 못을 박고 문을 닫았다. 그러나 1939년 일제의 강요로 신사참배에 기꺼이 동의했고 호주장로회 선교사와의 절연을 선언했다. 그리고 전국 교회에 신사참배를 장려하기까지 했다. 호주 선교사의 선교보고서를 통해 이 사실을 알게 된 진주교회 성도들은 2009년경 전 교인이 4주간 조상들의 죄를 회개하는 기간을 가졌다.[70]

2018년 10월 28일 서울 광화문에서 '신사참배 80년 회개 및 3·1운동 100주년을 위한 한국교회일천만기도대성회'가 열렸다.[71] 이 자리에서 한국교회 성도들은 신사참배의 죄를 회개하였다. 한국교회가 신사참배의 죄를 회개한 것은 이때가 처음이 아니었다.[72] 조상의 죄

---

70) 진주교회 홈페이지에 게시된 교회 연혁을 보면 2009년 3월 7일부터 4월 4일까지 '1939년 본 교회의 일제신사참배 독려 사건에 대해 참회의 기간을 정하고 전 성도가 참회와 자숙의 기간을 가짐'이라고 기록해 놓고 있다. http://www.jj21.kr/page_hFRs67 참조.

71) 이대웅 기자, 기독일보, 2018년 10월 29일.

72) 신사참배의 죄를 지금도 계속 회개해야 하는 이유에 대해 흰돌교회 오창희 목사님은 이렇게 썼다. "모든 한국교회가 다시 한번 이 죄악에 대해 진심으로 회개해야 한다. 과거 몇 번의 회개가 있었다고는 하나, 그 회개는 총회에서의 몇몇 지도자의 회

가 오늘을 살고 있는 후손에게 영향을 미치고 있다는 것을 알기 때문에 한국교회는 조상들의 죄를 계속해서 회개하는 것이다.

또한 한국교회는 기도회를 하면서 수시로 나라와 민족의 죄를 회개하고 있다. 나라와 민족은 어찌 보면 나와 너무 거리가 멀고 나와는 상관이 없다고 할 수 있다. 그런데도 성도들은 나라와 민족의 죄를 회개한다. 그렇다면 나와 가깝고 상관이 있는 나의 조상의 죄를 회개하는 것은 매우 자연스러운 것이라고 봐야 한다. 또 나라와 민족이라는 개념에는 나와 내 조상이 포함되어 있다. 우리 민족이 지난 수천 년간 지은 죄를 회개한다는 것에는 엄밀히 따지면 나의 조상의 죄에 대한 회개가 당연히 포함되어 있다고도 할 수 있다.


② 나의 인생 데이터는 조상의 죄가 나에게 큰 영향을 미친다고 알려준다


박 집사님은 성공한 변호사로서 실력을 인정받았다. 박 집사님은 성공적인 삶을 살고 있을 뿐 아니라, 기독교 집안에서 자라나 하나님 나라를 위해서도 많은 일을 해오고 있다. 그렇다고 해서 박 집사님의 삶에 문제가 없는 것은 아니었다. 자녀들의 인생을 보니, 자기에게 있는 문제가 자녀에게도 나타나는 것을 알게 되었다. 그리고

---

개였다. 아직까지 한국교회 전체 차원에서 회개한 적은 한 번도 없었다. 몇몇 지도자의 회개로 7년간 전체 한국교회가 지었던 그 큰 배도가 해결되었다고 볼 수는 없다. 신사참배의 죄는 한국교회 전체가 지은 죄였던 만큼, 한국교회 전체가 회개의 주체가 되어야 한다. 아직도 하나님께서는 우리의 진정한 회개를 기다리고 계시기 때문이다." 국민일보, 2022년 1월 13일. http://news.kmib.co.kr/article/view.asp?arcid=0924226999&code=23111111&sid1=chr

이 문제는 자신의 부모에게서도 발견되었다. 이에 대해 더 관심을 갖고 집안의 조상들을 확인해 보니, 우상숭배로 폭삭 망한 사람과 억울한 누명을 쓰고 한 맺힌 삶을 산 사람이 있다는 것을 알게 되었다. 그리고 '아! 내가 이래서 억울함이나 불의를 잘 참지 못하고 힘들어했구나!'라고 깨달았다.

박 집사님은 이론적으로는 뭐라고 말할 수 없지만, 자신의 삶의 여러 문제가 죄의 문제임을 알게 되었고, 조상에게서 내려오는 죄의 영향력이 후손에게 미친다는 것을 인정하지 않을 수 없었다. 박 집사님은 다니엘서 9장에서 다니엘이 조상의 죄를 회개하는 장면에 깊이 공감하게 되었고, 자신의 자녀들이 이런 죄의 영향을 받지 않도록 자신이 회개하고 있다고 내게 고백했다.

인생을 살면서 인생 데이터가 축적되면 누가 설명해 주지 않아도 조상의 죄가 후손인 나의 삶에 큰 영향을 미친다는 것을 자연스럽게 이해하고 수용하게 된다. 특히 열심히 성실하게 최선을 다했는데도 일이 풀리지 않고 뭔가에 막혀 있다고 느끼는 경우 또는 고난이 계속 생기는 경우, 성도들은 조상이 악을 행하고 선을 쌓지 못해 그 대가를 후손인 자신이 치르는 것은 아닐까 진지하게 고민한다.

이런 진지한 고민을 통해 성도들은 조상의 죄와 후손의 고난이 상관관계가 있다는 것을 어렴풋이 느끼게 된다. 자신이 하나님을 잘 믿으면 복을 받아야 하는 것이 마땅한데, 기도해도 응답이 잘 되지 않고 고통과 고난 속에서 헤매고 있으니, 혹시 아버지나 할아버지 등 조상이 지은 죄의 값을 자신이 치르고 있는 것은 아닐까 하고 생각한다. 이런 고민을 하고 있을 때, 신뢰할 만한 사역자가 조상들이 지은 죄로 인해 들어온 영들이 공격하고 있다고 말해주면, 이 성도는 '아! 내가 그토록 열심히 하나님께 나아가 기도하고 하나님을 섬겼는데도 고난 속에 계속 머물러 있던 것은 조상의 죄로 들어온 영들을 내가 물려받았고, 이 영들을 제대로 처리하지 못해서 그렇구나!'라고 금방 깨닫게 된다. 그 성도의 삶에 축적되어 있는 인생 데이터가 그 말이 맞다고 알려주기 때문이다.

몇 대만 거슬러 올라가 보면 우리가 보지도 못하고 만나지도 못한 조상들이 사람들을 죽이고, 폭행하고, 착취하고, 인권을 유린하고, 남의 재물을 강탈했을 가능성이 있다. 그리고 우상숭배를 했을 가능성도 크다. 하나님께서 이런 죄들을 가만히 놔두실까? 나는 예수 믿고 구원받았으니 조상들의 죄와 나는 아무 상관이 없게 되는 것일까?

그렇지 않다. 하나님께서 우리가 심은 대로 거두며, 행한 대로 갚는다고 말씀하셨음을 생각해 보면, 이 죗값을 당대나 후손이 치르게 된다는 것은 부인하기 어렵다. 예수님을 잘 믿고 있는 우리가 이 죗값을 치르게 될 가능성이 크다. 우리가 예수님을 믿고 구원의 길에 들어섰다고 해서 하나님께서 회개하지 않은 죄들까지 모두 용서하신 것은 아닐 것이다. 만약 모든 죄가 용서되었다면 우리의 삶은 진작에 형통했어야 한다.

우리는 조상들이 신앙생활을 잘해서 복을 받았다고 간증하는 성도를 많이 알고 있다. 조상들이 신앙생활을 잘해서 복을 받는다는 말은 다들 좋아하는데, 조상들이 죄를 지어 후손이 저주를 받는다거나 고난을 겪는다고 하면 이상하게 듣기 싫어한다.[73] 나는 이런

---

73) 이미 이 책 앞 부분에서 언급한 바 있는데 다시 되새기면 좋을 듯하다. 리처드 백스

태도는 앞뒤가 맞지 않고 우스꽝스럽다고 생각한다. 좀더 열린 마음으로 먼저 자신의 가정을 살피고, 주변 사람들의 삶을 살펴보면 조상의 죄가 후손에게 큰 영향을 미친다는 사실을 알게 된다.[74]

"스스로 속이지 말라 하나님은 업신여김을 받지 아니하시나니 사람이 무엇으로 심든지 그대로 거두리라"(갈 6:7).

③ 성경은 조상의 죄가 나와 상관있다고 가르친다.

성경을 보면 조상의 죄가 후손과 무관하지 않음을 알 수 있다. 우선 가장 유명한 성경구절은 출애굽기 20장 4-5절이다. 하나님께서는 조상의 죄(특별히 우상숭배 죄)에 대한 책임을 후손 3~4대까지 갚겠다고 말씀하셨다.[75]

---

터 목사님은 "믿고 싶지 않은 것을 진리로 믿으려는 사람은 찾아보기 힘들며, 자신에게 불리하다고 생각되는 것을 진리로 여기는 사람은 더욱 찾기 어렵다"라고 했다. 리처드 백스터, 『회개했는가』, 배응준 역(서울: 규장, 2008), p. 55.

74) 치유사역자들이나 고난 속에서 힘들어하는 성도들은 대체로 조상의 죄가 후손에게 영향을 미친다는 것을 인정한다. 한편 삶이 비교적 순탄하고 하나님의 은혜를 받고 있다고 생각하는 성도들은 조상의 죄는 후손과 아무 상관이 없으며, 후손은 각자 자기의 죗값을 받을 뿐이라고 말하는 경향이 있다. 나는 이런 말을 하는 성도들이 조상의 죄를 회개하지는 않아도 좋으니 적어도 자신의 죄만이라도 철저하게 회개해야 한다고 생각한다. 이런 말을 하면서 자신의 죄조차 회개하지 않는다면 그것은 큰 문제라고 본다.

75) 성경의 '삼사 대까지 책임을 물으신다'는 말씀이 실제로 삼사 대까지 책임을 물으신다는 뜻이 아니라, 문학적인 표현에 불과한 것이라는 견해가 있다. 이런 견해는 예수님을 믿어도 조상의 죄에 대해 후손이 여전히 책임을 져야 하는 것이라면 이것은 예수님의 십자가 사건을 무효화하는 것이 된다는 점을 근거로 들고 있다. 내가 보건대, 이런 견해는 인생은 복잡계라는 점을 놓치고 있는 것 같다. 단순하게 논리적으로만 접근하는 것인데 그렇게 해서는 복잡계인 인생을 제대로 이해할 수 없다. 이

"너를 위하여 새긴 우상을 만들지 말고 또 위로 하늘에 있는 것이나 아래로 땅에 있는 것이나 땅 아래 물 속에 있는 것의 어떤 형상도 만들지 말며 그것들에게 절하지 말며 그것들을 섬기지 말라 나 네 하나님 여호와는 질투하는 하나님인즉 나를 미워하는 자의 죄를 갚되 아버지로부터 아들에게로 삼사 대까지 이르게 하거니와" (출 20:4-5).

이 외에도 성경 여러 곳에서 조상의 죄가 후손에게 영향을 미친다고 경고하고 있다.

"인자를 천 대까지 베풀며 악과 과실과 죄를 용서하리라 그러나 벌을 면제하지는 아니하고 아버지의 악행을 자손 삼사 대까지 보응하리라"(출 34:7).

"여호와는 노하기를 더디하시고 인자가 많아 죄악과 허물을 사하시나 형벌 받을 자는 결단코 사하지 아니하시고 아버지의 죄악을 자식에게 갚아 삼사 대까지 이르게 하리라 하셨나이다"(민 14:18).

"우리 조상들이 범죄하여 우리 하나님 여호와 보시기에 악을 행하여 하나님을 버리고 얼굴을 돌려 여호와의 성소를 등지고 또 낭실 문을 닫으며 등불을 끄고 성소에서 분향하지 아니하며 이스라엘의 하

---

런 견해는 무당의 손녀인 김 집사님이 예수님을 잘 믿는데도 왜 여전히 무당의 영 때문에 고생하는지를 설명해 주지 못한다.

나님께 번제를 드리지 아니하므로 여호와께서 유다와 예루살렘에 진노하시고 내버리사 두려움과 놀람과 비웃음거리가 되게 하신 것을 너희가 똑똑히 보는 바라 이로 말미암아 우리의 조상들이 칼에 엎드러지며 우리의 자녀와 아내들이 사로잡혔느니라"(대하 29:6-9).

한편 레위기 26장은 장차 이스라엘 백성이 하나님의 징계를 받고 망하게 되었을 때 무엇을 해야 할지를 알려주고 있다. 그것은 바로 그런 상황이 되면 자신의 죄뿐 아니라 조상의 죄까지 자복해야 한다는 것이다. '자복한다'는 것은 회개한다는 말이다. 내 죄뿐 아니라 조상의 죄도 나와 상관있다는 것을 하나님이 직접 말씀하신 것이다. 나와 아무 상관이 없으면 하나님이 조상의 죄를 회개하라고 하지 않으셨을 것이다.

"너희 남은 자가 너희의 원수들의 땅에서 자기의 죄로 말미암아 쇠잔하며 그 조상의 죄로 말미암아 그 조상같이 쇠잔하리라 그들이 나를 거스른 잘못으로 자기의 죄악과 그들의 조상의 죄악을 자복하고"(레 26:39-40).

예레미야 선지자도 조상의 죄를 인정하고 회개하고 있다.

"우리는 수치 중에 눕겠고 우리의 치욕이 우리를 덮을 것이니 이는 우리와 우리 조상들이 청년의 때로부터 오늘까지 우리 하나님 여호와께 범죄하여 우리 하나님 여호와의 목소리에 순종하지 아니하였음이니이다"(렘 3:25).

"주께서 유다를 온전히 버리시나이까 주의 심령이 시온을 싫어하시나이까 어찌하여 우리를 치시고 치료하지 아니하시나이까 우리가 평강을 바라도 좋은 것이 없고 치료 받기를 기다리나 두려움만 보나이다 여호와여 우리의 악과 우리 조상의 죄악을 인정하나이다 우리가 주께 범죄하였나이다"(렘 14:19-20).

"우리의 조상들은 범죄하고 없어졌으며 우리는 그들의 죄악을 담당하였나이다"(애 5:7).

이뿐 아니라 느헤미야, 에스라 등도 조상의 죄를 인정하고 회개하고 있다.

"이제 종이 주의 종들인 이스라엘 자손을 위하여 주야로 기도하오며 우리 이스라엘 자손이 주께 범죄한 죄들을 자복하오니 주는 귀를 기울이시며 눈을 여시사 종의 기도를 들으시옵소서 나와 내 아버지의 집이 범죄하여 주를 향하여 크게 악을 행하여 주께서 주의 종 모세에게 명령하신 계명과 율례와 규례를 지키지 아니하였나이다"(느 1:6-7).

"우리 조상들의 때로부터 오늘까지 우리의 죄가 심하매 우리의 죄악으로 말미암아 우리와 우리 왕들과 우리 제사장들을 여러 나라 왕들의 손에 넘기사 칼에 죽으며 사로잡히며 노략을 당하며 얼굴을 부끄럽게 하심이 오늘날과 같으니이다"(스 9:7).

예수님도 두아디라교회에 우상숭배와 행음의 죄를 회개하라고 명령하시면서 회개하지 않으면 부모의 죄 때문에 자녀를 죽이겠다고 말씀하셨다. 예수님의 이 말씀은 조상의 죄가 후손에게 영향을 미친다는 것을 분명히 하신 것이고, 후손 입장에서는 조상의 죄에 대한 회개가 필요함을 알려주시는 것이라고 봐야 한다.

> "…회개하지 아니하면 큰 환난 가운데에 던지고 또 내가 사망으로 그의 자녀를 죽이리니"(계 2:22-23).

말 못 하게 귀신 들린 아이를 치료하시는 장면에서 예수님은 언제부터 이렇게 되었냐고 아이의 아버지에게 물으셨다. 아버지는 어릴 때부터라고 답했다. 아이가 무슨 죄가 많아서 어릴 때부터 귀신이 죽이려고 했겠는가! 우리는 그 아이의 고통이 부모나 조부모 등 조상의 죄 때문이라고 충분히 추측해 볼 수 있다.

> "이에 데리고 오니 귀신이 예수를 보고 곧 그 아이로 심히 경련을 일으키게 하는지라 그가 땅에 엎드러져 구르며 거품을 흘리더라 예수께서 그 아버지에게 물으시되 언제부터 이렇게 되었느냐 하시니 이르되 어릴 때부터니이다 귀신이 그를 죽이려고 불과 물에 자주 던졌나이다 그러나 무엇을 하실 수 있거든 우리를 불쌍히 여기사 도와 주옵소서"(막 9:20-22).

④ 조상들의 죄는 내가 평생 지은 죄보다 크다

자신이 지은 죄와 조상이 지은 죄 중 어느 것이 그 성도의 삶에 더 큰 영향을 끼칠까? 조상이 지은 죄가 별로 중요하지 않다면 자신이 지은 죄를 더 회개해야 할 것이고, 반대로 조상이 지은 죄가 더 큰 영향을 미친다면 조상이 지은 죄 및 이와 관련된 죄를 더 회개해야 할 것이다.

한국은 5천 년간 우상숭배한 나라이기 때문에 현재를 살고 있는 한국 사람들의 조상은 우상숭배를 많이 했다.[76] 조상의 우상숭배는 매우 심각한 죄이고, 오랜 세월 동안 쌓이고 쌓인 죄다. 모두 다 알다시피 우상숭배는 다른 죄보다 훨씬 심각한 죄이며 모든 죄의 뿌리라고 할 수 있고, 강한 영들을 많이 불러들인다는 점도 생각해야 한다. 따라서 조상의 죄 특히 우상숭배의 죄는 개인이 지은 죄보다 더 큰 영향력을 가지고 있다고 보면 크게 틀리지 않을 것이다. 자신의 인생 데이터를 잘 분석해 보면 이 말이 충분히 이해될 것이다. 아무리 말씀대로 살려고 노력해도 삶에 고난이 멈추지 않고 계속된다면 그것은 조상이 지은 죄(특히 우상숭배의 죄)의 영향일 가능성이 크다. 불공평하다고 생각하겠지만, 어쩔 수 없다. 하나님이 만들어놓으신 영적인 법칙이다.

⑤ 후손들은 조상의 죄로 들어온 영들의 영향을 받아 계속 죄를 짓게 된다

---

76) 한국 성도들 중에서 이러한 우상숭배에서 자유로운 사람은 아무도 없을 것이다. 그런 면에서 한국은 미국 등 기독교 국가와는 영적 환경이 많이 다르다.

조상이 죄를 지어 영들을 불러들이면, 후손이 이 영들을 물려받게 된다. 예를 들어 조상에게서 혈기의 영을 물려받은 후손은 그 혈기의 영 때문에 계속해서 혈기 부리는 삶을 살게 된다. 혈기를 부리는 것은 나이지만, 깊이 들여다보면 조상의 죄로 인해 후손에게 들어온 혈기의 영 때문이다. 이런 점에서 조상의 죄를 회개하는 것은 궁극적으로 나의 죄를 처리하기 위한 것이다. 조상들은 죽어서 이미 천국에 가거나 지옥에 갔다. 조상이 지은 죄를 인정하고 용서를 구하는 것은 죽은 조상과는 아무런 상관이 없다.

결국 우리가 조상이 지은 죄를 회개하는 것은 조상의 죄로 들어온 영들의 영향을 받아 내가 짓게 되는 죄, 즉 내 죄를 회개하는 셈이다. 조상이 지은 죄를 회개하는 것은 책임을 조상에게 미루는 것이 아니다. 나는 문제가 없는데, 조상이 잘못한 것을 내가 '대신' 회개하는 고상한 일이라고 착각하면 안 된다.[77]

다시 정리해 보면, 조상의 죄로 인해 들어온 영들이 아직 내 속에 있는 것은 내가 회개해서 이를 끊어내지 못했기 때문이다. 내 잘못이고, 내 죄다. 회개해서 이 영들을 다 내보내기 전까지는 이 영들의 지배를 받으면서 계속 죄를 짓고 살게 된다. 계속 죄를 짓기 때문에 악한 영들을 계속 불러들이게 된다. 악순환이다. 조상의 죄가 내 죄가 되어버린 셈이다. 그러므로 조상의 죄를 회개하는 것은 바로 내죄의 원인을 회개하는 것이고, 내 죄를 회개하는 것이다.

---

77) 조상의 죄를 회개할 때 '조상을 대신해 회개한다'는 표현을 사용하기도 한다. 이런 표현을 사용해도 무방하지만, 엄밀히 말하자면 조상의 죄를 회개하는 것은 내가 조상을 '대신해' 회개하는 것이 아니다.

⑥ "조상이 지은 죄를 꼭 회개해야 합니까?"라는 질문에 대해

어떤 성도들은 "조상이 지은 죄를 꼭 회개해야 합니까?"라고 질문하기도 한다. 이에 대해 나는 조상의 죄를 꼭 회개해야 하는 것은 아니라고 답한다.

군이 조상이 지은 죄를 찾아내 회개하지 않아도 자기의 죄를 철저하게 회개하는 성도라면 문제없이 신앙생활을 잘 할 수 있다고 본다.[78] 여기서 중요한 전제조건은 철저히 자기의 죄를 회개해야 한다는 것이다. 자신의 죄를 철저하게 회개하면 자기 속에 있는 영들이 서서히 떠나가고, 하나님과의 친밀한 관계에 들어가게 될 것이다. 나의 관심은 이러한 회개가 얼마나 효과적인가에 있다.

대체로 죄의 근원은 자기가 불러들인 영, 조상에게서 물려받은 영, 환경에서 들어온 영 등인데, 자신의 죄에만 초점을 두는 회개는 자신의 죄의 근원이 무엇인지 모르고 하는 회개다. 이는 죄의 근원과 악한 영들의 정체를 제대로 파악하지 못하고 회개하는 것이기 때문에, 회개하면 영들이 나가기는 하지만 효과적으로 내보내기는 쉽지 않다. 영들이 합법적으로 들어왔기 때문에 잘 나가려 하지 않는다는 점을 생각해 보면 이 말이 이해될 것이다.

이것은 마치 적을 보지 못하고 눈을 감은 상태에서 적을 공격하기 위해 칼을 마구 휘두르는 것과 같다. 노력은 많이 하지만, 노력한

---

78) 우리가 소위 '인생 필름'이라고 하는 자신의 인생을 영화 보듯이 보면서 회개했다는 간증을 들어보면 대체로 자기가 살면서 지은 죄를 회개했다는 것을 알 수 있다. 일반적으로 하나님이 인생 필름을 보여주실 때 조상의 죄를 보여주시지는 않는 것 같다. 이런 점에서 보면 하나님의 관심은 조상의 죄보다는 성도 자신의 죄를 처리하는 데 있다고 할 수 있다.

만큼 성과가 생기지 않고 힘이 많이 든다. 효과가 떨어진다. 회개를 통해 영들을 처리하는 데 시간이 많이 걸린다. 그래도 오랫동안 열심히 회개하면 영들이 떠나가고 많은 열매를 거두게 된다.

반면 조상이 지은 죄로 인해 내가 영향을 받고 있다는 것을 인정하면서 회개하면 악한 영들을 처리하는 데 매우 효과적이다. 조상이 지은 죄, 특히 우상숭배의 죄는 죄의 뿌리와 같은 것이기 때문이다. 다시 말하면, 조상의 죄로 들어온 영들이 내가 짓고 있는 죄의 중요한 원인이 되기 때문에, 원인을 잘 처리하면 효과적으로 그리고 신속하게 악한 영들을 내보낼 수 있게 된다. 이런 점에서 조상의 죄를 회개하는 것은 눈을 떠서 적을 바라보면서 칼로 정확하게 찌르는 것과 같다고 할 수 있다.

인생은 짧다. 가능하면 신속하게 영들을 내보내고 하나님과의 막힌 담을 헐어야 한다. 이를 위해서는 악한 영들이 어떻게 들어왔는지를 파악해야 하고, 그것이 조상이 지은 죄로 인한 것이라면 그 죄를 적극적으로 회개해야 한다는 것이 내 생각이다. 결국 내가 하고 싶은 말은, 반드시 조상의 죄를 회개해야 한다고 말할 수는 없지만, 효과적인 회개를 하고 싶은 사람이라면 조상이 지은 죄를 회개하는 것이 실제적으로 매우 유익하다는 점이다. 회개는 영적 전쟁이다. 전쟁을 잘하는 방법을 계속 탐구해야 한다.

## (8) 은혜의 하나님을 기억하다

그동안 악한 영들은 내가 하나님의 은혜 속에 거하지 못하도록 방해해 왔다. 그래서 나는 하나님의 넓고 깊은 은혜 속에 살지 못했다. 그냥 가끔씩 은혜와 기적을 체험했을 뿐이다. 대체로 건조하고 막막하게 살았다. 내가 하나님의 은혜 속에 살았다면, 하나님이 이 끄시는 길을 갔을 것이고, 불필요한 고난을 겪지 않았을 것이며, 마음에 평강과 기쁨이 넘쳤을 것이다. 하나님의 뜻도 잘 알고 순종했을 것이다. 그러나 나의 삶은 그렇지 못했다. 나의 인생 데이터로 삶을 평가해 보면 내가 하나님의 은혜 속에 살지 못했다는 것이 너무나 분명하다. 우스꽝스럽게도 나는 하나님의 은혜 속에 거하고 있다고 착각하며 살았다. 무지의 영, 은혜 속에 거하지 못하게 하는 영 등 악한 영들에게 농락을 당하면서 살아왔다.[79]

회개를 계속해 나가면서 나는 내가 산더미 같은 죄 속에서 살고 있다는 사실과 하나님의 은혜 속에 있지 못하다는 사실을 알고 두려움을 느꼈다. 지금 죽거나 망해도 하나님께 항의할 자격이 없다는 것을 알았다. 죄의 굴레와 영들의 공격에서 영원히 벗어나지 못할 것 같은 두려움이 생겼다. 하나님의 공의는 심은 대로 거둔다는 것이고, 성도들을 망하게 하는 것이 악한 영들의 목표니 이런 두려움을 느끼는 것은 당연하고도 자연스러운 일이다.

그러나 하나님은 공의의 하나님이시지만 동시에 은혜의 하나님이시다. 나는 하나님의 공의 앞에서 두려워하면서도 우리 하나님은 은혜와 사랑과 긍휼의 하나님이시라는 점을 생각했다. 그리고 지금까

---

79) 말을 덧붙이자면, '은혜 속에 살지 못했다'는 나의 고백이 하나님의 은혜가 전혀 없었다는 말은 아님을 독자들은 잘 이해하리라 생각한다. 당연히 나는 하나님의 은혜를 경험하며 살아왔다. 그러나 이 은혜가 지속적이고 전면적이지 못하고 부분적이고 간헐적이었다는 것이다. 다시 말하면, 악한 영의 공격을 받아왔기 때문에 하나님의 은혜를 100퍼센트 누리지 못했고, 그 은혜를 누리지 못하는 만큼 악한 영은 나의 삶을 공격하고 지배해 왔다.

지 죄 속에서 살아왔음에도 하나님이 내게 은혜를 베풀어주신 것을 기억했다. 회개도 우리 노력으로 하는 것처럼 보이지만 하나님이 은혜를 부어주셔야 가능하다는 점도 떠올렸다. 또 하나님께서는 우리의 죄대로 다 갚아주시는 것이 아니라 우리의 죄보다 훨씬 더 많이 용서해 주신다는 사실을 기억하면서 주저앉지 않고 힘과 용기를 냈다. 정동진 목사님도 이런 생각을 하셨던 것 같다.

> 영적 원칙은 죄를 지은 만큼 회개해야 그때 들어온 영들이 나가는 것이지만, 주님께서는 나와 우리 조상이 지은 죄의 양과 그 죄질에 비하면 이미 더 많이 용서해 주고 계셨다.[80]

---

80) 정동진, 『회개, 더 깊은 영성으로』(서울: 유하, 2015), pp. 204-205.

# 4.
# 회개에 대한 새로운 시각이 생기다

**"회개는 아버지의 마음과 넘치는 기쁨으로 들어가는 길입니다."**
**- 바실레아 슐링크**

## (1) 악한 영의 실체에 대한 가설

대부분의 성도는 악한 영을 느끼지 못할 뿐 아니라 보지 못한다. 그들에게 악한 영, 마귀 또는 귀신이라는 단어는 매우 추상적인 관념에 불과하다. 그러나 만약 영안이 열려 악한 영을 보거나 그 실체에 대한 좀더 구체적인 정보를 갖게 된다면, 악한 영이 더이상 추상적인 관념이 아니라 영적 실재로, 영적 현실로 다가오게 될 것이다. 악한 영의 실체를 안다면 성도들은 악한 영을 처리하기 위해 철저한 회개를 할 수밖에 없을 것이다. 좀더 구체적으로 말하면 악한 영의 실체에 대한 정보를 갖고 있으면, 어떻게 회개해야 하는지, 얼마나 회개해야 하는지, 무엇을 회개해야 하는지 등에 대한 중요한 관점을 얻게 된다. 이런 점에서 악한 영의 실체에 대한 정보는 성도의 회개에 결정적인 영향을 미친다고 할 수 있다. 여기서는 악한 영의 실체에 대해 이야기해 보고자 한다.

C. S. 루이스가 쓴 책 중에 《스크루테이프의 편지》라는 소설이 있다. 이 책은 삼촌 마귀인 스크루테이프가 조카 마귀인 웜우드에게 조언해 주는 내용의 편지를 모은 형식이다. 스크루테이프는 웜우드에게 성도들을 유혹해 사탄의 편에 서게 만드는 방법과 전략을 열심히 가르쳐주었다. 이 책을 보면 스크루테이프는 거의 인간 수준의 지능을 가지고 성도들을 망하게 하려고 온갖 전략을 다 사용하고 있다. 나는 실제로 악한 영들이 스크루테이프나 웜우드처럼 성도들을 망하게 하기 위해 모든 일을 할 것이라고 생각한다. 다만, 실제로 악한 영들이 스크루테이프나 웜우드처럼 높은 지능을 가지고 있고, 가족이 있으며, 또 사람처럼 생겼는지 등이 평소에 늘 궁금했다.

한국의 성도들은 마귀 또는 귀신이라는 단어를 들으면 머릿속에 즉각적으로 떠오르는 이미지가 있다. 그것은 하얀 소복을 입고 입에서 피를 흘리고 있는 처녀 귀신이다. 가끔씩 칼을 입에 물고 있기도 한다. 어린 시절부터 처녀 귀신이 나오는 드라마와 영화를 많이 보고 자란 한국 성도들은, 만약 악한 영이나 귀신이 있다면 처녀 귀신처럼 사람의 모양을 하고 있을 것이라고 상상한다.

성도들의 신앙 간증을 들어보면 꿈이나 환상을 통해 사람 모양을 한 귀신 또는 마귀를 보기도 하고 뱀이나 구렁이, 호랑이 같은 짐승의 모습을 한 귀신을 보기도 하는 등 다양한 형태의 악한 영을 경험했다는 것을 알 수 있다. 악한 영들은 형태나 모습을 자유자재로

바꿀 수 있다고 가정해 보면, 성도들이 본 모습이 악한 영의 실체는 아닐 수 있다.[81]

실로암에서는 악한 영의 실체는 기본적으로 실과 같은 형태라고 말한다. 죄를 지을 때 실과 같이 생긴 악한 영들이 우리의 몸과 환경에 즉각적으로 들어오고, 죄를 지을 때마다 이것들이 계속 들어오면서 뭉쳐져 힘이 강해진다는 것이다.[82]

한양훈 목사님의 《성경적 영성》을 보면 악한 영의 실체에 대해 다음과 같이 설명하고 있다.

실 같은 형태

영안이 깊이 열리고 특별히 영 분별의 은사가 강하게 나타나면 악한 영의 정체를 매우 자세히 볼 수 있다. 악한 영이라는 것은 우리 육신의 눈으로는 보이지 않으나 실체로 존재한다. 천사가 대부분의 사람에게 보이지 않으나 존재하는 것과 마찬가지다. 악한 영인 사탄은 천사에서 타락했기 때문에 그 근원은 같다.

그러므로 사탄 즉 귀신을 본다는 것은 천사를 본다는 것과 다름이 없다. 그것은 모두 영적인 존재이기 때문이다. 수도원 운

---

81) 악한 영들이 형태나 모양을 자유자재로 바꿀 수 있다는 개념은 정소영 전도사님의 『하늘 세계의 문이 열리다』(서울: 유하, 2022), p. 110를 참고하라.

82) 실로암을 통해 악한 영의 실체가 실과 같다는 정보를 접한 후 좀더 확인해 보니 실로암에서만 그렇게 보는 것이 아니었다. 치유사역자나 영성가 중에 악한 영이 실이나 털처럼 생겼고, 이것들이 뭉쳐져 뱀 또는 용의 형상을 만든다는 견해를 가진 사람이 꽤 있다는 것을 발견했다. 박예영, 『죄의 결박을 풀어야 산다』(서울: 예찬사, 2019), p. 152 참조.

동의 창시자와 같은 베네딕트도 그의 전기에서 "수도승을 끌어내 타락시키려는 새까만 작은 놈을 보았다"라고 했다. 영들도 실체이기 때문에 다양한 색깔과 크기가 있다.

세력들은 기본적으로 줄과 같이 생겼다. 마치 가는 실뱀 같다. 악한 영은 기본 단위가 가는 실과 같이 보인다. 이 가는 실 같은 것이 하나둘 뭉치면 뭉치는 만큼 더 큰 세력이 될 수 있다. 용 같은 큰 세력은 무수히 많은 실 같은 것이 모여 뭉쳐서 이루게 된다. 그러므로 수천, 수억의 실 같은 세력으로 구성되어 있다고 말할 수 있다.

다윗은 시편 18편 4-5절에서 "사망의 줄이 나를 얽고…스올의 줄이 나를 두르고"라고 했다. 악한 영들이 다윗을 공격한 것을 표현했다고 볼 수 있다.

세력의 길이는 천차만별이다. 1밀리미터 정도의 작은 것에서부터 공중에 있는 것은 몇백 미터 되는 것까지 있다. 작은 것은 명주실만큼 가늘다. 긴 세력도 사역을 하거나 회개할 때 조그맣게 토막이 날 수 있다.

악한 영은 머리카락같이 생기기도 하고 털처럼도 보이기도 한다. 레위기 17장 7절에서 하나님은 숫염소에게 제사하지 말라고 하셨는데 숫염소의 의미는 마귀다. 숫염소는 털이 많은데 숫염소 같은 마귀도 털이 너무 많아서 중요한 특징이라고 할 수 있다. 실제로 사탄을 뜻하는 '다이몬'이란 단어에는 '털이 많은' 이란 의미가 있다. 우리나라 속담에 악한 마음을 품을 때 "양심에 털 났다"라고 말하는데, 이는 과거에 영안이 열린 자가 심장에 있는 실같이 생긴 악한 영을 보고 한 말로 추측된다.

길이와 상관없이 뱀같이 생긴 세력의 지름이 1센티미터 되는 것은 1급이라고 하고 10센티미터 되는 것은 10급이라고 할 수 있다. 그러나 지름이 1센티미터 이하인 것도 많고, 10센티미터 이상으로 30~40센티미터 정도 되는 것까지 있다.

몸 안에 있는 것은 지름이 10센티미터인 10급 이상 되는 것이 거의 없다. 만일 그렇게 큰 세력이 있다면 그 사람은 벌써 그 세력의 영향으로 사망했을 것이다. 그러나 공중이나 혹은 건물 안에는 그 이상의 것들이 많다. 세력을 지식의 말씀으로 볼 때 작은 것은 벌레나 지렁이 등으로 보이고, 조금 큰 것은 뱀이나 구렁이 등으로 보이며, 아주 큰 것은 용의 모습으로 보이기도 한다. 용도 크기가 천양지차다.

아무리 작은 세력이라도 얼굴의 형상이 있다. 그리고 새까만 눈과 입과 혀도 보인다. 지름이 1밀리미터밖에 안 되는 것도 마찬가지다. 조그만 세력이 3~4급이 되려면 계속 작은 세력이 들어와 추가되어야 하기 때문에 몇십 년 걸리는 것이 보통이다.

세력들은 눈으로 사람을 쳐다보기도 한다. 아무리 작은 세력이라도 새까만 눈이 있다. 그 세력들은 적을수록 지적 능력이 떨어지지만 사역자를 쳐다보기도 하고 자기보다 높은 세력의 지시를 기다리고 따른다.

악한 영이 몇 마리나 몸에 있는지를 묻는 것은 조금 애매한 질문이다. 개미만 한 것을 기준으로 할지 젓가락만한 것을 기준으로 할지를 정해야 하기 때문이다. 세력이 많은 사람은 예를 들어 젓가락만한 굵기의 세력이 1만 마리 이상 되기도 한다.

사람 몸 안에 있거나 몸에 붙어 있는 어떤 세력들은 실 같은

*형태가 아니라 먼지 뭉치 같은 것도 있다. 꼭 솜사탕처럼 생겼다. 아주 작은 것들이 모여 있기에 성령의 불을 받았거나 깊은 회개를 하여 거의 힘을 잃은 상태가 되었기 때문이다. 조금은 비활동적이다.*

*강하거나 오래된 세력들은 주로 새까만 모습을 하고 있다. 보통의 영들은 흰색으로 보일 때가 많다. 가는 것들은 아마도 낚싯줄 같은 형태로 보면 좋을 것이다. 조금 큰 것들은 영적으로 보면 연체동물 같다. 어느 정도 독성이 있는 것은 뱀으로 표현한다면 살모사나 독사 같은 형태를 띤다.[83]*

악한 영의 실체가 기본적으로 실과 같은 형태이고, 실과 같은 것이 뭉쳐져 뱀이나 용처럼 된다는 것이 사실일까? 만약 사실이라면 이것은 콜럼버스가 미대륙을 발견한 것과 같은 엄청난 발견이라고 생각했다.

나는 이것을 매우 창의적인 가설(hypothesis)로 받아들였다.[84] 성경을 보면 거라사 광인이라고 알려진 사람에게 2천 마리가 넘는 영이 들어가 있었던 것으로 보이고, 막달라 마리아에게도 큰 것만 7마리의 영이 있었던 것으로 보인다. 악한 영의 기본 형태가 실이라는 개념으로 접근해 보니 2천 마리가 넘은 영이 한 사람의 몸속에 들어가 있다는 것이 이해되었다. 결국 악한 영들의 실체를 직접 보지는 못했어도, 나의 인생 데이터나 성경에 대한 이해 등을 종합해

---

83) 한양훈, 『성경적 영성』(서울: 유하, 2015), pp. 214-216.

84) 만약 악한 영들이 사람과 같은 모양을 하고 내 몸속에 들어와 있다고 말했다면 신뢰하지 못했을 것이다.

서 보면 이것을 타당성 있는 가설로 받아들이는 데 아무런 문제가 없었다. 이것이 중요한 이유는 이 가설의 타당성을 받아들이면서 영적 현상을 좀더 정확하게 해석할 수 있는 분석 도구를 갖게 되었다는 점이다. 이 분석 도구를 가지고 있으면 악한 영들과 제대로 싸울 수 있겠다는 생각이 들었다. 이런 점에서 '악한 영의 실체는 실과 같다'는 가설은 내가 철저한 회개를 할 수 있도록 도와주었다.

사도 바울은 고린도후서에서 '가시'라는 표현을 썼다.

> "여러 계시를 받은 것이 지극히 크므로 너무 자만하지 않게 하시려
> 고 내 육체에 가시 곧 사탄의 사자를 주셨으니 이는 나를 쳐서 너
> 무 자만하지 않게 하려 하심이라 이것이 내게서 떠나가게 하기 위
> 하여 내가 세 번 주께 간구하였더니"(고후 12:7-8).

바울은 자신의 육체에 사탄의 사자가 있다고 말하고, 그것을 '가시'라고 표현했다. 왜 '가시'라는 표현을 사용했을까? 이것은 아마 육체의 질병이었을 텐데, 바울은 질병을 치료해 달라고 기도하지 않고 떠나가게 해달라고 기도했다. 나는 바울이 영안이 열린 사람이었기 때문에 영안으로 악한 영의 실체가 가시, 바늘 또는 실처럼 생긴 것을 보고서 이런 표현을 사용했으리라고 상상해 본다.

## (2) 성도들의 몸속에도 악한 영이 있는가?

어떤 집사님에게 물었다. "집사님은 성도들의 몸속에 악한 영이 있을 수 있다고 생각하시나요?" 이 집사님은 당황해하면서 성도들의

몸속에는 악한 영이 없을 것 같다고 말했다. 이것은 신실한 성도들의 일반적인 반응이다.

성경을 보면, 예수님이 하나님의 백성들 몸속에 있는 귀신을 내쫓는 이야기가 많이 나온다. 예수님은 우리가 잘 아는 거라사 광인을 고치시면서 귀신에게 그의 몸에서 나오라고 명하셨다.

> "큰 소리로 부르짖어 이르되 지극히 높으신 하나님의 아들 예수여 나와 당신이 무슨 상관이 있나이까 원하건대 하나님 앞에 맹세하고 나를 괴롭히지 마옵소서 하니 이는 예수께서 이미 그에게 이르시기를 더러운 귀신아 그 사람에게서 나오라 하셨음이라"(막 5:7-8).

또 예수님은 안식일에 가버나움 회당에서 가르치실 때 회당에 있던 귀신 들린 사람 몸속에 있는 귀신에게 그 몸에서 나오라고 명령하셨다.

> "마침 그들의 회당에 더러운 귀신 들린 사람이 있어 소리 질러 이르되 나사렛 예수여 우리가 당신과 무슨 상관이 있나이까 우리를 멸하러 왔나이까 나는 당신이 누구인 줄 아노니 하나님의 거룩한 자니이다 예수께서 꾸짖어 이르시되 잠잠하고 그 사람에게서 나오라 하시니 더러운 귀신이 그 사람에게 경련을 일으키고 큰 소리를 지르며 나오는지라"(막 1:23-26).

예수님은 어릴 때부터 말 못 하게 하는 귀신의 공격을 받아온 아이를 고치시면서 그 아이 속에 있는 귀신에게 나오라고 명하셨다.

"예수께서 무리가 달려와 모이는 것을 보시고 그 더러운 귀신을 꾸짖어 이르시되 말 못 하고 못 듣는 귀신아 내가 네게 명하노니 그 아이에게서 나오고 다시 들어가지 말라 하시매"(막 9:25).

거라사 광인, 회당에 있던 귀신 들린 사람, 말 못 하게 하는 귀신 들린 아이는 모두 하나님의 백성이다. 하나님의 백성인 이들의 몸속에 악한 영이 들어가 있었다. 오늘날로 말하면 성도에 해당한다. 악한 영은 죄가 있으면 성도라고 해서 피해가지 않는다. 오늘날에도 치유사역 현장에 가보면 많은 성도의 몸속에 있는 악한 영이 사역자들의 명령에 반응하는 것을 쉽게 볼 수 있다.

앞에서도 말했듯, 나는 그동안 사람의 몸속에 악한 영이 들어가 있을 수는 있지만 성도의 몸속에는 없을 것이라고 생각해 왔다. 성령님이 성도들 속에 계시니 악한 영이 성도의 몸속으로는 들어오지 못할 것이라고 막연하게 생각했다. 치유·축사 사역의 현장과 많은 성도의 간증을 통해, 악한 영이 성도의 몸속에 있을 수 있다는 것을 알고는 있었지만, 나는 이를 무시했다.

좀더 정확하게 말하면 무시하고 싶었다. 악한 영이 외부에서 나를 공격할 수는 있겠지만, 성령님이 나를 보호해 주시고 있기 때문에 적어도 내 속에는 들어와 있지 않으리라고 생각하니 안심이 되었던 것 같다. C. S. 루이스가 쓴 《스크루테이프의 편지》라는 소설에서도 악한 영을 의인화해 삼촌과 조카라고 부르고 있는데, 이 또한 악한 영은 성도의 육체 밖에서 성도를 미혹하는 인격적 존재라는 잘못된 개념을 내게 제공해 주었다.

그런데 나는 실로암에서 영 진단을 받으면서 내 몸속에도 악한 영이 존재한다는 것을 더이상 부인할 수 없게 되었다. 그동안 영들이 내 몸속에 들어와 공격하고 있었는데도 이를 알지 못했던 것이나, 악한 영들이 내 몸속에 있을 수 있다는 가능성을 무시하고 산 것은 내가 너무나 영의 세계에 무지했기 때문이다. 그동안 나는 적이 어디에 있는지도 모르면서 영적 전쟁을 한다고 떠들어댄 셈이다.

실로암은 성도들의 몸속에 악한 영이 많다는 점에 대해 생생한 증거를 가지고 있었다. 첫째로 지금까지 수만 명의 성도에 대해 사역을 했는데 그중 약 30퍼센트는 몸의 일부 혹은 전체가 움직이며, 심한 경우는 소리를 지르며 뒹군다고 한다. 실제로 한양훈 목사님과 연요한 목사님의 사역보고서라고 할 수 있는 책들(내 양을 치유하라, 벼랑 끝에서, 내가 너를 치유하리라)을 보면, 성도의 몸 안에 있는 영들을 불러낼 때 성도의 몸이 움직인다고 기록하고 있다.

성도의 몸이 움직이는 현상은 몸속에 있는 악한 영을 대적하고 불러낼 때 생기는 현상이므로, 성도들 속에 악한 영이 들어와 있다는 것은 상상이나 관념이 아니라 실제라고 할 수 있다.[85] 수만 명의 성도를 대상으로 사역을 하였는데 그중에서 30퍼센트 이상이 몸이 움직였다는 사실은 성도의 몸속에 악한 영이 있다는 것에 대한 강력한 증거가 될 수 있다.[86]

---

85) 성도들이 예배나 집회 중에 몸을 이상하게 움직이는 경우가 있다. 이것은 성령의 임재 때문에 악한 영들이 견디지 못하고 몸속에서 반응하면서 성도들의 몸을 움직이게 만드는 것이다. 다시 말하면 성령의 임재 때문에 악한 영의 정체가 드러난 것이다. 그런데 성령의 역사라고 생각하며 몸을 이상하게 움직이는 것을 자랑스러워하는 경우가 간혹 있다.

86) 임상보고서에 따르면, 목회자와 사모도 예외가 아니다. 목회자와 사모도 사역을 할 때 몸이 움직이는 30퍼센트에 포함되어 있다.

둘째, 실로암에는 영 분별의 은사를 가진 사람이 많다. 영안이 열려 영 분별을 할 수 있게 되면 성도의 몸속에 수많은 영이 있다는 것을 볼 수 있다. 한양훈 목사님은 영 분별의 은사에 대해 다음과 같이 설명한다.

> 악한 영은 성도들의 몸속에 태어날 때부터 들어와 있다. 영들 분별함의 은사를 통해 사람을 보면 목회자나 성도나 불신자나 모든 사람에게 악한 영이 들어와 있는 것을 알 수 있다. 아무리 경건한 사람이라도 조금이나마 악한 영이 들어가 있다. 많은 죄를 지었다면 죄지은 것만큼 악한 영이 몸에 들어간다. 그러므로 성도를 온전히 세우기 위해서는 악한 영을 필수적으로 분별해야 한다. 악한 영이 얼마나 사람 몸에 들어와 있는지를 보는 것은 영적 전투에서 가장 중요한 은사다.
> 악한 영은 영이기에 육의 눈으로는 보지 못한다. 그러나 영적인 눈, 즉 영안이 열리고 영 분별의 은사를 받으면 귀신, 즉 악한 영의 실체가 보인다. 악한 영을 본다는 사람은 일시적으로 보든, 항상 볼 수 있든 영안이 열린 사람이다.[87]

로마서 7장 19-20절은 "내가 원하는 바 선은 행하지 아니하고 도리어 원하지 아니하는바 악을 행하는도다 만일 내가 원하지 아니하는 그것을 하면 이를 행하는 자는 내가 아니요 내 속에 거하는 죄니라"라고 말하고 있다. 바울이 '내 속에 거한다'는 죄는 과연 어떤 형

---

87) 한양훈, 『성경적 영성』(서울: 유하, 2015), pp. 176-178.

태로 우리 속에 거하고 있을까? 추상적인 관념인 '죄'라는 것이 어떻게 우리 속에 거하는 것일까? 바울은 '죄'라는 추상적인 단어를 사용했지만, 나는 이를 '악한 영'이 실제로 자기 속에 들어와 있다는 뜻이라고 보는 것이 타당하다고 본다. 즉, '내 속에 거하는 죄'라는 말과 '내 속에 거하는 악한 영'은 같은 말이라고 보면 된다. 죄가 있는 곳에 악한 영이 있기 때문이다.

악한 영이 내 몸속에서 나를 공격하고 있다는 것을 인정할 수 있었고, 또 이를 알게 된 이상 지금처럼 신앙생활을 할 수가 없었다. 어떻게 해서든 이 영들을 내 몸에서 내보내야만 했다. 내 경우 악한 영이 내 몸속에도 존재한다는 사실은 나를 깊은 회개로 이끄는 중요한 계기가 되었다.

악한 영은 성도의 몸속에만 있는 것이 아니다. 공중에서 성도를 공격하는 영들에 대해서 좀더 이야기하고자 한다. 성도의 몸 밖에도 성도들을 공격하는 영이 많이 있는데, 이 영들은 주로 조상들 특히 1대에서 4대까지의 조상들이 지은 죄로 인해 들어온 것이다.

"너를 위하여 새긴 우상을 만들지 말고 또 위로 하늘에 있는 것이나 아래로 땅에 있는 것이나 땅 아래 물 속에 있는 것의 어떤 형상도 만들지 말며 그것들에게 절하지 말며 그것들을 섬기지 말라 나네 하나님 여호와는 질투하는 하나님인즉 나를 미워하는 자의 죄를 갚되 아버지로부터 아들에게로 삼사 대까지 이르게 하거니와"
(출 20:4-5).

실로암에서는 1대에서 4대까지의 조상이 지은 죄로 들어온 영을 '가계의 영' 또는 '세대의 영'이라고 부른다. 세대의 영은 공중에도 많지만 사람 몸에도 있다. 우리가 생각하는 것보다 세대의 영이 우리에게 미치는 영향은 크다. 비율로 말하자면 우리의 죄가 30퍼센트 정도이고, 1대에서 4대까지의 조상의 죄가 70퍼센트의 비중을 차지한다고 할 수 있다.

세대의 영은 주로 공중에 있으면서 성도들을 공격한다. 특히 우상숭배의 죄로 인해 들어온 영들은 성도 주위에 있으면서 그들의 삶을 망하게 하거나 어렵게 만든다. 하나님을 열심히 섬기는 사람인데도 삶에 고난이 많다면 그것은 조상의 우상숭배의 죄가 충분히 회개되지 않았기 때문일 수 있다.

세대의 영 또는 가계 속에 머무르는 영에 대해 한양훈 목사님은 《성경적 영성》에서 이렇게 설명한다.

> 가계 속에 머무르는 영
> 이 영은 넓은 의미의 가문 위에 역사하는 것과는 구별된다. 직접적으로 한 가정 안에서 역사하기 때문이다. 귀신 축출 경험이 있는 사람은 몇 세대에 걸쳐 가계 속에서 역사하는 악령이 존재한다는 사실을 알고 있다. 특히 우상숭배, 무당 섬김 등은 그 악의 역사가 더 강하다. 씨를 뿌리면 거두듯이 악령을 섬기면 본인뿐 아니라 그 후손에게도 그 영이 들어와 행사하는데 이것을 분별해야 한다. 자연스럽게 악한 행동이 그 자녀, 그 후손에게 이어진다.
> 유화자 교수가 쓴 《영적 전쟁과 치유》를 보면 "무당은 그 죄를 회개하지 않았기에 거기에 붙어 역사했던 영들이 그 자식에게

내려가고 계속 대를 잇는 것이다"라고 했다.

목사 자녀가 목사가 되는 경우가 많은데 이는 성령과 은사 또는 영적 은사가 그 가정에 흐르기 때문이다. 그래서 목사 자녀가 복을 받는 경우가 많다. 반대로 목사 딸이 무당이 되는 경우는 거의 없다. 목사에게 무당이 될 만큼 많은 무당의 영이 있을 리가 없기 때문이다. 무당의 딸이 무당이 되고, 알코올 중독자의 후손이 알코올 중독자가 될 확률이 높은 것은 그들에게 역사했던 영이 계속해서 그 집안에 머물면서 다른 식구들에게 들어가기 때문이다. 때로는 수백 년 동안 한 가정을 공격하는 사탄의 침입을 발견할 수 있다. 가계에 속한 사람들에게 악한 영이 계속 옮겨가는 것이다. 심각할 정도로 악한 영이 가슴과 배 부분에 깊숙이 들어와 있던 사람을 분석해 보니 200년 이상 그 집안에 있던 영이었다. 그 영이 들어온 그는 너무 오랫동안 몸이 아파 큰 고통을 겪었다. 그 정체를 분석하고 합당한 회개를 하고 예수 그리스도의 이름으로 명령하니 그 속에서 소리를 지르며 심하게 몸을 요동치면서 나왔다. 심한 경우는 10시간 동안 계속 몸부림을 치기도 한다.

그들은 너무 오랫동안 그 영과 관계된 죄를 회개하지 않았다. 교회에 나와 예수를 믿으면 아픈 것이 언젠가는 해결될 것이라는 막연한 기대 속에 살았다. 열조들의 죄를 회개하고, 이미 자기 속에 어느 정도 들어와 진 치고 있는 악한 영의 존재를 인식하고 주님께 회개하는 것만이 사랑하는 우리 성도들에게서 그 악령의 역사를 멈추게 하는 길이다.[88]

---

88) 한양훈, 『성경적 영성』(서울: 유하, 2015), pp. 232-233.

### (3) 악한 영은 어떻게 성도를 공격하는가?

성도들은 종종 주일 아침 교회에 가기 전 배우자와 다투는 일을 겪는다. 이런 다툼 때문에 경건한 마음으로 예배에 참여할 수 없게 되는데, 성도들은 이것을 악한 영의 공격이라고 느끼기도 한다. 다만 악한 영이 어디서 어떻게 공격하는지는 모른다. 그나마 주일 아침 배우자와 다툰 것은 성도들이 커피 한잔 마시면서 가볍게 할 수 있는 이야깃거리다.

악한 영의 공격은 이렇게 가볍지 않다. 이런 정도의 막연한 생각으로는 제대로 회개할 수 없다. 악한 영은 성도를 죽이고 망하게 한다. 악한 영이 어떻게 성도를 병들고 망하게 하는지를 좀더 구체적으로 알아야 제대로 회개할 수 있다. 그래서 나는 회개하면서 악한 영이 어떤 짓을 하는지 탐구해 보았다. 악한 영이 성도를 공격하는 양상에 대해 몇 가지를 예시적으로 설명해 보면 다음과 같다. 정도의 차이는 있겠지만 대체로 모든 성도가 이런 공격을 받고 있다. 성도들이 이런 공격을 제대로 방어하지 못하면 매우 힘들고 어렵게 살게 되고, 결국은 망하게 될 것이다.

"도둑이 오는 것은 도둑질하고 죽이고 멸망시키려는 것뿐이요"(요 10:10).

악한 영은 하나님을 주인으로 섬기지 못하고 스스로 주인이 되어 살도록 우리를 부추긴다. 또 하나님을 바라보지 못하게 만든다. 하나님과 교제하지 못하게 한다. 소명을 감당하지 못하게 한다. 기도의 자리로 나아가지 못하게 한다. 악한 영은 두려워하고 걱정하고 근심하게 만든다. 몸속에 있는 영이 몸을 병들게 하는 것은 너무나 당연하다. 악한 영은 하나님이 나를 사랑하신다는 것을 의심하게 만든다. 우울하게 만든다. 지치게 한다. 정체되게 만든다. 감사와 기쁨이 회복되지 못하게 만든다. 거짓말하게 한다. 앞길을 막는다. 성공을 방해한다. 거둠을 방해한다. 안정을 찾지 못하게 만든다. 공격받게 하고 피해를 입게 만든다. 도울 자가 없게 한다. 실수하게 만든다. 믿음 위에 견고하게 서지 못하게 만든다. 하나님의 은혜 안에 거하지 못하게 한다. 꿈을 이루지 못하게 만든다.

악한 영은 자신감과 확신을 갖지 못하게 만든다. 혼란스럽게 만든다. 갈팡질팡하게 만든다. 막막하게 만든다. 하나님이 주신 은사들을 발휘하지 못하게 한다. 하나님의 영광을 드러내지 못하게 만든다. 영의 눈이 열리지 못하게 한다. 하나님의 뜻을 깨닫지 못하게 만든다. 믿음이 성장하지 못하게 한다. 영 분별을 못 하게 만든다. 열매를 맺지 못하게 만든다. 깊은 기도를 방해한다. 죄에서 벗어나지 못하게 만든다. 답답하게 만들고 한숨을 쉬게 만든다. 영적 돌파가 일어나지 못하게 한다. 가난하게 만든다. 분노하게 만든다. 무능하게 살게 한다. 무지하게 만든다. 음란하게 만든다. 사람과의 관계가 깨어지게 만든다. 사람을 미워하게 한다.

이 내용을 하나하나 곱씹으면 현기증이 날 정도로 충격적이고 당황스러울 것이다. 어떤 성도는 자신에게 악한 영은 종이호랑이에 불과하다고 말했다. 나는 그 성도에게 "악한 영이 종이호랑이라면 왜 당신의 삶이 여전히 힘들고 고난이 많은지를 생각해 보라"고 말해주었다. 당연한 말이지만, 악한 영은 우리 하나님에게 상대가 되지 않는다. 그러나 성도들은 죄를 통해 악한 영을 스스로 불러들인 것이기 때문에, 이 영들은 성도들을 합법적으로 공격할 권한이 있다. 이런 관점에서 악한 영은 종이호랑이가 아니다. 결코 만만한 상대가 아니다. 죄를 회개하면 그제야 그것들이 힘을 잃고 종이호랑이가 된다.

### (4) 회개하면 어떤 일이 일어나는가?

많은 성도가, 회개하면 죄에서 돌이키게 되어 삶에 좋은 열매가 맺힌다거나 하나님과의 관계가 좋아진다고 생각한다. 회개의 효과라는 측면에서는 맞는 말이지만, 다소 막연하고 추상적이며 회개하는 데는 별로 도움이 안 된다. 좀더 구체적으로 접근하려면 '회개하면 악한 영이 떠난다'는 점을 반드시 기억해야 한다. 이를 인식하고 회개하는 것과 그런 인식 없이 회개하는 것은 하늘과 땅만큼의 큰 차이를 불러온다.

하나님이 우리의 회개를 받으셔서 죄를 용서해 주시면 그때 악한 영이 우리의 몸과 환경에서 떠나간다. 회개하지 않으면 영이 떠나가지 않는다. 회개를 통해 악한 영을 내보낸다는 것을 인식하면 회개가 달라진다. 어떻게 해서든 내 몸과 환경 속에 있는 악한 영을 내보내려고 노력한다. 악한 영의 활동에 대해 탐구한다. 악한 영을 내보내지 못하면 내가 망한다는 생각을 하기 때문에 끝장을 보겠다는 마음으로 회개할 수 있다. 이런 과정을 통해 자신이 얼마나 큰 죄인인지를 깨닫고 통곡한다. 회개야말로 영적 전투를 치르는 것이며, 신앙생활의 매우 중요한 기초임을 알게 된다. 회개를 계속해 나가면서 하나님과의 관계가 회복된다.

반면 악한 영을 내보낸다는 분명한 인식이 없으면, 회개를 하더라도 그 회개는 막연한 것이 되어버릴 확률이 매우 높다. 현재 성도들이 하는 회개가 대체로 여기에 속한다. 회개를 하기는 하지만, 악한 영이 어떻게 삶을 망가뜨리는지에 대해 관심이 없고, 이에 대해 탐구할 생각도 하지 못한다. 악한 영이 나갔는지, 남아 있는지에 대해 진단할 생각도 못 한다. 회개한 죄가 용서되었는지, 회개가 얼마나 효과가 있는 것인지에 대해 점검할 필요성도 못 느낀다. 회개를 본격적으로 시작하더라도 끝을 맺지 못하고 흐지부지하다 멈추게 된다. 그리고 생각날 때마다 가끔 회개하는 원래의 상태로 다시 돌아가게 된다.

이런 점에서 '회개할 때 악한 영이 떠나간다'는 개념은 회개할 때 매우 중요한 부분이라고 거듭 강조하고 싶다. 또한 이런 개념을 가지고 있어야 자연스럽게 악한 영에 대해 탐구하게 된다. 악한 영을 탐구해 악한 영에 대한 이해도가 높아지면, 철저한 회개를 지속적으로 할 수 있는 힘을 얻는다. 이런 선순환의 출발점은 바로 악한 영에 대한 이해다.

### (5) 죄가 무엇인지를 생각하다

철저한 회개를 하면서 나는 비로소 죄의 심각성을 깨닫기 시작했으며, 무엇이 죄인지를 계속 생각하게 되었다. 죄를 어떻게 보는지에 따라 회개할 내용의 범위가 달라질 수 있다는 것도 알았다. 생각해 보니 우상숭배, 교만, 하나님의 말씀대로 살지 않은 것, 게으른 것, 내 뜻대로 산 것 등 많은 것이 악한 영이 합법적으로 우리에게 들어올

빌미를 주는 심각한 죄라고 볼 수 있을 것 같았다. 그런 점에서 하나님의 길에서 떠난 것은 모두 죄라고 보면 된다고 생각하게 되었다.[89]

좀더 설명하면 이렇다. 성도들은 하나님의 뜻을 분별하지 못하고 사는 것을 아쉽게 생각하기는 하지만, 그것을 죄라고 생각하지는 않는다. 그러나 이것은 심각한 죄다. 하나님을 사랑하지 않고 내가 삶의 주인이기에 하나님의 뜻을 제대로 분별하지 못하는 것이지, 하나님이 자신의 뜻을 일부러 숨기고 알려주지 않으시는 것이 아니기 때문이다. 그 결과 하나님의 길로 가지 못하고 악한 영이 이끄는 길로 가거나, 자신이 원하는 길로 갈 수밖에 없다. 그 길은 망하는 길이다.

이런 관점에서 나는 무능도 죄라는 것을 알았다. 타고난 재능이 없는 것을 말하는 것이 아니다. 하나님이 각자에게 나눠주신 재능이 있는데 이 재능을 낭비하면서 주어진 역할을 감당하지 못하는 것이 바로 무능의 죄다. 성도가 하나님의 소명을 감당하지 못하고 무능하게 사는 것은 무능의 영이 배후에서 작용하기 때문이다.

무지한 것도 죄다. 하나님의 뜻에 따라 살기를 결심하지만 실제로는 무지의 영이 하나님의 뜻을 분별하지 못하도록 만들어 결국은 내 생각대로 살게 된다.[90] 무지의 영이 우리로 하여금 하나님을 의

---

89) 빌 해몬 목사님은 오랜 노력 끝에 죄의 모든 내용을 포괄하는 문장을 찾았다고 한다. 그 문장은 바로 "죄는 하나님의 말씀과 뜻과 길에 반대되는 사람의 생각과 행동이다"(Sin is man's thoughts and actions that are contrary to God's Word, Will and Way)라는 것이다. 빌 해몬, 『어떻게 이런 일이 있을까?』, 김윤숙 역(서울: 씨아이코리아, 2015), p. 53.

90) 많은 신실한 성도가 하나님이 자기에게 하나님의 뜻을 구체적으로 분명하게 말씀해 주시지 않는다고 투덜대며 하나님을 원망한다. 그러나 사실 이것은 성도들이 무지의 영과 교만의 영의 지배를 받아 살면서 하나님의 뜻을 분별하지 못하는 것이므

지하지 못하게 하고 내 힘과 능력을 의지하며 살도록 만든다. 그래서 성도들이 망하는 길로 가게 된다. 이외에도 기뻐하지 않는 것, 감사하지 않는 것, 하나님께 충성하지 못하는 것, 우울에 빠지는 것, 인색한 것, 하나님이 주신 은사를 제대로 활용하지 못하는 것 등 우리가 미처 죄라고 생각하지 못하는 것이 실상은 모두 죄일 수 있다.

나의 경우 회개하기 시작하면서 죄의 범위가 매우 확장되었다. 이것은 단순히 의식의 흐름 속에서 죄라는 추상적인 개념이 확장된 것이 아니었다. 오히려 이것은 내게 영적 전투를 성공적으로 수행하기 위해 전선(戰線)이 어디에 형성되어 있고, 적들이 어디에 포진해 있는지를 알게 해주는 군사 작전 지도를 얻은 것과 같았다.

고든 맥도날드(Gordon MacDonald) 목사님은 《내면세계의 질서와 영적 성장》이라는 잘 알려진 책에서, 살면 살수록 새로운 죄를 계속해서 깨닫게 된다는 사실에 스스로 놀랐다고 했다.[91] 그리고 날마다 죄를 회개하는 일을 무시하는 사람은 누구나 죄에 압도당하고 말 것이라고 충고했다. 그가 이런 깨달음을 얻게 된 계기는 바위와 자갈투성이인 땅에 집을 짓게 되었을 때였다. 이에 대한 설명이 나오는 부분을 이 책에서 인용한다.

---

로 하나님을 원망할 일이 아니다. 하나님은 아무 잘못이 없다. 성도들이 스스로의 선택에 따라 죄 속에서 사는 것이 문제일 뿐이다. 이런 점에서 성도들은 무지의 영과 교만의 영의 지배를 받고 살아온 죄를 철저히 회개해야 한다.

91) 고든 맥도날드(Gordon MacDonald) 목사님은 전 세계 수많은 목회자의 멘토이자 세계적인 베스트셀러 작가다. 매사추세츠주 렉싱턴의 그레이스 채플에서 40여 년간 목회했고, 미국 기독학생회(IVF) 대표와 세계구호선교회(World Relief) 총재를 역임했다.

오래전 게일과 나는 뉴햄프셔에 있는 버려진 농장 하나를 사서 바위와 자갈투성이었던 그곳에 시골집을 지을 계획이었다. 지금은 '평화의 언덕'이라고 부르는 곳이지만 당시에 잔디와 화초를 키울 수 있도록 부지를 정리하는 일은 보통 힘든 일이 아니었다. 온 가족이 달려들어 정리 작업에 착수했다. 첫 단계는 쉬운 편이었다. 큰 바위덩이들은 빨리 치울 수 있었다. 그것들을 모두 치우자 또 치워야 할 작은 바위가 무척 많다는 것을 알게 되었다. 그래서 다시 땅을 정돈했다. 큰 바위와 작은 바위를 모두 치워내고 나니 이전에 보지 못했던 돌멩이와 자갈들이 눈에 들어왔다. 이것은 훨씬 더 힘들고 지루한 작업이었다. 그러나 우리는 끈질기게 그 일을 해냈고, 드디어 잔디를 심을 수 있을 만큼 땅을 일구었다.

우리 내면세계도 그 땅과 아주 비슷하다. 내가 그리스도를 처음으로 진지하게 따르기 시작했을 때, 주님은 내가 큰 바위덩이를 제거하듯 없애야 할 주요한 행동 방식과 태도를 지적하셨다. 그리고 수년이 지나면서 큰 바위덩이들은 실제 많이 없어졌다. 그러나 그것들이 제거되기 시작하자 이전에는 보지 못했던 행동과 태도가 또 다른 층을 이루고 있음을 발견하게 되었다. 그런데 그리스도께서는 그것들을 보시고 하나하나 꾸짖으셨다. 또다시 정리 작업이 시작되었다. 그러고 나니 신앙생활에서 그리스도와 내가 함께 돌멩이와 자갈들을 치워내는 단계에 이르렀다. 그것들은 헤아릴 수 없을 정도로 많아서, 나의 남은 생애 동안 정리 작업이 끝나지 않을 것 같다. 날마다 영적 훈련을 하는 시간이 되면 그런 정리 작업을 하다가 새로운 문제를 발견하고 마음에 찔림을 받게 되리라.

이제 이 이야기를 끝내기 전에 한 가지 더 언급할 것이 있다. '평화의 언덕'에 봄이 찾아올 때마다 추운 겨울 동안 얼어붙었던 땅이 녹으면 시골집 주위에 새로운 바위와 돌이 돋아난 것을 보게 된다. 그것들은 땅속에 있다가 위로 올라오려고 줄곧 움직여온 것이었다. 그래서 때가 되면 하나씩 표면으로 모습을 드러냈다. 어떤 것들은 다루기가 몹시 힘들었다. 치우려 하기 전에는 아주 작아 보였는데 막상 손을 대고 나서야 눈에 보이던 것보다 훨씬 더 크다는 사실을 발견하게 되었다.

죄성이 바로 그와 같다. 그것은 표면으로 하나씩 모습을 드러내는 돌멩이와 자갈과 바위로 구성되어 있다. 그리고 영적 훈련에서 날마다 죄를 고백하는 일을 무시하는 사람은 누구나 곧 그 돌들에 압도당하고 말 것이다. 나는 왜 바울이 노년에 이르러 자신을 '죄인 중의 괴수'라고 불렀는지 충분히 이해한다. 감옥에서 인생의 종말을 눈앞에 두고 있으면서도 그는 여전히 자갈과 돌멩이를 치우고 있었던 것이다.[92]

## (6) 성격과 악한 영의 작용에 대해

우리는 사람들과의 관계 속에서 많은 상처를 주고받으며 산다. 특히 부모나 배우자 같은 가까운 가족들과 가장 많은 상처를 주고받

---

92) 고든 맥도날드, 『내면세계의 질서와 영적 성장』 홍화옥·김명희 역(서울: 한국기독학생회출판부, 2019), pp. 278-280.

는다. 교회에서도 목회자는 성도들 때문에, 성도들은 목회자 때문에 상처를 받는다. 우리는 이것이 상대방이나 자기에게 성격상 문제가 있어서 그런 것이라고 쉽게 생각해 버린다. 성격을 고치려고 노력해 보지만 쉽게 고쳐지지 않는다. 오랫동안 신앙생활을 해도 성격이 잘 바뀌지 않는 것을 보면서 왜 그런가 의문이 생기기도 한다. 특히 목회자들은 온 정성을 다해 성도들을 훈육하고 섬겨보지만 성도들이 바뀌지 않는 것을 보고 깊은 절망감을 맛보게 된다.

우리는 삶에 여러 문제가 생기는 것이 성격 탓이라고 생각하지만, 실상은 배후에서 악한 영이 작용하고 있는 것이다. 쉬운 예를 들어, 어떤 사람이 물건을 집어 던지고 화를 낸다면 그것은 그 사람의 성격이 나빠서라기보다는 그 사람에게 있는 혈기의 영이 강하게 역사하기 때문이다. 이 사실을 인식하게 되면, 그 사람의 성격이 나쁘다고 탓하면서 체념하거나 원망하는 것이 아니라 그 사람을 불쌍히 여기게 된다. 그리고 혈기의 영의 공격에 대해 대응할 수 있다. 나 자신의 성격 문제에 대해서도 악한 영의 영향이라는 것을 인식하면 열심히 회개하게 된다. 회개해서 악한 영이 떠나가면 이런 성격의 문제에서 자유로워질 수 있다.

한양훈 목사님은 《성경적 영성》에서 이 부분을 다음과 같이 설명한다.

*성격*
*사람에게는 각자의 성격이라는 것이 있다. 창조주이신 하나님이 한 사람 한 사람을 특별하게 만드셨고, 각기 다른 모습으로 살게 하셨다. 성령이 함께하시면 이 다양한 사람들이 각자의 색깔*

을 내며 합력하여 선을 이루고 조화롭게 살게 되지만, 사탄이 역사하면 다양한 사람에게서 다양한 문젯거리가 발생한다.

흉악한 범죄자라도 그에게는 하나님이 허락하신 기본적인 은사가 있다. 그러나 악한 영이 들어와 역사하므로 좋은 은사가 뒤틀리고 변질되어 범죄자가 되고 죄를 짓는다. 영에게 붙잡힐 정도가 되면 고칠 생각을 하지 않는다. 보통 사람에게서 부정적인 성격의 모습이 드러나면 그것을 단순히 성격 탓으로 돌린다. 성도들에게까지 수없이 많은 각양각색의 영이 들어가 그들의 인격과 성격을 왜곡하고 망치고 있다는 생각을 하지 않는다. 사실 부정적으로 드러나는 대부분의 성격이나 인격은 악한 영의 역사로 인한 것이라고 할 수 있다. 악한 영만 떼버리면 모두 성격 좋고 개성 있는 사람으로 하나님께 특별히 사용될 수 있다.

사람에게 문제가 있는 것은 성령에 붙잡혀 살아야 할 하나님의 사람이 악한 영에 붙잡혀 살기 때문이다. 그러므로 잘못된 생각과 행동을 했을 때 성격 탓으로만 돌리지 말고, 자기 속에서 활동하는 악의 세력을 분별하고 회개하여 제거해 나가야 한다. 그것이 성격을 고치는 길이다. 부전자전이라는 말이 나오는 것도 악한 영이 한 집안에 있으면서 공유하기 때문이다. 긍정적으로 나타나는 성격이 하나님의 은사인 것은 두말할 필요가 없다. 남에게 피해를 주는 부분은 '성격'이 아니다. 그것은 악한 영의 역사다.[93]

---

93) 한양훈, 『성경적 영성』(서울: 유하, 2015), pp. 107-108.

정동진 목사님도 부정적으로 드러나는 성격은 악한 영의 영향이라고 다음과 같이 이야기한다.

내 싸움의 대상이 혈과 육이 아니라는 것은 곧 그것이 명백하게 '영'이라는 것이다. 그렇다면 무엇이 영인가? 성경에 기록된 대로 마귀, 귀신, 사탄, 용, 옛 뱀 등이 악한 영인 것은 당연히 알고 있었다. 하지만 그것들이 무엇을 지배하고 있기에 내가 그들에게 지배당하는지를 몰랐다. 나는 우상숭배의 죄와 쓴뿌리, 생활 속에서 지은 죄를 회개하다가 지금까지 인정하기 힘들던 깨달음이 마음에 왔다. 지금까지 내 성격의 일부분이라고 이해하고 대수롭지 않게 여겼던 교만, 걱정, 근심, 혈기, 분노 등이 악한 영의 실체, 곧 마귀요 귀신 그 자체이며, 그것이 나를 지배하고 있어서 내가 생활 중에 그것들을 드러내며 살고 있었다는 것이었다. 나는 총신대학교 신학대학원에서 사람의 몸에는 귀신이 없고 못 들어온다고 배웠다. 그 지식이 머리에 너무나 확고하게 자리 잡고 있어서 이 당연한 사실을 눈 가리고 아웅 하듯 깨닫지 못했고, 귀신이 어디서 어떻게 역사하는지에 관해 아무런 관심이 없었다.

내가 관심이 있든지 없든지 간에 죄로 인해 합법적으로 들어온 영들은 나와 우리 가정을 지배하고 있었다. 내가 죄를 짓는 만큼 영들이 내 몸 안으로 들어와 내 뼛속까지 누적되었고, 죄를 지은 장소에도 그에 해당하는 악한 영들을 불러들이며 살았다. 우리 조상이 살아오면서 지은 죄악들도 예외가 아니었다. 그들이 지은 죄의 삶으로 들어온 영들은 저 멀리 어느 추상적인 장소에 존재하지 않았다. 그 영들은 태어날 때부터 나의 몸에 쓴뿌리로 들어와 내가 죄를 짓게 만들었을 뿐 아니라, 바로 내가 있는 공간 위에 차곡차곡 자리 잡고 나와 우리 가정을 훼방하며 인생을 고달프게 만들고 있었다. 조상이 죄를 짓고 회개하지 않아 내려온 그 대가를 후손인 내가 고스란히 치르고 있는 것이었다. 이렇게 나와 가장 가까이 있는 '하늘에 있는 악한 영'들은 주로 나로부터 조상 삼사 대가 지은 죄로 인해 들어온 것이다. 우상숭배의 죄가 아버지로부터 자손 삼사 대까지 내려간다는 하나님의 말씀은 성경 그대로였다.[94]

### (7) "나는 살인자입니다"

동서고금을 막론하고 자녀 문제는 가장 중요하고 큰 문제다. 모든 인간은 자신의 자녀를 사랑하고 자녀가 잘되기를 바란다. 자녀가 잘되도록 돕는 효과적인 방법은 무엇일까? 여러 가지가 있겠지만, 그중에서도 중요한 것이 회개다. 부모가 자신이 지은 죄를 철저히 회개하지 않으면, 이 죄로 들어온 악한 영이 자녀에게 내려가게 되고, 자녀도 악한 영의 지배와 공격을 받으며 살게 된다.

그러므로 자녀에게 좋은 것을 물려주려고 애쓰지 말고, 악한 영을 물려주지 않도록 자신의 죄를 회개하는 것이 자녀에게는 더 중요하다. 정말 자녀를 사랑한다면 부모는 자신의 죄를 철저히 회개하고 악한 영을 끊어내야 한다. 대체로 자녀가 어렸을 때는 부모에게서 내려

---

94) 정동진, 『회개, 더 깊은 영성으로』(서울: 유하, 2015), pp. 202-204.

온 악한 영이 잘 활동하지 않는다. 그러다 자녀가 나이가 들면 자녀가 스스로 지은 죄로 인해 들어온 영들과 연합해 힘이 강해진다. 그러면 이 영들이 서서히 자녀의 인생을 망치려고 시도한다. 이에 대해 한양훈 목사님은 《성경적 영성》에서 분명하게 설명하고 있다.

> *부모가 회개하면 자녀는 쉽다*
>
> *대개 부모에게 있는 영이 자녀에게도 있다. 아버지 쪽과 어머니 쪽 양쪽에 있던 것들이 자녀에게 들어간다. 그러므로 부모가 먼저 지은 죄를 회개하고 깨끗해지면 자녀들은 조금만 회개해도 악한 영이 금방 힘을 잃고 쉽게 나간다.*
>
> *자녀를 진실로 사랑한다면 부모가 먼저 회개해야 한다. 어떤 영도 자기 선에서 정리해야 한다. 그리고 자녀들이 지은 죄도 부모가 회개할 때 효과가 있다. 설혹 자녀가 죄를 깨닫지 못하고 회개하지 않으면 부모라도 회개해야 한다.[95]*

제대로 회개하는 분들을 관찰해 보니, 특별히 자녀들에게 먼저 형통이 임한다는 것이 비교적 뚜렷했다. 자녀들이 영안이 활짝 열려 하나님과 친밀하게 교제하고, 건강이 회복되며, 학업과 취업의 길이 신기할 정도로 순탄하게 열렸다. 내가 생각해 본 이유는 이것이다. 자녀들은 살아온 날이 상대적으로 길지 않아 자범죄가 많지 않다. 주로 부모에게서 내려오는 영들의 영향을 받고 살다 부모가 회개하여 영들을 끊으니 자녀들에 대한 영들의 공격이 약해지고, 자녀들이

---

95) 한양훈, 『성경적 영성』(서울: 유하, 2015), p. 250.

조금만 노력해도 하나님의 은혜를 경험하게 되는 것으로 보인다. 아무튼 회개하는 분들 대부분이 회개의 열매로서 자녀들의 형통을 먼저 경험한다는 것은 신기한 일이다.

김철훈 집사님은 불치병으로 오랜 세월 동안 고생하다 회개를 통해 질병을 가져오는 영들이 떠나면서 치유를 경험했다. 김 집사님은 회개하지 않는 사람은 '살인자'라고 말했다. 집사님은 다른 사람을 살인자라고 비난하기 위해 이런 말을 한 것이 아니었다. 집사님은 스스로를 바라보면서 '내가 철저히 회개하지 않으면 자녀를 죽이게 된다'라는 생각을 하게 되었고, 그 생각을 마음에 품고 철저히 회개했던 것이다. 김 집사님의 말이다.

> "회개하지 않는 사람은 살인자입니다. 회개하지 않으면 악한 영들을 자녀에게 물려주게 되는데, 이 영들이 자녀의 앞길을 막고 병들게 합니다. 회개하지 않아 내가 자녀에게 물려준 영들이 자녀의 몸속에 들어가고 자녀의 환경을 지배한다면, 이것이 바로 자녀를 영육 간에 죽게 만드는 것입니다. 저는 제 자녀를 죽이는 살인자가 되고 싶지 않았습니다. 그래서 열심히 회개했습니다."

'살인자'라는 표현이 너무 강해서 처음에는 다소 당황했지만, 나중에 곱씹어보면서 나는 이 말이 영적 현실을 너무나 정확히 표현한 것이라고 느꼈다.

## (8) 그동안 내가 한 회개가 효과가 별로 없었던 이유

앞에서도 말했지만 나는 수십 년 동안 걱정과 근심이 생길 때마다 그 죄를 회개하고 악한 영들을 대적해 왔다. 그런데 영 진단을 받아 보니 내 속에는 여전히 걱정과 근심의 영이 많이 있었다. 이런 영 진단이 아니더라도 걱정과 근심에서 자유롭지 못하다는 것을 스스로 너무나 잘 알고 있었다. 나름 회개를 많이 했는데도 왜 이런 현상이 생겼을까? 그동안의 회개는 왜 효과가 별로 없었을까?

내가 생각해 본 이유는 다음과 같다.

첫째, 회개가 절대적으로 부족했다. 나는 살면서 걱정과 근심을 많이 했고, 그럴 때마다 악한 영이 내게 들어왔을 것이다. 이에 비해 나의 회개는 약하고 충분하지 못했기 때문에 영들이 다 빠져나갈 수가 없었다. 쉽게 설명하면 이렇다. 걱정과 근심을 할 때마다 실과 같은 영이 한 마리씩 내 몸에 들어왔다고 가정하고, 또 내가 걱정과 근심을 만 번 했다고 가정하면, 내가 불러들인 영이 만 마리가 될 것이다. 그런데 나의 회개가 고작 100마리를 내보낼 정도에 불과했다면, 아직까지 9,900마리가 내 몸에 남아 있다고 봐야 하고, 이 영들은 계속 나로 하여금 걱정과 근심을 하게 부추길 수밖에 없다.

둘째, 다른 영이 걱정과 근심의 영이 나가지 못하도록 막았다. 나는 하나님과의 친밀한 교제 속에 있지 못했고, 내 몸과 환경 속에는 무수히 많은 영이 있어서 나를 공격하고 삶을 방해했다. 이 영들은 서로 돕고 협력했다. 즉, 내가 회개하면 걱정과 근심의 영 중 일부가 나가야 하는데, 내 몸과 환경 속에 있는 교만의 영, 두려움의 영, 우울의 영, 조바심의 영 등 다른 영이 걱정과 근심의 영이 나가지 못하도록 막는 역할을 했다. 악한 영들의 상호 협력에 대해 한양훈 목사 님은 《성경적 영성》에서 다음과 같이 설명하고 있다.

영들의 교신

악한 영들은 서로 교신한다. 몸 안에 있는 세력들은 몸 전체에 퍼져 있지만 서로 연합하여 활동한다. 각 몸의 부분마다 가장 큰 영이 대장이며, 몸 전체에도 대장이 있다. 이 영들은 각기 영의 이름이 다르지만 대장의 지휘를 받는다. 사람마다 몸 안 에 있는 세력의 크기와 숫자가 다르기 때문에 대장의 크기는 사람마다 다르다.

몸속에 있는 영도 몸 밖에 있는 더 큰 영의 지시에 따른다. 사 역을 할 때 어떤 영들은 몸에서 나오고 싶으나 밖에서 조종하 는 영이 나오지 말라고 명령하여 나오지 못하고 몸에 그대로 있는 경우가 있다. 그때는 밖에 있는 영의 정체를 밝혀 회개한 후 먼저 쫓아내야 한다. 그리고 몸속에 있는 영의 이름을 알고 회개한 후 예수님의 이름으로 내보낸다.[96]

셋째, 여러 영이 협력하여 나로 하여금 걱정과 근심을 하게 만들 었다. 나를 걱정하고 근심하게 한 것은 내 속에 있는 걱정과 근심의 영만이 아니었다. 내 속에는 걱정과 근심의 영뿐 아니라 교만의 영, 두려움의 영, 우울의 영, 막막하게 하는 영, 조바심의 영, 애타게 하 는 영 등 많은 영이 있는데, 이런 영들이 서로 협력하여 나를 걱정하

---

96) 한양훈, 『성경적 영성』(서울: 유하, 2015), p. 210.

고 근심하게 만들고 긴장하고 두려워하게 만들었다. 나는 이것을 모르고 걱정과 근심의 죄만 회개하면 걱정과 근심에서 해방될 것으로 생각하고 그 죄만 회개해 왔다. 그것도 매우 불충분하게 말이다. 이런 영들의 공격 앞에 나는 속수무책이었고 악한 영의 노예와 같은 상태에 있었던 것이다.

# 5.
# 회개의 과정

**"죄지은 사람이 지옥에 가는 것이 아니라, 회개하지 못한 사람이 지옥에 가는 것이다."** – 이성봉 목사

## (1) 회개기도문으로 회개를 시작하다

나는 유하출판사에서 발행한 노란색 표지의 회개기도문을 소리 내어 읽는 것으로 회개를 시작했다. 한 번 읽는 데 약 1시간이 걸렸다. 이 회개기도문에는 우상숭배, 교만, 음란, 거짓, 혈기, 우울, 근심, 불평, 조급, 게으름, 욕심 등 20여 가지 죄가 구체적으로 기록되어 있기 때문에, 내가 무슨 죄를 지었는지를 이해하는 데 큰 도움이 되었다. 죄가 무엇인지 알아야 회개를 할 수 있다는 점에서 이 회개기도문은 회개를 시작하는 내게 매우 유용한 자료였다.[97]

---

97) 회개기도문을 읽는 것이 이방종교에서처럼 주문을 외우는 것이 아니라는 점은 분

이 기도문 중 근심의 죄에 대한 회개 내용을 인용해 본다.

하나님 아버지!

저는 하나님의 사람이라고 하면서도 하나님의 도우심과 능력을 의심하고 믿지 못하여 환경을 바라보고 근심하고 걱정했습니다. 많은 무거운 짐을 주님께 내려놓지 못하고 제가 지고 가려고 했습니다. 우리의 짐을 대신 지시겠다고 하시는 하나님의 사랑과 약속이 제 마음에 와닿지 않고 확신을 갖지 못하여 믿지 못했습니다.

저는 능력도 없으면서 제 힘과 지혜로 사는 미련한 자입니다. 사람을 의지했고, 먹을 것과 입을 것을 염려하고 구했습니다. 염려는 뼈를 마르게 하고 몸을 상하게 하는 악한 일인데도, 어느 때는 미리 걱정하여 사서 고생하고 지나치게 걱정하여 불안을 불러왔습니다.

게으르고 나태하여 공연히 근심에 빠졌고, 무엇인가 해야겠다고 생각하여 항상 분주하고 피곤하고 쉼이 없었습니다. 생활을 해나가는 데 염려로 마음이 둔하여지고 근심과 두려움, 걱정으로 하나님의 말씀을 빼앗겼습니다. 기쁨으로 사명감을 가지고 해야 할 하나님의 일이 짐이 되었습니다. 모든 염려를 주께 맡기라고 하셨는데 맡기지 못하고 제가 다 하려고 했습니다.

제가 염려해 봤자 아무것도 얻지 못하는데도 이것을 뻔히 알면서도 염려했습니다. 이 모든 죄를 용서해 주시옵소서.

---

명하다. 회개기도문은 회개에 대한 가이드 역할을 한다고 생각하면 된다.

나는 회개를 계속해 나가면서 이 회개기도문 외에 정동진 목사님의《깊은 우상숭배 회개문》과 김석곤 목사님의《깊은 생활 회개기도문》을 활용했다. 이외에도 여러 목회자가 만든 회개기도문을 입수해 활용했다. 나는 많은 목회자가 자기에게 최적화된 회개기도문을 만들어 사용하는 모습을 보면서, 이들이 효과적인 회개를 위해 많은 연구를 하고 있음을 알게 되었다. 회개가 가벼운 일이 아니고 인생을 걸 만한 일이기에 이들이 이런 진지한 노력을 하는 것이라고 생각했다.

## (2) 집중회개를 하다

나는 처음 회개를 시작하면서 매일 3~4시간 이상 회개했다. 한양훈 목사님도 회개를 시작할 때는 집중회개가 필요하다고 하면서《성경적 영성》에서 다음과 같이 설명했다.

> 그동안 회개다운 회개를 해본 적이 없는 사람은 몸에서 어느 정도 세력을 내보내려면 매일 기도 시간을 정하여 철저히 회개해야 한다. 보통 사람은 매일 3~4시간, 나이가 많거나 죄를 많이 지은 사람은 5~6시간씩 최소 한 달은 기도해야 할 것이다. 그래야만 지금까지 회개하지 않음으로 몸에 있는 세력을 어느 정도 내보낼 수 있다.
> 만약 6개월 정도 이렇게 기도에 힘쓴다면 웬만한 사람은 거룩함에 이르는 궤도에 일단 진입할 수 있다. 진정으로 거룩함에 이르고 거룩한 삶을 살며 육체를 깨끗이 하려 한다면 주님 앞

에 가는 날까지 하루 2시간 이상 기도에 힘써야 한다. 그리고 그 내용에 회개가 꼭 있어야 한다.

물론 집중 기도 기간에만 하면 다시 회개하지 않아도 되는 것은 아니다. 우리는 매일 매순간 죄를 짓기 때문에 평생 꾸준히 회개해야 한다. 하지만 과거의 죄와 그 죄를 통해 자기 몸에 들어온 영들을 내보내고 깨끗해지기 위해서는 집중 기도 기간을 정하여 깊이 회개하는 것이 필요하다. 한 번 이렇게 깨끗이 하면 죄를 덜 짓게 되고 영도 덜 붙게 되기 때문이다.

한 번 회개하면 다시 회개할 필요가 없다고 가르치는 구원파나 그와 비슷한 가르침이 우리 주변에 많이 있으나, 깊은 회개 없이는 악한 영이 결코 몸에서 나가지 않는다. 회개는 입으로도 해야 하지만 마음 깊은 곳에서 우러나와야 한다. 그리고 몸에서 세력이 없어질 때까지 해야 한다. 대충 기도하고 마치 모든 죄가 씻긴 것처럼 주장하는 것은 기독교 신앙과는 거리가 멀다.[98]

경험에 의하면, 초기 집중회개는 실제적으로 유용했다. 초기에 회개에 집중하면 많은 영을 내보낼 수 있고, 이때 많은 영을 내보내야 회개를 지속적으로 할 수 있는 힘이 생기기 때문이다.

수조의 물고기를 다 잡아 다른 곳으로 옮겨야 한다고 생각해 보자. 움직일 때마다 서로 부딪힐 정도로 수조에 물고기가 많으면, 뜰채를 물에 넣기만 해도 물고기가 쉽게 잡힌다. 회개를 처음 시작할

---

98) 한양훈, 『성경적 영성』(서울: 유하, 2015), pp. 124-125.

때 성도들의 영적 상태가 이와 유사하다. 그동안 지은 죄가 산더미 같고, 영이 너무 많기 때문에 회개를 조금만 해도 영들이 쉽게 떠나간다. 그러므로 처음 6개월 정도를 집중적으로 회개하면 많은 영을 초기에 처리하는 것이 가능해진다. 비유적으로 설명하자면 수조의 물고기를 반 이상 성공적으로 떠낸 것이라고 할 수 있다.

수조의 물고기를 반 이상 떠내면 그다음부터는 물고기들이 뜰채에 잘 잡히지 않는다. 물고기들이 요리조리 피해다닌다. 그러나 이미 물고기를 반 이상 잡았기 때문에 남은 반 정도를 잡는 것은 비교적 편한 마음으로 할 수 있다. 이와 마찬가지로 처음에 6개월 정도 동안 많은 영을 처리해 놓으면 회개를 계속 할 힘이 생기게 되고, 실제로 계속 회개하는 것이 가능해진다.

최소한 6개월 정도는 매일 3~4시간씩 집중해서 회개하는 것이 도움이 되는 또 다른 이유는 회개를 시작하면 악한 영이 반격을 하기 때문이다. 악한 영은 성도들이 회개를 잘 하지 못하게 방해한다. 그렇기 때문에 초기에 집중적으로 회개하는 것은 악한 영의 반격을 막아내는 의미가 있다. 이것은 우주선이 우주로 나가려면 먼저 지구의 중력을 극복해야 하고, 이를 위해 많은 에너지를 사용해야 하는 것과 비슷하다. 일단 지구의 중력을 벗어나면 그다음부터는 비행이 쉬워진다. 반면 에너지를 충분히 사용하지 못해 지구의 중력을 극복하지 못하면 우주선은 우주로 나가지 못한다.

이와 마찬가지로 초기에 집중회개를 통해 영들을 많이 처리해 놓지 않으면 악한 영의 공격이 거세기 때문에 회개를 중도 포기할 수도 있다. 실제로 나는 회개하다 중간에 포기하는 사람들을 보았다.

집중회개를 통해 삶의 문제를 야기하던 악한 영들이 어느 정도 처리되어 떠나가면 비로소 삶의 방향이 바뀌기 시작한다. 그렇다고 해서 그 변화가 현실세계에서 바로 나타나지는 않는다. 다만 세월이 지나고 나면, 삶의 변화가 이미 이때부터 시작되었다는 것을 사후적으로 확인할 수 있게 된다.

### (3) 회개에 대한 책을 읽다

나는 회개에 대한 책들도 읽었다. 특히 실로암에서 훈련 받은 정동진 목사님, 김석곤 목사님, 연요한 목사님, 안병삼 목사님의 책들을 읽으면서 이분들이 어떻게 회개를 해왔는지 배우려고 했다.

특히 정동진 목사님의 《회개와 영성 회복》은 목사님이 직접 1년 동안 회개하면서 경험했던 것과 회개의 과정을 상세하게 설명하고 있어 나 같은 입문자에게는 너무나 유익했다. 또 이 책은 회개의 열매에 대해서도 설명해 놓았는데 그것도 큰 도움이 되었다. 나는 정동진 목사님처럼 회개하고 싶었다. 그래서 정동진 목사님이 경험한 회개의 열매 부분을 읽고 또 읽었다. 다음은 그 내용의 일부다.

> 2013년 6월 18일부터 우리 온 가족이 회개를 시작했다. 회개하면서 누리게 된 개인적 변화는 대단히 많다. 여기서 말하는 변화는 완전한 열매를 의미하지 않는다. 깨달은 후 그것에 이르기 위한 노력을 포함한다. 내게 일어난 몇 가지 중요한 변화를 소개하고자 한다.
>
> 첫 번째 변화는 늘 하나님을 생각하고, 말씀을 생각하며, 자신의 삶을 주시하게 되었다는 점이다. 즉, '하나님 앞에서 내 삶

의 지금 이 순간은 어떻게 평가되고 있을까? 지금 이 순간의 내 삶은 말씀에 부합하는가?'라는 의식을 갖게 된 것이다. 삶의 순간순간 그것이 하나님이 기뻐하시는 삶인지, 아니면 죄로 물든 삶인지를 생각하며 신앙생활하게 되었는데, 이것은 회개가 가져온 가장 큰 변화다.

두 번째 변화는 죄 사함 받는 기쁨을 누리는 것이다. 나는 그동안 이 땅에 임한 하늘나라를 피상적으로 이해했다. 즉, "하나님의 나라는 먹는 것과 마시는 것이 아니요 오직 성령 안에 있는 의와 평강과 희락이라"(롬 14:17)라는 말씀을 피상적으로 이해했다는 것을 깨달았다. 사실 회개에 집중하면서 보낸 6개월 동안은 의, 평강, 희락을 생각하기보다는 죄에 대한 아픔, 고통, 슬픔만 생각했다. 그때는 '내가 정말 올바로 가고 있는 것인가?'라는 질문을 수없이 했다. 시간이 조금 지나자 혈기와 분노를 절제하게 되고, 걱정과 근심을 덜 하게 되고, 불평불만하지 않게 되었는데, 이것이 '의'로 전환하는 삶이라는 것을 깨닫게 되었다. 그리고 이 가운데서 누리는 '평강'을 이해하게 되었다. 그리고 불의에서 돌이키는 삶이 죄 용서인 것을 깨달음과 동시에 밀려오는 한없는 큰 기쁨을 느꼈다. 이것이 성령 안에서 누리는 의와 평강과 기쁨이라는 것을 깨달았다. 예수님을 처음 만났을 때 이유도 모른 채 눈물 흘리며 기뻐했던 것처럼 회개한 후부터 계속되는 평온과 기쁨이 나를 행복하게 한다.

세 번째 변화는 온종일 주님만 생각하며 시간을 보내는 은혜를 누리는 것이다. 아내와 대화하면서도 예수님, 어딘가로 가는 중에도 예수님, 책을 읽으면서도 예수님, 말씀을 읽고 연구하면서도 예수님, 강의하면서도 예수님, 설교하면서도 예수님, 심지어 운전하는 중에도 예수님을 생각하는 삶이 지속되고 있다. 회개의 삶을 살기 이전에는 나 자신만 생각하기에 바빴다. 예수님을 생각하며 살지 못했다. 그런데 이제는 잠을 잘 때조차도 자연스럽게 예수님을 생각한다.

네 번째 변화는 가족과 성도들의 행동을 통해 나를 발견하는 은혜를 누리는 것이다. 나는 정말 교만한 사람이었다. 평생 판단, 정죄, 비판, 비난하는 삶을 살았다. 물론 내게는 여전히 그런 모습이 있지만, 불과 1년 전과는 비교할 수 없을 만큼 달라졌다. 예전 같았으면 판단하고, 정죄하고, 비판해야 할 상황에서 나 자신을 먼저 돌아보게 되는 변화를 누리고 있다.

다섯 번째 변화는 가족의 행동 하나하나를 볼 때마다 그것을 나의 죄 때문이라고 생각하는 시각의 변화다. 회개하기 전에는 가족의 행동에 늘 판단하고 비난하는 것으로 반응했다. 그러나 지금은 나의 옛 모습을 깨닫고 회개하고, 내가 물려준 죄의 열매인 것을 깨닫고 눈물로 회개한다. 물론 온전한 변화에는 시간이 훨씬 더 걸릴 것임을 안다. 그렇지만 나의 죄 때문이라는 시각의 변화 때문에 가족을 조금 더 이해하고 사랑하게 되었다.

여섯 번째 변화는 성경을 보는 새로운 시각을 얻게 된 것이다. 처음에는 학교에서 배운 대로 성경을 보았고, 삼각산에서 기도하기 시작한 후 성경을 보는 시각에 변화가 있었다. 그리고 회개하고 난 후 성경을 보는 관점에 다시 변화가 일어났다. 가장 중요한 변화는 성경에 표현된 많은 것이 '영적 실체'라는 사실을 깨달은 것이다. 예를 들면, 하나님 나라를 유업으로 받을 수 없는 항목으로 나열된 것들이 바로 영적 실체라는 것이다. 혈기, 분노, 시기, 질투, 미움, 다툼 등은 모두 영적 실체다. 혈기의 영, 분노의 영, 시기의 영, 질투의 영, 미움의 영, 다툼의 영에 지배당한 것을 회개하고, 이 영들에 이끌려 지은 죄를 회개하니, 그 영들의 힘이 약화하고 종국에는 몸에서 떠나는 것을 경험하게 되었다. 그뿐 아니라 성경의 기록이 때로는 상징으로 해석할 필요도 있고, 때로는 문자적으로 해석할 필요도 있지만, 대부분의 기록은 영적 실체를 인간이 이해할 수 있는 형태로 묘사한 것이라는 점을 깨닫게 되었다. 다윗이 시편에서 고백한 것처럼 말씀이 꿀보다 더 단 은혜를 누리고 있다.

일곱 번째 변화는 영적 분별력이 한층 명확해진 것이다. 회개하기 전에도 은사를 약간 활용했었다. 그러나 회개하고 난 후 은사들 각각이 훨씬 분명하고 선명해졌다. 마음의 내적 감동이 커졌고, 지식의 말씀의 은사가 개발된 은혜를 누리고 있다.

여덟 번째 변화는 건강이 많이 좋아진 것이다. 회개하기 전에는 새벽에 일어나 오전 10시만 되면 멍한 상태가 되어 그렇게 하루를 살았다. 회개 사역이 1년이 지난 시점부터는 몇 시간 자지 않아도 피곤을 거의 느끼지 못할 정도로 건강이 회복되었다.

나는 이제 겨우 변화와 성숙의 여정을 시작했다. 회개하기 전에는 아무 해결책이 없었다. 그러나 회개의 삶을 살면서 해결책이라는 무기를 갖게 되었다. 그러므로 1년 후에는 더 큰 변화와 성숙의 자리에 있을 것이다. 10년 후에는 훨씬 더 큰 변화와 성숙의 자리에 있을 것이다. "내가 거룩하니 너희도 거룩

*할지어다"(레 11:45)라고 하신 하나님의 명령에 좀더 근접한 성*
*도가 되어 있을 기대감에 설레고 흥분된다. 엄청난 행복감을*
*느낀다.[99]*

### (4) 회개의 방법을 연구하다

어떤 성도는 회개기도문을 처음 읽을 때 그동안 잊고 있었던 죄가 떠올라 눈물로 회개한다. 또 어떤 성도는 회개만 하면 눈물을 흘린다.[100] 얼마 회개하지 않았는데 영안이 열리고 하나님과의 깊은 교제에 들어가는 성도도 있다. 이런 사람은 참으로 축복 받은 사람이다. 그러나 이런 사람은 소수다. 나를 포함한 대부분의 성도는 죄가 너무 많아 회개가 쉽지 않고, 회개의 열매가 빨리 맺히지도 않는다. 어떻게 하면 효과적으로 회개해 영들을 빨리 내보낼지를 연구해야 한다.

나의 경우 그동안 회개의 방법에 대해 가르쳐주는 사람이 없어서 제대로 된 회개를 하지 못하고 살아왔다. 더이상 시간을 낭비할 수 없었다. 그동안 제대로 회개하지 않아 수십 년간 악한 영의 공격과 지배를 받았고, 하나님이 이끄시는 길을 가지 못했으니 엄청난 시간을 낭비하면서 살아왔다. 다시는 이런 실수를 하고 싶지 않았다. 천국 가는 날까지 회개를 계속 하겠지만, 하루라도 빨리 영들의

---

99) 정동진, 『회개와 영성 회복』(서울: 유하, 2015), pp. 211-214.

100) 성 마카리우스(St. Macarius, 300~390)는 수도사들이 찾아와 교훈을 가르쳐달라고 했을 때 눈물을 흘리며 이렇게 이야기했다고 한다. "형제들이여, 웁시다. 우리의 눈물이 지옥불에 가기 전에 눈에서 눈물을 죄다 짜냅시다." 엄두섭, 『영성생활의 향기』(서울: 은성, 2009), p. 116.

지배에서 벗어나 하나님과 동행하고 싶었다. 또 내가 성도들에게 회개를 이야기하면 많은 경우 어떻게 회개해야 하는지를 물었다. 이들에게 답을 주기 위해서라도 나는 효과적으로 회개하는 방법을 찾아야 했다.

나는 실로암에서 사역자 훈련을 받으면서 기본적인 회개 방법을 배웠다. 이를 바탕으로 나보다 먼저 회개를 시작한 분들에게 어떻게 회개하는지를 묻고 이들의 조언을 구했다. 많은 분이 자신이 경험한 회개와 회개 방법을 공유해 주었다. 이런 조언을 토대로 나는 회개의 방법을 계속 정리해 나갔다. 이 책은 이런 정리의 결과물이다. 영의 세계는 무궁무진해서 나는 지금도 회개 방법을 계속 연구하고 있다.

### (5) 영적 상태를 진단하다

영적 상태를 진단한다는 것은 내가 실로암을 통해 알게 된 매우 탁월한 개념이다. 영적 진단이라는 것은 어떤 영들이 몸과 환경 속에 있는지, 몸속에 있는 영들이 얼마나 남아 있는지, 환경에서 공격하는 세대의 영들이 어떤 상태로 있는지, 회개했을 때 어느 정도 영이 떠나갔는지, 영적 상태는 어떤지 등을 진단하는 것을 말한다. 회개를 많이 해 영안이 열린 사람은 이런 진단을 할 수 있게 된다.

육체적인 건강을 위한 진단을 하듯이 영적인 건강을 위한 진단도 필요하다. 영 진단을 받아보면 악한 영이 너무나 많이 몸과 환경 속에 들어와 있다는 것을 알게 된다. 이런 점에서 신뢰할 만한 사역자에게서 영 진단을 받게 되면 신앙생활을 잘하고 있다는 착각에서 벗어날 수 있다.

영을 진단받는 것은 유익이 많다. 첫째, 영 진단은 효과적으로 영들을 내보낼 수 있게 해준다.

예를 들어보자. 어떤 성도가 '앞길 막는 영'이 자기에게 있다는 진단을 받게 되면 이 성도는 '아! 그동안 내가 아무리 열심히 노력해도 앞길이 막히고 실패와 손해를 계속 경험한 것이 바로 이 앞길 막는 영 때문이었구나!'라고 생각하고, 앞길 막는 영을 내보내기 위한 회개를 열심히 하게 된다. 앞길 막는 영이 있다는 것을 몰랐다면 이 성도는 이 영을 내보내기 위한 회개를 할 생각은 하지 못하고, 계속 하나님을 원망하거나 길을 열어달라고 간구만 했을 가능성이 있다. 회개를 하더라도 엉뚱하게 음란의 죄나 시기와 질투의 죄만 회개했을지 모른다. 그렇게 해서는 앞길 막은 영이 나가지 않는다.

만약 목회자가 '은사 발휘하지 못하게 하는 영'이 자기에게 있다는 진단을 받게 되면, 그는 '아! 내가 은사를 개발하려고 애를 많이 썼는데도 제대로 은사를 발휘하지 못했던 것이 바로 이 영 때문이구나!'라고 생각하고 이 영을 내보내기 위한 회개를 할 수 있게 된다. 영 진단을 받는 것은 영적 전쟁을 함에서 목표물을 정조준해 미사일을 쏘는 것과 비슷하다. 영 진단을 통해 처리해야 할 영을 정확하게 알면 집중적으로 그 영과 관련된 죄를 회개해 그 영을 효과적으로 내보낼 수 있게 된다.

둘째, 영 진단은 효과적인 회개를 할 수 있게 도와준다. 예를 들면, 어떤 성도가 한 달 동안 교만의 죄를 회개한 후 그 죄가 얼마나 나갔는지 진단해 보면 한 달 동안 회개한 것이 어느 정도 효과가 있었는지를 가늠할 수 있게 된다. 기대한 만큼 효과적이라면 그 방법으로 계속 회개하면 되고, 그렇지 않다면 겸손하게 좀더 효과적인 방법을 찾기 위해 노력하면 된다. 운동선수들도 실력 향상을 위해 항상 체력과 근력 등 상태를 진단하면서 훈련한다. 이런 진단이 없으면 훈련이 막연하게 되고 동기 부여가 잘 되지 않기 때문이다. 회개도 마찬가지다. 영적 진단을 통해 열심히 회개할 동기를 부여받게 된다.

나는 영적 진단을 매우 소중히 여겼고, 수시로 신뢰할 만한 사역자들에게서 진단을 받으면서 영적 상태를 확인했다.[101] 나아가 영적 진단을 받는 데서 그치지 않고 나 스스로도 내게 어떤 영이 있는지를 진단했다. 회개가 어느 정도 되면 스스로 이런 진단을 할 수 있게 된다. 그리고 나는 내가 스스로 한 진단과 사역자가 해준 진단을 비교하면서 회개에 집중했다.

### (6) 악한 영들의 반격

성도들이 회개를 시작하면, 악한 영들은 곧 쫓겨 나가야 된다는 것을 알고 긴장한다. 그래서 성도들이 회개하지 못하도록 반격을 시작한다.

#### ① 악한 영들의 반격의 양상

박 권사님은 철저한 회개의 필요성을 깨닫고 난 후 '내일부터 매

---

101) 나는 영 진단과 관련하여 여러 사역자의 도움을 받았지만 특히 박영미 사모님, 생명샘교회 정용진 목사님, 정소영 전도사님의 도움을 많이 받았다. 정소영 전도사님의 저서로는 《하늘 세계의 문이 열리다》(유하, 2022), 《이 땅을 넘어서》(유하, 2023) 등이 있다.

일 교회에 가서 집중적으로 회개기도를 해야지!'라고 결심했다. 그런데 바로 그다음 날 아파트 계단에서 굴러떨어져 다리가 부러졌다.[102] 박 권사님은 치료하느라고 결국 교회에 가서 회개기도를 할 수 없었다. 그러다 회개에 대한 열정이 사라졌고, 치료가 다 된 후에도 매일 교회에서 회개하겠다는 결심을 실천하지 못했다.

무당의 손녀인 김 집사님의 경우, 성령충만을 위해 기도할 때는 악한 영들의 공격이 그리 심하지 않았는데, 회개를 하려고 하면 악한 영들이 떼로 몰려와 욕하고 공격해 몸과 마음을 아프고 힘들게 만들었다고 했다. 심지어는 악한 영이 강력한 자살 충동을 불어넣어 창문을 열고 뛰어내릴 뻔한 적도 있었다.[103]

최 집사님은 회개의 중요성을 알고 열심히 회개하던 중, 무슬림 국가인 중앙아시아에서 악한 영의 공격으로 새벽 기도를 방해받고 순간의 착각으로 4층 높이에서 떨어지는 사고를 당했다.[104] 감사하게도 엉덩이가 먼저 떨어지는 바람에 머리에는 아무 손상이 없었지만 다리가 부러졌다. 급히 서울로 돌아와 수술을 해야 했고 재활에 1년이 걸렸다.

---

102) 박 권사님은 당시의 상황을 설명하면서, 계단을 내려오기 위해 발을 내딛으려고 했는데 어떤 이유인지 몰라도 순간적으로 한쪽 발이 떨어지지 않았고, 그 결과 몸의 균형을 잃고 계단에서 굴러떨어지게 되었다고 했다.

103) 김 집사님은 회개하려고 하면 강한 자살 충동을 느끼고 몸이 더 아프게 되는 자신의 경험에 비추어 볼 때, 무당의 영이 있는 성도들에게는 회개를 권하기가 쉽지 않다고 말했다. 무당의 영은 매우 강력해 무당의 영이 있는 성도가 회개를 시작하면 악한 영이 자살 충동, 사고, 질병 등을 가져다주기 때문에, 무당의 영이 있는 사람이 준비 없이 회개하다가는 악한 영의 밥이 되기 십상이라고 했다.

104) 최 집사님은 당시 상황을 설명하면서, 이성적 판단으로라면 4층 건물 안에 있다가 건물 밖으로 떨어지는 위험한 곳으로 몸을 움직이지 않았을 텐데 순간적으로 자신의 몸이 생각대로 움직이지 않았다고 말했다.

이와 같은 특별한 경우가 아닌 일반적인 경우라면 악한 영의 반격 중에서 가장 흔한 것은 회개에 대한 의심이 생기게 하는 것이다. 회개가 중요하다는 것까지는 인정하지만, 철저한 회개를 할 필요는 없다는 생각을 불어넣어 회개를 선뜻 시작하지 못하게 만든다. 회개를 시작하더라도 회개해 봐야 무슨 소용이 있느냐는 생각을 불어넣어 회개에 집중하지 못하거나 회개를 중단하게 만든다. 또 열매가 빨리 맺히지 않는 것에 대한 조바심이 생기게 한다. 그러면 회개를 열심히 했는데도 열매가 보이지 않는다고 생각하면서 당황해하고, 회개할 힘을 잃어버린다.

악한 영들은 회개를 단념하게 만들기 위해 평소보다 상황을 더 어렵게 만들기도 한다. 회개를 했으면 상황과 환경이 나아져야 할 텐데 오히려 더 어려워지면서 회개가 무의미하다는 생각을 하게 만든다. 이 목사님은 평소에 회개를 열심히 했다. 그런데 뒤늦게 우상숭배의 죄를 회개해야 한다는 것을 깨닫고 그동안 제대로 다루지 못했던 우상숭배의 죄를 본격적으로 회개하기 시작했다.

이렇게 열심히 우상숭배의 죄를 회개하는 중에 인생에서 가장 큰 고난이 닥쳐왔다. 열심히 회개를 했으면 형통이 임해야 하는데 도리어 큰 고난이 닥치니 당시에는 너무 당황스러웠다. 결국은 문제가 잘 해결되었는데, 이 목사님은 그때 일을 떠올리면서, 우상숭배의 죄를 회개하기 시작한 것이 죄의 뿌리를 건드린 것이었기 때문에 악한 영들이 강력하게 반격했던 것이라고 말해주었다.

회개한다고 해서 악한 영들이 순순히 포기하고 떠나리라고 짐작하는 것은 순진한 생각이다. 회개는 쉬운 것이 아니다. 김석곤 목사님은 《회개》라는 책에서 회개를 하면 악한 영의 공격으로 문제가 생길 수 있으니 조심하라고 권하고 있다. 그 내용을 인용하면 다음과 같다.

회개할 때 실제로 문제가 일어나기 시작합니다. 갑자기 멀쩡했던 곳이 아픕니다. 문제가 없던 집안이 뒤집어집니다. 사업의 길이 갑자기 막히기도 합니다. 그래서 어떤 사람들은 회개하기를 두려워합니다. 문제가 무엇일까요? 실상은 우리 모두가 죄성에 사로잡혀 있기 때문입니다. 그 죄성을 떨어내려면 그만큼의 고난이 필요합니다.

예를 들어보겠습니다. 만약 우리가 깡패 집단에서 큰 역할을 하다 이제 손을 씻고 새 삶을 살아간다고 해보십시오. 깡패 집단에서 축복하면서 "그래, 그동안 수고 많았다. 이제부터는 잘 살아라"라고 하겠습니까? 천만에요. 그렇지 않습니다. 깡패 집단에서는 난리가 날 것입니다. 왜냐하면 자신들의 비밀을 아는 사람이 떠난다고 하니까요. 가만 둘 리가 없습니다. 떠나지 않도록 집요하게 설득할 것입니다. 설득이 되지 않으면 무력이라도 사용할 것입니다. 이 사람이 비밀을 많이 알고 있을수록 무력은 더 강해질 것입니다. 심지어 죽이려고도 할 것입니다. 마찬가지입니다. 회개하면 반드시 좋은 일이 일어납니다. 그러나 시간이 지나야 합니다. 당장에는 고난과 어려움이 찾아옵니다. 그래서 대적 마귀는 다시 그 사람이 죄성 안으로 들어오길 바랍니다. 그럼에도 계속해서 회개하면 더는 설득이 불가능하다고 판단해 죽이려 달려들 것입니다.

그러므로 회개할 때 악한 영의 공격을 받을 것이라는 점을 예상해야 합니다. 무턱대고 회개만 하다 보면 예기치 못한 문제

*가 심하게 나타나 더이상 회개를 하지 못하게 됩니다.[105)]*

또한 악한 영은 회개하는 사람을 직접적으로 공격하지 않고 주변 사람들 특히 가족을 통해 간접적으로 공격하는 경우도 많다. 회개하는 사람을 직접적으로 공격하지 않는 이유는 아마도 이 사람을 직접 공격해 봐야 얻을 것이 없다는 것을 악한 영이 알기 때문일 것이다. 이런 악한 영의 반격 중 가족을 통한 간접적 공격에 대해 한양훈 목사님은 이렇게 설명한다. 《성경적 영성》에 소개된 내용을 인용한다.

> *사람이 철저히 회개하여 죄에서 멀어지게 될 때, 사탄은 공격의 고삐를 늦추지 않고 가정의 식구를 통해 또다시 공격한다. 성도들이 여러 환경 속에서 만나는 사람을 통해 공격하는데 가장 큰 영향을 끼치는 것은 가정이다. 가정은 누구에게나 보금자리이지만 실상 대부분의 상처는 가정의 일원인 부모, 형제, 부부, 자녀로 인하여 발생한다.*
> *바로 사탄은 가정의 일원끼리 서로 분쟁하고 미워하고 갈등하게 하는 등 환경을 어렵게 하여 죄를 짓게 하고 고통스럽게 만든다. 사탄이 역사하는 대로 무방비 상태로 살아간다면 가정은 상처를 생산하는 공장과 같이 된다. 수많은 갈등을 주님을 의지하고 믿음으로 이기면 다행이지만, 그렇지 못하고 고통 속에서 몸부림친다면 고통의 영, 살인의 영, 미움의 영, 분리의 영*

---

105) 김석곤, 『회개』(서울: 국민북스, 2018), pp. 140-141.

이 틈타서 더욱 고통스럽게 된다.

악한 영은 특히 회개하고 주님께 충성하려는 사람이 영적 싸움을 하지 못하도록 주변을 어지럽힌다. 나는 혼자서 사탄과 싸우지만 사탄은 나를 효과적으로 공격하기 위하여 나의 주변 사람을 동원하여 함께 공격한다. 이런저런 구실로 하나님의 사람을 힘들게 만든다.

나의 가까운 사람이 사탄의 무기와 도구가 되는 것이니, 이러한 술수는 게릴라와 같이 후방을 교란하는 작전이다. 주변이 어지럽고 그것이 힘들게 하면 영적 전투를 대부분 포기한다. 그러므로 바울, 베드로, 야고보, 요한 등은 우리가 악한 자의 흉계를 경계해야 한다고 성경에서 여러 차례 경고하고 있다.

한편 직접적 공격은 아니지만 간접적인 공격으로서 가정의 식구들을 공격하여 그들을 힘들게 만들기도 한다. 내가 관심을 가질 수밖에 없는 자녀나 부모에게 역사하여 병을 일으키기도 하고 사고와 분쟁을 발생시키는 등 환경을 꼬이게 만든다. 그래서 이런 주변 일을 해결하는 데 나의 시선을 돌리게 하며, 영적으로나 육체적으로 괴롭고 피곤하게 만든다. 그렇게 하여 영적 전투에 집중할 의욕을 상실하게 한다.

사탄의 이러한 다양한 공작이 상당한 효과를 거두어 훌륭한 영적 사역자들이 중도에 힘을 잃고 기진맥진하게 되는 경우가 많다. 주님 나라에 큰 손실이다. 우리는 이러한 사탄과 전쟁 중인 현실을 바로 깨닫고, 사탄의 공격을 받지 않도록 영적 사역자의 가족들이 먼저 회개하여 악한 영을 집안에서 내쫓아 공격의 빌미를 주지 말아야 한다. 사역자 가정의 일원은 속히 회

*개해야 한다. 가정을 잘 다스려야 더 크게 하나님 나라를 위해*
*섬길 수 있다.*

*사탄은 사역자의 사역을 방해하고 영적으로 손해를 입히기도*
*한다. 사역자 자신과 주변을 어지럽게 하여 사역자가 고통스러*
*워하고 원망하고 우울해하면 할수록 악한 세력들은 쾌재를 부*
*르며 그 숫자가 점점 많아진다. 그 외에 음란의 영, 질투의 영,*
*두려움의 영, 게으름의 영이 공격하여 그렇게 만들어 나가 패*
*배시키려 한다.*[106)]

## ② 조바심

조바심도 악한 영의 반격 중 하나인데, 이에 대해서는 조금 더 설
명이 필요할 것 같다. 성도들이 회개할 때 조바심의 영이 성도들에
게 조바심을 내게 만든다. 실제로 성도들은 회개할 때 대체로 조바
심이 생긴다. 회개를 나름 열심히 많이 했는데도 열매가 빨리 안 생
긴다고 생각하기 때문이다. 이런 조바심 때문에 절망하고, 의심하고,
하나님께 불평하게 된다. 어떤 때는 회개를 알게 되어 하나님께 감
사하는 마음을 가지다가도, 또 어떤 때는 회개하는 것이 시간 낭비
가 아닌가라고 생각하기도 한다.

조바심을 내는 자신의 모습을 자세히 관찰해 보면 그동안 자신이
하나님과 어떤 관계를 맺어왔는지를 잘 알 수 있다. 하나님이 알아
서 잘 하실 것이라고 믿는다면, 하나님이 자신의 길을 이끌어 가고

---

106) 한양훈, 『성경적 영성』(서울: 유하, 2015), pp. 284-286.

계신다는 것을 믿는다면, 그리고 자신의 인생을 하나님께 진짜로 맡겼다면, 아마 우리는 조바심을 내지 않을 것이다. 우리가 조바심을 내는 것은 스스로 생각하는 것만큼 하나님을 신뢰하지 않기 때문이다. 그러므로 조바심 내는 것은 하나님을 신뢰하고 믿지 않는 데서 비롯된 것이므로 철저히 회개해야 한다.

조바심을 내는 또 다른 이유는 회개하는 동기가 다소 순수하지 못하기 때문이기도 하다. 목회자들은 회개를 통해 영안이 활짝 열리고 목회가 회복되기를 희망한다. 평신도들은 삶의 문제를 해결하고 건강과 형통을 회복하기를 희망한다. 이런 것들은 회개하면 당연히 생기는 열매이지만, 이것을 주된 목표로 삼고 회개하다 보면 조바심이 많이 생긴다. 원하는 열매가 당장 생기는 것이 아니기 때문이다. 그러나 하나님과 친밀해지는 것을 회개의 첫 번째 목표로 삼고 회개하게 되면 훨씬 더 마음이 느긋해진다. 하나님과 친밀해지면 나머지는 하나님께서 하나님의 때에 선하게 행하실 것이라는 여유로운 마음이 생긴다.

그러나 아쉽게도 회개를 시작하는 사람은 대체로 고난에 처한 성도들이기 때문에 이들은 매우 절박하고 간절한 마음으로 빨리 고난에서 탈출하고 문제를 해결하고 싶어 한다.[107] 그래서 이들에게 하나님과의 관계 개선이 첫 번째 목표가 되는 것은 쉽지 않다. 그러나

---

107) 내가 관찰해 보니, 회개를 열심히 하는 사람 중에는 목회를 안정적으로 잘 하고 있는 목회자들도 있었다. 목회를 안정적으로 하면 고난이 없을 것 같지만 이들에게는 다른 종류의 고난이 있었다. 삶의 영역은 다양해서 한쪽 면에서는 형통을 누리고 있어도, 다른 면에서 고난을 겪기도 한다. 어떤 사람은 돈은 많은데 건강 때문에 힘들어하고, 또 어떤 사람은 몸은 건강한데 돈이 없어서 힘들어하기도 한다. 인생은 복잡하다.

회개를 계속하다 보면 하나님과의 친밀한 교제가 자연스럽게 첫 번째 목표로 부각되는 것을 경험하게 된다.

내게도 조바심은 회개하면서 가장 많이 부딪힌 문제였다. 2020년 6월과 7월 두 달간 사역자 훈련을 받으면서 나는 몇 달 안에 문제가 해결될 줄 알았다. 남들이 하지 않는 집중회개를 몇 달간 했으면 영들이 많이 떠날 것이고 문제가 어느 정도 해결될 것이라고 기대했다. 설사 문제가 해결되지는 않더라도 해결될 기미는 보일 것이라고 생각했다. 회개하지 않았을 때도 하나님께서 나의 기도에 응답해 주셨는데, 회개하면 하나님이 더 신속하게 삶의 문제를 해결해 주실 것이라고 기대했다. 특히 나처럼 평생 하나님을 믿고 살아온 사람은 두 달이면 충분하지 않을까 생각했다.

또 《내 양을 치유하라》와 같은 임상보고서에 따르면, 실제로 회개한 지 얼마 되지 않았는데도 질병이 치유되는 사례가 많이 있었다. 그래서 몇 달만 집중해 보자는 마음으로 다른 업무 일정을 잠시 뒤로 미루고 열심히 회개하면서 훈련에 임했다. 그런데 두 달간의 사역자 훈련이 끝나도 변화가 생기지 않았다. 문제가 해결되지도 않았고, 문제가 해결될 기미조차 보이지 않았다. 내가 왜 두 달간 집중해서 사역자 훈련을 했는지 자괴감이 들었다. 두 달간의 훈련을 마치는 날 사역자들에게서 "이제 출발이다"라는 말을 들었을 때 나는 이 말이 격려로 들리지 않았다. 대신 깊은 절망감을 느꼈다. 이러려고 내가 회개를 시작했나!

사역자 훈련을 받을 때 사람마다 열매가 맺히는 기간이 다르다는 설명을 이미 들었기 때문에 이를 몰랐던 것은 아니었다. 알고 있으면서도 손에 잡히는 열매가 보이지 않아 절망했던 것이다. 나는 생각한 대로 상황이 흘러가지 않자 조바심이 났다. 하나님께서 일하고 계신다는 것을 머리로는 잘 알면서도 하나님을 신뢰하고 기다리지를 못했다. 하나님을 신뢰하는 수준이 그것밖에 되지 못했다. 내 속에 있는 교만의 영, 걱정 근심의 영, 조바심의 영이 강력하게 반격하면서 나로 하여금 조바심을 내게 했다.

그런데 나만 그런 것이 아니었다. 내가 관찰해 보니, 회개하는 사람들 중에 조바심을 내는 사람이 많이 있었다. 그중에는 회개의 중요성을 알고 열심히 회개하다가 기대한 만큼 열매가 잘 생기지 않는다고 판단하고 중간에 포기하는 사람들도 있었다.[108] 이런 사람들과 대화해 보면 회개가 중요하다는 사실에 대해서는 전적으로 공감하는 것 같은데, 회개 말고도 다른 할 일이 많다는 이유를 들었다. 그리고 이들은 회개하기 이전으로 돌아갔다.[109]

나는 두 달간 사역자 훈련을 받은 후에도 계속 조바심을 냈고, 회개를 1년 정도 했을 때도 여전히 조바심을 냈다. 앞에서도 언급했지만, 정동진 목사님은 《회개와 영성회복》이라는 책에서 직접 1년 동안 회개하면서 삶에 생긴 회개의 열매에 대해 상세하게 기록해 놓았다. 나는 이 부분을 읽고 또 읽으면서 나도 1년 동안 열심히 회개하면 정동진 목사님처럼 회개의 열매를 맺을 수 있으리라 기대했

---

108) 내가 생각컨대, 회개의 중요성을 알고 회개를 시작한 사람 중에서 끝까지 계속 회개에 열심을 내는 사람은 20퍼센트 정도밖에 되지 않는 것 같다. 그만큼 회개가 쉽지 않다.

109) 회개를 중단하고 회개하기 이전으로 돌아간 분들 중에는 몇 년 지난 후 철저한 회개를 다시 시작하는 분도 있었다. 한편 짧은 기간 회개를 했는데도 열매가 나타났다고 기뻐하는 분들도 있었다. 이런 간증이 있는 분들은 회개에 재미를 느끼고 계속 회개했다.

다.[110] 그래서 나는 '1년'이라는 기간을 중요하게 생각했다. 아무튼 2021년 7월경까지 약 1년간 회개하면서 내게는 분명히 변화가 있었고, 정동진 목사님이 경험한 열매들을 나도 대체로 경험하게 되었다. 그러나 아쉽게도 나의 회개의 열매는 주로 나의 내면에서 일어난 것들이었다. 인간의 마음과 생각이 영적 전쟁터라는 점을 생각해 보면 이런 내면의 열매는 회개의 열매 중에서 가장 중요한 것이다. 또한 내면의 변화가 생겨야 실제로 삶에서 변화가 생긴다는 점에서 내면의 변화는 열매가 맺히는 시작점이라고 할 수 있다.

그런데 1년 정도 회개했을 무렵에는 이것이 그렇게 중요한지를 깨닫지 못했다. 손에 잡히는 열매, 남들에게 자신 있게 보여줄 수 있는 열매를 기대했는데, 나 혼자만 느낄 수 있는 내면의 변화가 생긴 것을 회개의 열매로 받아들이지 못했다. 그래서 계속 조바심을 냈다.

나는 회개가 너무 귀하다는 것을 알았기 때문에 회개를 시작하면서부터 주변 사람들에게 회개를 전했다. 그러나 많은 사람이 회개의 열매를 자기들에게 보여달라고 요구했다. 이들은 내가 회개의 열매를 보여주면 자기들도 회개에 뛰어들겠다는 마음의 준비를 하고 있었다. 그래서 나는 손에 잡히는 열매가 없으면 사람들에게 회개를 효과적으로 전할 수도 없다는 것을 알게 되었다. 내가 회개를 통해 삶의 문제들이 해결되는 것을 직접 경험해야 했다. 그래서 조바심을 더 냈다. 다른 사람에게 '보여줄' 만한 열매가 없었기 때문이었다. 열

---

110) 지나고 나서 안 일이지만, 정동진 목사님은 하루에 16시간씩 회개했다고 한다. 정 목사님에 비하면 평신도인 나의 회개 시간은 매우 적었다. 무식하면 용감하다는 말처럼 나는 이것도 모른 채 나도 정 목사님과 똑같은 열매를 맺을 수 있으리라고 기대했던 것이다.

매가 아예 없는 것이 아니라 열매가 익어가고 있는 상태인데, 설익은 열매를 따 접시에 담으려고 하니 난처한 상황이라고나 할까?

　나보다 먼저 회개를 시작한 목사님들에게 나의 고민을 이야기하니 내가 너무 조급해서 그렇다고 말해주었다. 맞다. 그러나 회개 입문자로서는 이런 조바심으로 인해 힘들어하는 것이 당연했는지도 모른다. 남들이 잘 하지 않는 회개를 1년간이나 했는데 남들에게 보여줄 만한 열매가 없다는 것은 나를 힘들게 했다. 악한 영들이 이제는 떠나갈 수밖에 없다는 것을 알기 때문에 더욱더 강하게 발악하는 것은 아닐까 생각해 보기도 했다. 열매가 손에 잡히지 않고 보이지 않으니 두려움도 생기고 회개를 계속 해야 하는가 고민도 되었다. 회개가 내 삶의 문제 해결의 열쇠라고 믿고 했는데 그것이 아닌가? 나의 착각이었나?

　회개를 1년이나 했는데도 여전히 조바심을 내는 나의 모습을 보면서 너무 당황스러웠다. 죄와 악한 영들의 영향력이 이토록 강력하고 끈질기단 말인가! 정말 지긋지긋하다고 생각했다. 나는 현재의 상황이 열매가 맺히고 있는 과정이고, 시간이 좀더 필요하다고 결론을 내렸다. 1년이라는 기간은 나 스스로가 이 정도면 손에 잡히는 열매가 있어야 하지 않나 하고 생각한 것일 뿐이고, 하나님의 관점은 다를 것이라고 생각했다. 내가 조바심을 낸 것은 하나님께 맡기지 못하고 하나님보다 앞서 가려고 하기 때문이고, 조바심의 영을 몸과 환경 속에 불러들였기 때문이므로, 나는 조바심이 교만의 죄라는 것을 인정하고, 하나님을 신뢰하지 않고 조바심을 낸 죄와 교만의 죄를 계속 회개했다.

　박영미 사모님도 내게 조바심의 영이 많다고 진단해 주었다. 나는 조바심의 영을 내쫓기 위해 열심히 회개했다. 이렇게 조바심의 영과 싸우면서 2년 정도 회개하니 조바심의 영이 많이 제거되면서 조바심이 많이 없어졌다.[111] 그리고 하나님이 하나님의 때에 알아서 하실 것이라는 생각이 들었다. 조바심의 영이 떠나가니 하나님 앞에서 나의 죄악 된 모습을 더 깊이 들여다보게 되었고, 하나님을 더 바라보게 되었다. 이전보다 훨씬 더 하나님과 친밀하게 교제할 수 있게 되었다.

김석곤 목사님은 《회개》라는 책에서 회개를 위해서는 인내가 중요하다는 것을 강조했는데, 이것도 내게 도움이 되었다. 그 내용을 인용하면 다음과 같다.

> 회개는 인내를 갖고 치러야 하는 지루한 싸움이라는 사실을 잊으면 안 됩니다. 회개는 힘든 싸움입니다. 참된 신앙의 여정을 걷는 과정에서는 어떤 것도 쉽게 얻어지지 않습니다. 회개하다 보면 지루하고 고통스러운 나날들이 옵니다. 이런 시간을 인내하고 견뎌야 합니다. 그래서 회개는 인내의 싸움이라 할 수 있습니다. 사실 신앙에서 중요한 명제 중 하나가 인내입니다. 인내는 소망을 만들어 냅니다. 크리스천들은 소망을 바라며 인내의 싸움을 해야 합니다. 때로는 2~3년 정도의 긴 싸움을 할 수도 있습니다. 그것이 필요합니다. 이런 시간을 지나다 보면 점점 힘들고 지루해집니다. 그러나 견뎌야 합니다. 가끔은 쉬어가기도 하면서, 이를 악물고 견뎌내야 합니다.

---

111) 노파심에서 부연하면, 조바심이 많이 없어진 것이지 완전히 사라진 것은 아니다.

이런 싸움이 끝나면 점점 은혜와 회복이 찾아옵니다. 눈물의 회복이 일어납니다. 첫 사랑이 찾아옵니다. 이런 시간은 너무나 기쁘고 감사합니다. 하나님께서는 인내하는 자에게 좋은 선물을 주십니다. 끝까지 회개해야 합니다. 매일 2시간씩 회개하면 자범죄를 해결하는 데만 약 3~4년이 걸립니다. 물론 모든 죄성이 다 사라지는 것은 아닙니다. 다만 어느 정도 문제가 처리되는 데 그 정도 시간이 걸린다는 것입니다.

그러면 다른 기도는 안 해도 되나요? 해야 할 여러 가지 일이 있다 보니 결코 쉽지 않습니다. 그러나 시간이 된다면 다른 기도를 해도 상관없습니다. 회개를 오래 하다 보면 좀 처질 때도 있습니다. 그럴 때는 간절하게 부르짖는 기도를 병행해야 합니다. 기름부음을 받아도 좋습니다. 그러나 어떤 것을 하더라도 회개를 놓치면 안 됩니다. 다시 힘을 비축해 회개에 매진해야 합니다. 인내해야 합니다. 마귀와 실제로 싸우는 것이기에 참으로 어렵습니다. 끝까지 인내하기가 결코 쉽지 않습니다. 그럼에도 인내하며 기필코 회개해야 합니다.[112]

---

112) 김석곤, 『회개』(서울: 국민북스, 2018), pp. 142-143.

# 6.
# 나의 참모습을 보다

**"주님은 죄를 얼마나 지었느냐가 아니라, 죄가 얼마나 남았느냐에 관심이 있으시다."** – 한양훈 목사

　나는 회개하면서 나의 영적 상태와 삶을 관찰하고 분석해 보게 되었다. 이것은 병원에서 MRI로 몸의 상태를 스캔하는 것과 유사했다. 회개를 계속해 나가면서 과거의 일들이 떠올랐고, 그럴 때마다 '그 일들과 관련해 어디서 문제가 생긴 것일까? 그 당시에는 왜 그런 행동을 한 것일까? 다른 길을 선택할 수는 없었을까? 악한 영은 나를 어떻게 지배해온 것일까?' 등 많은 질문을 하였다. 다른 말로 하면 회개하면서 나의 인생 데이터를 매우 섬세하고 상세하게 관찰하고 분석했다고 할 수 있다.

　이 과정을 통해 나는 서서히 그리고 조금씩 나의 참모습을 보게 되었다. 그동안 무지의 영이 나를 은밀하게 장악하고 있으면서 나의 참모습을 보지 못하게 방해했는데, 회개하니 무지의 영이 조금씩 떠나가면서 나의 참모습을 볼 수 있게 된 것 같다.

결론적으로 나의 참모습은 내가 생각했던 것과 너무 많이 달랐다. 나는 스스로 하나님을 사랑하고 있는 줄 알았는데, 실제로는 하나님을 사랑하지 않았다. 하나님과 별로 관계없는 삶을 살았으며, 하나님이 요구하시는 기준에 턱없이 미달인 삶을 살았다. 하나님과 전혀 친하지 않았다. 그야말로 나는 망하는 길에 서 있었다. 평생 하나님을 바라보고 살아온 나로서는 나의 참모습을 발견하고 경악을 금치 못했다. 그리고 통곡했다.

다음 내용은 1년 정도 회개했을 때 알게 된 것이다. 그 후 회개를 계속해 나가면서 이런 깨달음이 점점 더 깊어졌다. 독자 중에는 다음 내용을 읽으면서, 내가 "나는 탕자였다" "나는 바리새인이었다" "나는 행복하지 않았다"라고 고백하는 것이 건강하지 못한 죄책감이나 자기연민이라고 생각하는 사람이 있을지도 모른다. 혹은 이것이 어떤 깨달음의 경지에 도달했다는 것을 과시하며 자랑하는 것이라고 생각하는 사람도 있을 수 있다. 충분히 그렇게 생각할 수 있다. 나도 내가 이런 고백을 하게 될 줄은 몰랐다.

## (1) 하나님이 내 삶의 주인이 아니었다

성도들이 늘 사용하는 '주님'(Lord)이라는 단어는 참 묘하다.[113] 하

---

113) '주님'이라는 단어는 여러 의미를 가질 수 있다. 서양에서는 왕이나 귀족을 '나의 주님'(my Lord)이라 부르며, 이를 존경의 표현으로 사용했다.

나님을 주님이라고 부를 때 우리는 하나님이 우리의 주인 됨을 선포하는 것이며, 이는 주인의 뜻에 따라 살아야 한다는 것을 전제한다. 대부분의 성도처럼 나도 하나님을 내 삶의 주인으로 모시고 산다고 자부했다. 그러나 나의 삶을 돌아보니 전혀 그렇지 못했다. 말로 일일이 다 설명하기는 어렵지만 도저히 하나님이 내 주인이라고 평가할 수 없었다. 머리로는 하나님을 주인으로 모신다고 생각했지만, 실제로는 내가 가고 싶은 길을 내 마음대로 갔다. 하나님의 뜻에 순종할 마음이 있다고 생각했지만, 실제로는 순종할 마음이 별로 없었다.

나의 인생 데이터를 분석해 보면 하나님이 내 삶의 주인이 아니라는 것이 너무나 확실했다. 하나님이 내 삶의 주인이었다면 결코 지금과 같은 삶을 살지 않았을 것이다. 내가 살면서 당한 고난과 고통은 하나님의 영광을 위한 연단이 아니라, 내가 삶의 주인이 된, 교만의 결과였다. 내가 교만하기 때문에 악한 영이 합법적으로 나를 공격했고, 결국 악한 영이 주인 행세를 하면서 나로 하여금 하나님과 관계없는 삶을 살게 만들었다.

회개하기 전에도 나는 하나님을 내 삶의 주인으로 제대로 모시지 못하고 있다는 것을 잘 알고 있었다. 그래서 하나님이 온전히 내 삶의 주인이 되어달라고 기도도 했다. 나는 성도들과 이야기할 때 "저는 아직 하나님을 주인으로 모시지 못하고 제가 주인인 것처럼 살고 있습니다"라는 고백을 많이 했는데, 이 고백은 진실이었다. 다만 다른 성도들도 나와 별로 차이가 없었기 때문에, 마음속으로는 '이 정도면 꽤 잘하고 있는 거야'라고 생각하며 방심했다.

그러나 회개한 이후에는 이것이 얼마나 심각한 문제인지 알게 되었다. 내가 내 자신의 주인이라는 것은 악한 영에게 내 삶의 주도권을 빼앗기는 것이고 망하는 길에 서는 것이라는 사실을 선명하게 깨달으면서 나는 통곡했다.

나는 어릴 때부터 이 말씀을 늘 암송했다.

"여호와는 나의 목자시니 내게 부족함이 없으리로다"(시 23:1).

그동안 나는 머리와 입으로는 하나님을 나의 목자로 받아들였지만, 마음으로는 이를 거부했던 것 같다. 나는 내가 내 삶의 주인이 되는 것을 더 원했던 것 같다. 나는 하나님을 내 목자로 인정하지도, 받아들이지도 않았다. 양이 목자를 떠나 자기 길을 가면 웅덩이에도 빠지고 가시덤불에서도 고생하게 되어 있다. 나는 그야말로 목자를 떠난 양이었다.

### (2) 나는 하나님을 사랑하지 않았다

나는 나름 하나님을 사랑했고, 하나님을 더 사랑하고 싶었다. 구원해 주신 은혜에 감격했을 뿐 아니라 기도하고, 말씀 읽고, 선행을 베풀고, 예배하고, 봉사하고, 주일 성수하는 등 하나님의 말씀대로 살려고 노력했다. 나는 이런 노력과 헌신이 하나님에 대한 진정한 사랑에서 우러나온 것이라고 생각했다.

그런데 회개하면서 내 인생 데이터를 분석해 보니, 실제로는 내가 하나님을 사랑하지 않았고, 삶의 많은 영역에서 오히려 하나님을 멸시하고 무시했다는 것이 너무나 분명했다. 안타깝게도 회개하기 전에는 이 분명한 사실을 보지 못했다. 내 마음대로 살았다. 마음에 들지 않으면 하나님의 뜻이라 해도 순종하지 않으려 했다. 내가 내 삶의 주인이었다. 문제에 부딪힐 때 하나님께 그 문제를 맡기지 못했다. 하나님께 기도하는 모양은 가지고 있었지만, 실제로는 스스로의 힘과 능력을 믿고 돌파해 보려고 더 많이 애썼다. 그래서 삶이 힘들고 고단했다. 하나님께 풍성한 감사를 올려드리지 못했다.

내가 하나님을 진심으로 사랑하고 하나님과 친밀한 관계에 있었다면, 당연히 나는 하나님의 인도하심을 받았을 것이고, 망하는 자리로 가지 않았을 것이며, 힘들고 고단한 삶을 살지 않았을 것이다. 힘들고 고단한 삶을 살았다는 것 자체가 내가 하나님을 사랑하지 않았다는 분명한 증거였다.

"주께서 이르시되 이 백성이 입으로는 나를 가까이하며 입술로는 나를 공경하나 그들의 마음은 내게서 멀리 떠났나니 그들이 나를 경외함은 사람의 계명으로 가르침을 받았을 뿐이라"(사 29:13).

문제는 '하나님을 사랑하지 않아서 아쉽다' 정도로 끝날 일이 아니라는 것이었다. 이런 나를 악한 영이 가만히 놔둘 리가 없었다. 악한 영의 목표는 성도들을 죽이고 망하게 하고 병들게 하는 것이다. 나는 악한 영의 공격을 받아 만신창이가 되고 말았다. 악한 영의 공격을 받은 나의 상태를 몇 가지 적어보면 다음과 같다.

*나는 하나님을 주인으로 삼지 못하고 내가 주인이 되어 살았다. 하나님과 친하지 않았다. 나는 하나님을 바라보지 못했고, 하나님과 친밀하게 교제하지 못했다. 나는 하나님이 내게 맡기신 소명을 제대로 감당하지 못하고 살았다. 하나님께 충성하지*

*못했다. 기도의 자리로 나아가지 못했다. 두려워하고 걱정 근*
*심하며 살았다. 하나님이 나를 사랑하신다는 것에 대한 확신*
*이 없었다. 우울했다. 지치고 정체되어 삶이 전진하지 못했다.*
*하나님의 은혜가 삶 속에 회복되지 못했다. 앞길이 막혔다. 안*
*정을 찾지 못했다. 손해 보며 살았다. 나를 도울 자가 많지 않*
*았다. 믿음 위에 견고하게 서지 못했다. 하나님의 은혜 안에 거*
*하지 못했다. 꿈을 이루지 못했다.*

*자신감이 없었다. 혼란스러웠고, 막막했다. 하나님이 주신 은*
*사들을 발휘하지 못했다. 하나님의 영광을 드러내지 못했다.*
*영의 눈이 열리지 못했다. 하나님의 뜻을 깨닫지 못했다. 믿음*
*이 성장하지 못했다. 영 분별을 하지 못했다. 열매를 맺지 못했*
*다. 깊은 기도를 하지 못했다. 죄에서 벗어나지 못했다. 답답해*
*하고 한숨 쉬며 살았다. 영적 돌파가 일어나지 못했다. 무능하*
*게 살았다. 하나님을 멸시하고 무시했다.*

내가 내 삶의 주인행세를 하면서 하나님을 사랑하지 않았는데도,
나는 하나님을 사랑한다고 늘 말해왔다. 실제로는 하나님을 사랑하
지 않으면서도 하나님을 사랑한다고 착각하면서 살아온 나의 모습
에 경악을 금치 못했다. 나는 노란색 회개기도문에 나오는 다음 회
개기도가 100퍼센트 공감되었다.

*그동안 제 입술로는 "하나님을 사랑합니다. 신뢰합니다. 경외*
*합니다"라고 했지만, 제 삶 속의 행동은 하나님을 사랑하지 않*
*았고, 불신했으며, 멸시했습니다.*

## (3) 나는 탕자였다

철저한 회개를 하면서 나는 내가 바로 누가복음 15장의 탕자의 비유에 나오는 탕자라는 것을 알게 되었다. 회개하기 전에는 내가 탕자일 것이라고는 상상도 하지 못했다. 내가 탕자가 아니라고 안심하고 있었던 근거는 다음과 같다.

첫째, 나는 구원받은 성도이고 천국에 갈 것이기 때문에 천국시민과 탕자는 어울리지 않는다고 생각했다. 둘째, 모태신앙인으로서 하나님께 충성하면서 살아왔기 때문에 하나님과의 관계가 좋다고 늘 생각했다. 탕자의 비유가 나와 어떤 연관성이 있다면 그것은 '내가 아버지를 위해 열심히 충성하는 탕자의 형과 비슷할 수 있겠다'라는 정도라고 생각했다. 셋째, 좋은 집을 놔두고 떠나간 탕자의 모습이 너무 한심해 보여, 적어도 나는 이 정도로 한심한 사람은 아니라고 생각했다.

이전에는 자신을 탕자라고 부르며 자책하는 성도들을 보면서 이들에 대한 연민의 마음을 가졌고, 동시에 내가 탕자가 아니라는 사실에 하나님께 감사를 드리곤 했다. 그런데 회개하면서 나의 인생 데이터를 분석해 보니, 나 역시 하나님이 주신 재능, 물질, 시간을 다 탕진했다는 것이 확실했다. 이런 깨달음은 단번에 온 것이 아니었다. 회개를 계속하면서 서서히 깨닫게 되었다. 특히 하나님이 많은 은사를 주셨음에도 그것들을 땅속에 묻어두고 나에게는 은사가 별로 없다고 하나님께 불평하며 살았다.[114] 하나님이 주신 은사를 제

---

114) 우스꽝스럽게도 나는 하나님께 불평하지 않는다고 생각하고 살았다. 하나님께 감사하며 산다고 생각했다.

대로 활용하지 못했다. 달란트 비유에서 예수님이 책망하신 '악하고 게으른 종'이 바로 나였다. 내 삶을 중간결산해 보니 나는 하나님이 주신 소명을 제대로 이루지 못했다. 제대로 된 열매를 맺지 못했다. 하나님께 충성하지도 못했다.

탕자는 모든 것을 탕진하고 더는 남은 것이 없는 상황에 이르자 아버지께 돌아갈 생각을 했는데 내가 딱 그 꼴이었다. 50대 중반이 되어서야 정신이 번쩍 든 것이다. 너무 충격적이었다. 수십 년의 인생을 하나님께 제대로 충성하지도 못하고 열매도 없이 낭비해 버렸다고 생각하니 슬펐다. 그러나 완전히 절망하지는 않았다. 돌아온 탕자를 받아주는 아버지의 모습에서 위로를 받았다.

"이에 스스로 돌이켜 이르되 내 아버지에게는 양식이 풍족한 품꾼이 얼마나 많은가 나는 여기서 주려 죽는구나 내가 일어나 아버지께 가서 이르기를 아버지 내가 하늘과 아버지께 죄를 지었사오니 지금부터는 아버지의 아들이라 일컬음을 감당하지 못하겠나이다 나를 품꾼의 하나로 보소서 하리라 하고 이에 일어나서 아버지께로 돌아가니라 아직도 거리가 먼데 아버지가 그를 보고 측은히 여겨 달려가 목을 안고 입을 맞추니 아들이 이르되 아버지 내가 하늘과 아버지께 죄를 지었사오니 지금부터는 아버지의 아들이라 일컬음을 감당하지 못하겠나이다 하나 아버지는 종들에게 이르되 제일 좋은 옷을 내어다가 입히고 손에 가락지를 끼우고 발에 신을 신기라 그리고 살진 송아지를 끌어다가 잡으라 우리가 먹고 즐기자 이 내 아들은 죽었다가 다시 살아났으며 내가 잃었다가 다시 얻었노라 하니 그들이 즐거워하더라"(눅 15:17-24).

## (4) 나는 바리새인이었다

나는 평소에 바리새인들이 참 불쌍하다고 생각해 왔다. 이들이 예수님께 야단을 많이 맞았기 때문이다. 나는 바리새인처럼 되지 않기 위해 조심하고 또 조심했다. 율법을 지키되 율법주의에 빠지지 않으려고 노력했고, 하나님을 진정으로 사랑하기 위해 노력했다. 바리새인들은 예수님을 거부했지만, 나는 예수님을 구세주로 믿었다.

바리새인들은 나름대로 자기들이 하나님을 제일 사랑한다는 자부심을 가지고 있었던 것 같다. 그러나 예수님은 이들이 하나님을 사랑하지 않고 교만하다는 것을 아셨다.

> "독사의 자식들아 너희는 악하니 어떻게 선한 말을 할 수 있느냐
> 이는 마음에 가득한 것을 입으로 말함이라"(마 12:34).

회개하면서 나를 바라보니, 나는 바리새인과 별로 다르지 않았다. '나는 바리새인과는 다르다'라고 말하고 싶었지만, 예수님을 구세주로 영접했다는 점을 제외하고는 내가 바리새인과 다르다는 근거를 어디에서도 찾을 수 없었다. 바리새인들처럼 나도 하나님을 사랑하지 않고 교만하다는 것을 알았다. 바리새인들처럼 내 몸속에도 악한 영이 가득하다는 사실을 알았다.

내가 철저히 회개하면서 깨닫게 된 것은, 예수님은 바리새인들의 외적인 행동을 보고서 책망하신 것이 아니었다는 점이다. 그들의 내면, 즉 마음과 생각을 보시고, 그들의 죄와 그들 속에 악한 영이 가득한 것을 보시고 책망하신 것이었다. 나의 외적인 행동은 바리새인

과 어느 정도 달랐는지 몰라도, 나의 내면 즉 마음과 생각은 바리새인과 똑같았다.

예수님은 "너희 의가 서기관과 바리새인보다 더 낫지 못하면 결코 천국에 들어가지 못하리라"(마 5:20)라고 분명히 말씀하셨다. 예수님을 구세주로 영접했다는 점을 제외하고는 내가 바리새인과 별로 다를 바 없다는 것을 알게 되면서 나는 '과연 내가 천국에 들어갈 수 있을까'라는 부담을 느끼게 되었다.

### (5) 행복한 척했다

2018년 겨울 나는 부흥집회에 참석했다. 이 부흥집회의 강사였던 정필도 목사님[115]은 "행복한 성도"라는 제목으로 설교를 했는데, 설교 중 이런 이야기를 했다.[116] 어떤 목사가 너무 괴로워 기도하며 울고 있는데 갑자기 예수님이 오셨다. 그리고는 '너는 나 때문에 행복하니?'라고 물어보셨다. 너무 당황스러워 답을 못 하자 예수님이 '나는 네가 나를 위해 죽도록 충성하는 것보다 나 때문에 행복하기를 원한다'라고 말씀하셨다고 한다.

나는 이 이야기를 듣고 스스로에게 '나는 하나님 때문에 행복한가?'라는 질문을 해보았다. 그리고 이렇게 생각했다. '맞아, 나는 평생 하나님을 바라보고 살았어. 기적도 경험하고 은혜도 많이 받았

---

115) 정필도 목사님(1941~2022)은 부산 수영로교회를 설립하고 부산의 복음화를 위해 헌신하신 분이다. 저서로는 《교회는 무릎으로 세워진다》, 《교회는 목사만큼 행복하다》 등이 있다.

116) 정필도 목사님의 이날 설교 영상은 https://youtu.be/melvQtGvZQE에 있다.

지. 여전히 하나님께 더 충성하려고 애쓰면서 살고 있지. 삶에 고난이 있기는 하지만, 지금까지 지내온 것도 다 하나님 은혜야. 하나님을 생각할 때마다 늘 행복하고 감사해.' 나는 이날 내가 하나님 때문에 행복한 사람이라는 것을 확인하고 감격했다. 그때의 감격이 너무 커 오랫동안 이 감격과 감동이 지속되었다.

그런데 회개를 하면서 나의 인생 데이터를 분석해 보니 나는 엉터리였다. 나는 그다지 행복하지 않았다. 전혀 행복하지 않았다는 뜻이 아니다. 하나님 때문에 행복하기는 했지만, 그 레벨이 너무 낮아 행복하다는 고백이 거의 거짓에 가깝다는 것을 알게 되었다는 뜻이다. 악한 영이 나를 무차별적으로 공격하면서 앞길을 막았고, 하나님을 바라보지 못하게 만들었다. 삶의 문제로 인해 스트레스를 받고 걱정과 근심을 많이 하고 살아왔다. 삶이 고달팠다. 힘들어하며 버거운 삶을 살았다.

그리고 나는 하나님과 별로 친하지 않았다. 하나님과 동행하지도 못했다. 내 영혼은 곤고했다. 나는 망하는 길에 서 있었다. 이런 내가 행복했을 리가 없다. 힘들고 버거웠지만 내가 버틸 수 있었던 것은 하나님의 은혜였다. 하나님의 은혜로 간신히 버텨온 것뿐이지, 내게는 평안과 기쁨이 별로 없었다. 은혜로 간신히 버텨온 것에 불과함에도 나는 행복하다고 착각했고, 행복한 척했던 것이다. 지금 생각하면 부끄럽다.

# 7.
# 회개의 열매

**"회개 없이 죄 씻음은 불가능하고, 회개 없는 믿음은 종교적인 사기 행위다."** – 한양훈 목사

## (1) 회개하니 달라진 것이 있습니까?

내가 회개를 많이 하고 있다고 말하니 사람들이 이렇게 질문했다. "회개하니 달라진 것이 있습니까?" 이런 질문을 한 사람들은 내게서 뭔가 손에 잡히는 확실한 열매를 보고 싶어 했다. 나에게서 열매가 잘 맺히는 것이 확인되면 자기들도 회개에 뛰어들 마음의 준비가 된 듯했다. 여기서 말하는 '회개의 열매'란 죄를 벗어던지고 하나님과의 관계가 회복되는 것을 포함하여, 경제적으로도 회복되고, 사역과 사업도 회복되며, 건강도 회복되고, 사람과의 관계도 회복되는 등 삶의 모든 측면에서 일어나는 변화와 회복을 의미한다.

그래서 회개한 사람이 평강과 기쁨을 누리고, 지켜보는 사람들도 하나님께 영광을 돌리게 되는, 그런 형태의 열매를 의미한다. 회개의 열매가 없다면 회개한다는 것은 어리석은 짓이라고 할 수 있다. 회개를 통해 하나님과 친해지면 당연히 열매가 나타나게 될 것이다. 만약 회개했는데도 열매가 없다면, 그것은 제대로 된 회개가 아닐 수 있다.

나는 내게 회개의 열매가 구체적으로 어떻게 맺힐지 궁금했다. 나보다 먼저 회개를 시작한 사람들의 모습에서 회개를 통한 회복이라는 희망을 보고 싶었다. 나는 회개하는 사람들을 만날 때마다 그들에게 어떤 열매가 있는지 꾸준히 질문했다. 그리고 그들에게 회개의 열매가 어떻게 생기는지를 관심을 갖고 관찰했다.

결론부터 말하자면, 회개하는 사람들에게 열매가 많이 생기는 것을 확인할 수 있었다. 정도의 차이는 있었지만, 건강이 회복되고, 관계가 회복되며, 사업이나 사역이 회복되고, 어려웠던 삶의 문제가 해결되며, 경제적인 어려움에서 벗어났다. 그보다 더 중요한 것은, 회개하기 이전과 비교해 훨씬 더 하나님과 가까워지고 더 많은 기쁨과 평강을 누린다는 사실이었다. 만약 이들에게 회개의 열매가 없었다면 이들이 3년씩, 5년씩, 10년씩 지속적으로 회개하지 않았을 것이다.[117]

또 내가 지켜보니, 즉각적으로 열매가 맺히기도 하지만, 회개의 열매가 손에 잡힐 만큼 뚜렷하게 드러나는 데는 대체로 몇 년이 필요

---

117) 앞에서도 말했지만, 흥미로운 부분은 특별히 자녀들에게 먼저 형통이 임한다는 것이 비교적 뚜렷했다는 점이다. 내가 관찰한 바에 의하면, 이들의 자녀들이 영안이 활짝 열려 하나님과 친밀한 교제를 나누고, 건강이 회복되며, 학업과 취업의 길이 신기할 정도로 순탄하게 열렸다.

했다.[118] 왜 그럴까? 나의 견해는 이렇다. 철저한 회개를 하기 전의 성도는 대체로 하나님이 이끄시는 길에서 많이 벗어났고, 악한 영이 이끄는 길로 가고 있었다. 이 길은 하나님이 이끄시는 길에서 멀리 떨어져 있는 길이다. 악한 영이 이끄는 길에 있다가 한순간에 하나님이 이끄시는 길로 돌아가는 것은 쉬운 일이 아니다.

앞길이 막혀 목회가 제대로 되지 않는 목회자를 생각해 보자. 회개를 열심히 해도 교회가 갑자기 부흥하는 일은 잘 생기지 않는다. 너무 먼 길을 왔기 때문이다. 그러나 회개를 통해 많은 영이 서서히 떠나가면서 영의 방해가 줄어든다. 악한 영의 방해가 줄어들면서 이 목회자는 서서히 하나님이 이끄시는 길로 나아가게 된다. 이런 과정에서 이 목회자는 점진적으로 하나님의 뜻을 더 잘 알게 되고 하나님께 더 순종하게 되면서 목회가 회복되고, 마음에 기쁨과 평강도 생기기 시작한다.

한편 회개의 열매가 맺히는 기간이 사람마다 편차가 심했다. 어떤 사람은 열매가 비교적 빨리 맺히는 반면, 어떤 사람은 열매가 너무 느리게 맺히는 것 같았다. 인생은 복잡계이기 때문에 완전히 이해하기는 어렵지만, 나는 이런 차이가 사람마다 회개의 양과 질 등이 다르기 때문이라고 본다.

---

118) 회개의 열매가 생기는 데 시간이 걸린다고 말하면, 지금 당장 고난에서 탈출해야만 하는 성도는 회개가 자기에게는 적절한 해법이 아니라고 생각한다. 예를 들어 사업이 부도나기 일보 직전이라면, 1년이나 3년, 5년을 목표로 느긋하게 회개할 수 있는 정신적인 여유가 없다. 이런 성도라면 부도 상황이 해소된 후에 회개를 시작하겠다고 생각할 수 있다. 그러나 그렇지 않다. 기대하는 회개의 열매가 맺히는 데 시간이 걸린다고 해도, 회개를 일단 시작하면 하나님께서는 상황을 헤쳐나가는 데 필요한 은혜를 주시고, 크고 작은 열매를 맺게 해주신다. 회개를 계속해 나갈 수 있는 힘도 주신다. 그리고 마침내 하나님의 때가 되면 기대하고 있던 회개의 열매를 맺게 된다. 한편 즉각적인 열매도 많다. 어떤 성도는 수십 년간 편두통에 시달렸는데, 회개를 시작한 지 얼마 되지 않아 편두통이 사라진 것을 경험하기도 했다.

첫째, 회개의 양의 차이가 있다. 하루에 10시간씩 회개하는 사람도 있고, 2시간씩 하는 사람도 있다. 회개의 양이 다르기 때문에 열매의 양도 다를 수 있다. 하루 10시간씩 회개한 사람이 열매가 더 많을 것이라고 상상해 볼 수 있다.

둘째, 회개의 질의 차이가 있다. 같은 시간을 회개해도 마음을 실어 눈물로 회개하는 사람도 있고, 잡생각을 하면서 회개하는 사람도 있다. 이런 경우 회개의 열매가 다를 것이라고 상상할 수 있다.

셋째, 영적 상태의 차이가 있다. 죄가 덜 쌓여 영적 상태가 양호한 사람이 있고, 죄가 많이 쌓여 영적 상태가 안 좋은 사람이 있다. 영적 상태가 양호한 사람은 회개를 조금만 해도 빠르게 열매가 생길 수 있다. 그러나 영적 상태가 좋지 않은 사람은 악한 영의 공격과 방해가 심하기 때문에 열매가 맺히는 데 시간이 걸린다.[119]

넷째, 회개 방법의 차이가 있다. 어떤 사람은 효과적인 방법을 활용해 회개함으로 열매를 빨리 맺고, 어떤 사람은 열심히 회개하더라도 악한 영의 공격을 효과적으로 방어하지 못해 회개의 열매가 느리게 맺힌다.

다섯째, 그릇의 차이가 있다. 어떤 성도는 조금만 회개해도 빨리 열매가 생기는데, 그것은 그 성도의 그릇이 크지 않기 때문에 그 정

---

119) 특히 우상숭배가 심한 집안에서 태어난 사람 중에 처음으로 하나님을 믿은 경우, 악한 영의 공격을 강하게 받기 때문에 무수한 고난과 풍파를 겪을 수 있다. 이런 상황에서는 '하나님을 믿는데 왜 이렇게 많은 고난을 겪어야 하나?'라는 의문과 원망이 생기기 쉽다. 믿음을 유지하는 것도 쉽지 않을 뿐 아니라, 회개를 해도 바로 열매가 나타나지 않을 수 있다. 하지만 철저한 회개와 악한 영들과의 싸움을 통해 결국은 열매를 맺게 되며, 이런 믿음의 유산을 물려받는 후손은 더 많은 열매를 맺게 된다.

도만 회개해도 하나님께서 기뻐하시며 은혜를 주신 것일 수 있다. 그러나 만약 어떤 성도가 하나님이 크게 쓰시는 그릇이라면, 악한 영이 더 강력하게 공격할 수 있다. 하나님은 하나님의 계획 아래에서 이런 공격을 허락하시고 그 성도가 하나님을 바라보며 더 깊은 회개로 나아오길 기대하실 수 있다. 이런 성도는 다른 사람보다 열매가 더 늦게 맺힐 수 있지만, 그 열매는 더 크고 귀할 것이다.

## (2) 나의 회개 열매

회개를 4년 정도 하면서 나에게 여러 변화가 있었다. 영들이 떠나면서 먼저 내면에 변화가 생겼고, 환경에도 변화가 서서히 생기기 시작했다.

### ① 하나님과의 친밀한 관계가 회복되기 시작했다

하나님과 가까워지는 것은 모든 성도의 열망이다. 나 역시 평생 이것을 가장 중요하게 생각하고 추구해 왔다. 그러나 아쉽게도 평생 신앙생활을 하면서 아무리 노력해도 하나님과 가까워지지 않았다. 그런데 회개를 하면서 비로소 나와 하나님과의 관계는 새로운 단계로 들어가게 되었다. 이전보다 훨씬 더 하나님과 가까워지게 되었다. 이전보다 훨씬 더 하나님을 생각하면서 살게 되었다. 하나님과 친해지니 이전보다 걱정과 근심을 덜 하고, 하나님이 나의 기도를 들으신다는 확신도 이전보다 더 강해졌다.[120] 이전보다 더 구체적으로 하나

---

120) 성도들은 기도를 하면서도 하나님이 그것을 들으신다는 확신이 별로 없다. 김 목

님의 뜻을 알 수 있게 되었다. 이전보다 하나님의 뜻에 더 민감해졌다. 이전보다 더 많이 감사하게 되었고, 십자가의 은혜가 귀하다는 것을 이전보다 훨씬 더 많이 느끼게 되었다. 그렇다고 해서 내가 100퍼센트 순종하는 삶을 산다거나, 100퍼센트 기쁨과 평강을 누리면서 산다는 뜻은 아니다. 몇 년 회개했다고 그동안 살아온 삶의 방향이 곧바로 바뀔 수는 없다. 그러나 회개를 통해 하나님과 더 가까워졌다는 것이 너무나 확실했기 때문에, 앞으로 계속 회개해 영들을 내 몸과 환경에서 내보내면 하나님과 더욱더 가까워질 것이라고 합리적으로 기대할 수 있게 되었다.

② 영적 전투가 일상이 되었다

회개하기 전에 나에게 영적 전투는 일 년에 한두 차례 생각해 보는 추상적이고 막연한 개념에 불과했다. 영적 전투에 대한 신앙서적을 읽거나 설교를 들으면서 '영적 전투를 제대로 해야 하는데…'라고 생각하는 정도가 나의 최선이었다. 그러나 회개를 하고부터는 매일 영적 전투를 하고 있다. 내가 스스로 '영적 전투를 해야지'라고 생각하지 않는다. 그런 생각을 할 필요가 없다. 회개 자체가 영적 전투이

---

사님도 그랬다. 회개하기 전에는 기도를 하더라도 하나님이 응답하실 것이라는 확신이 크지 않았다. 그런데 김 목사님이 회개를 3년 정도 했을 때 하나님이 기도에 응답하실 것이라는 확신이 강해진 것을 확연히 느끼게 되었다. 실제로 김 목사님은 현실적으로 불가능해 보이는 일들에 대해서도 기도할 담력이 생겼는데, 그 결과 불가능해 보이던 일들이 가능케 되는 것을 여러 차례 경험하게 되었다. 이런 경험을 하면서 하나님에 대한 확신은 더욱더 강화되었다. 김 목사님은 하나님에 대한 확신이 생긴 것이 자기에게 나타난 회개의 중요한 열매라고 고백했다.

기 때문이다. 죄에 대해 점점 더 민감해지게 되었고, 악한 영의 공격에 대해서도 더 민감해지게 되었다. 또 나의 영적 상태를 진단하고 어떻게 하면 악한 영들을 잘 내보낼 수 있을지를 탐구하게 되었다. 이제 나에게 영적 전투는 이론이 아니다. 삶의 일부분이다.

③ 성경을 더 잘 이해하게 되었다

회개하면서 성경을 보니 성경 곳곳에서 죄의 문제를 이야기하고 있고, 회개하라는 메시지가 선포되고 있음을 알게 되었다. 하나님께서 죄 문제를 얼마나 중요하게 다루고 계신지 깨닫게 되었다. 하나님이 이스라엘 백성을 책망하시면서 지적한 죄 대부분을 지금 내가 저지르고 있다는 것을 알고 참담한 마음도 갖게 되었다. 예수님이 십자가를 지신 것이 죄를 해결하기 위한 것이고, 아직까지 죄 속에 살고 있는 나에게는 십자가 사건이 현재에도 유효한 것이라는 사실을 더 선명하게 알게 되었다.

요한계시록에서 예수님께서 교회들에게 하신 말씀 중 핵심이 회개인 것을 보면서, 회개가 구원받은 성도들에게도 얼마나 중요한 것인지 깨닫게 되었다. 욥기를 묵상하면서도 욥의 회개가 회복의 계기가 되었다는 것을 알게 되었다. 왜 하나님께서 성도들에게 거룩하라고 하시고, 완전하라고 하시는지에 대해 더 잘 이해하게 되었다.

④ 영안이 열렸다

2020년 6월 사역자 훈련을 시작하면서 한양훈 목사님으로부터 영안이 열리도록 하는 안수기도를 받았다. 한 목사님의 설명에 의하면, 회개가 어느 정도 되어 깨끗해진 사람에게 안수기도를 함으로 영적 은사를 활성화시킬 수 있도록 돕는 것이라고 했다. 이때 나의 영안이 열렸고, 나는 사람들의 영적 상태와 앞으로 될 일 등에 대한 영적 정보를 환상으로 보기 시작했다. 처음에는 희미했는데, 혼자서 훈련을 계속하니 환상이 조금씩 뚜렷해졌다.

이것은 나의 영적 상상력이 확장된다는 의미가 있었다. 나는 환상을 통해 내게 주어진 정보가 전체 그림이 아니라 조각에 불과하다는 것을 잘 알고 있었고, 이런 조각을 전체 그림이라고 오해하는 실수를 범하지 않도록 조심했다. 나는 영안이 열린 것이 하나님과 좀더 가까워진 증거라고 이해했고, 하나님께 감사했다.

김·장법률사무소에 근무하는 김 변호사님은 내가 회개하고 있다는 것을 알고 있었고, 내게 회개의 열매가 있으면 자신도 회개의 바다에 뛰어들 마음의 준비를 늘 하고 있었다. 내가 영안이 열렸다는 것을 알게 되자 김 변호사님은 나의 환상이 하나님에게서 온 것인지, 현실에 도움이 되는 것인지, 신앙 성장에 유익한 것인지 등을 확인하고 싶어 했다.

김 변호사님은 6개월 이상을 거의 매일 맷돌로 콩을 갈듯 철저하게 나를 테스트했다. 테스트 결과 김 변호사님은 내가 본 환상들이 하나님이 주신 것이고, 현실에 도움이 되며, 신앙 성장에 유익이 있다는 것을 인정했다. 김 변호사님은 자기와 비슷한 길을 걷고 있는 내가 하나님께 영적 정보를 받는다는 것에 놀랐고, 이를 계기로 회개를 시작했다.

# 8.
# 철저한 회개에 대한 질문들

**"말로만 회개하지 말고, 죄 사함을 받았다는 분명한 믿음이 생길 때까지 죄를 찾아내 철저히 회개해야 한다. 신자의 일생은 회개의 연속이어야 한다."** – 엄두섭 목사

내가 철저한 회개를 해야 한다고 하니 여러 성도가 회개에 대하여 질문했다. 여러 질문 중 몇 가지 이야기하고자 한다.

### (1) 회개에 많은 시간을 투자하는 것은 인생 낭비 아닌가?

내가 회개를 권하면 꽤 많은 성도가 다음과 같이 질문했다.

*기도하고, 성경 읽고, 봉사하고, 일하는 등 늘 바쁘고 힘든데, 여기에 하루에 몇 시간씩 몇 년을 회개에 쏟아붓는다는 것은*

*인생 낭비 아닐까요? 회개가 중요하다는 것은 인정하지만 굳*
*이 이렇게까지 많은 시간을 투자해서 회개할 필요가 있을까*
*요? '회개'라는 미명 아래 성도들이 자유롭게 살지 못하게 만*
*들고, 죄책감을 심어줌으로써 성도들에게 더 큰 멍에를 지우*
*는 것은 아닐까요?*

겉으로 표현하지 않아도 속으로는 이렇게 생각했을지도 모른다. '이 바보야! 예수님이 우리의 죄를 다 용서해 주셨어! 죄 용서를 받겠다며 회개하고 앉아 있는 것은 무식하고 어리석은 사람들이나 하는 시간 낭비야! 당신처럼 유별나게 회개하지 않아도 잘 사는 성도들도 많아!'

우선 나는 이렇게 반문한다. '지금 하나님과 친밀한 관계에 있고 평안을 누리며 살고 있는가?' 성도들이 하나님과 친밀한 관계 속에서 평안을 누리고 살고 있다면 굳이 회개에 집중할 필요가 없다. 중요한 것은 대부분의 성도가 하나님과 친밀한 관계에 있지 않고, 평안을 누리지도 못한다는 사실이다. 평생 신앙생활을 했지만 이런 상태에서 벗어나지 못하고 있다면, 죄를 처리하기 위해 시간을 투자해 철저히 회개하는 것이 옳다.

예수님은 죄와 싸우기 위해 필요하다면 손과 발을 잘라버리라고 무시무시한 말씀을 하셨다. 이 말씀은 손과 발을 잘라내야 할 만큼 죄가 심각하니 철저한 회개를 하라는 뜻일 것이다.

"만일 네 손이 너를 범죄하게 하거든 찍어버리라 장애인으로 영생에 들어가는 것이 두 손을 가지고 지옥 곧 꺼지지 않는 불에 들어

가는 것보다 나으니라 만일 네 발이 너를 범죄하게 하거든 찍어버
리라 다리 저는 자로 영생에 들어가는 것이 두 발을 가지고 지옥에
던져지는 것보다 나으니라 만일 네 눈이 너를 범죄하게 하거든 빼
버리라 한 눈으로 하나님의 나라에 들어가는 것이 두 눈을 가지
고 지옥에 던져지는 것보다 나으니라"(막 9:43-47).

또한 예수님은 회개하지 않으면 망한다고 강조하셨다. 망하지 않
으려면 철저히 회개하는 것이 옳다.

"…너희도 만일 회개하지 아니하면 다 이와 같이 망하리라"(눅 13:5).

이런 예수님의 가르침을 잘 알고 있었던 마틴 루터는 비텐베르크
교회 정문에 붙인 95개 조 반박문에서 성도는 천국에 들어갈 때까
지 회개를 지속해야 한다고 했다. 존 칼빈도 《기독교강요》에서 성도
는 일평생 회개를 계속해야 한다고 말했다. 사랑의교회 옥한흠 목사
님도 회개만이 살길이라고 했다.

다른 관점에서 보면 이 질문에 대한 답은, 성도들이 영적 세계에
서 악한 영들의 실체와 이들의 활동에 대한 분별력이 있는지와 연
관되어 있다. 만약 나의 몸과 환경 속에서 악한 영이 공격하지 않는
다고 생각한다면 굳이 회개에 시간과 에너지를 쏟아부을 필요를 못
느낄 것이다. 반면 나의 몸과 환경 속에서 악한 영이 공격하고 있다
고 생각한다면 이 영을 다 내보낼 때까지 열심히 회개하는 것이 옳
고 매우 자연스러울 것이다. 이 책에서 계속 설명하듯이 성도들의
몸과 환경에는 무수한 영이 들어와 있다. 이것을 타당한 개념으로

받아들인다면, 악한 영을 다 내보낼 때까지 회개에 많은 시간을 투자하는 것이 당연하다.

또 다른 관점에서 살펴보자. 성도들에게는 처리하지 못한 죄가 산더미처럼 쌓여 있다. 이것이 사실이라면 이 죄들을 회개로 처리해야만 한다. 성경은 '너희가 죄와 싸우되 아직 피 흘리기까지 대항하지는 않았다'고 지적하고 있다(히 12:4). 이 말은 검투사들의 싸움을 연상시킨다. 검투사들은 죽을 때까지 싸운다. 상대방을 죽이든, 자기가 죽든 둘 중 하나다. 이 말씀은 우리가 죄와 싸우는 것이 검투사들의 싸움처럼 목숨을 걸어야 할 것임을 알려주는 것이라고 나는 생각한다.

죄와 싸우는 방법은 회개다. 결국 이 말은 목숨 걸고 회개하라는 뜻이라고 할 수 있다. 목숨 걸고 회개한다는 것은 시간과 에너지를 회개에 엄청나게 투자해야 한다는 것을 의미한다. 이런 점에서 철저한 회개는 모든 성도가 감당해 내야 하는 기초 중의 기초라는 것을 알 수 있다. 회개에 투자하는 시간보다 귀하게 사용되는 시간은 없다.

처음에 회개를 시작하려면 시간 낭비 같고 마음에 부담이 될 수 있지만, 일단 시작하면 그다음부터는 자연스럽게 계속할 수 있는 힘이 생긴다. 그 근거는 다음과 같다. 첫째, 회개를 하면 할수록 죄가 더 느껴지고, 악한 영의 지배 속에서 살아가고 있다는 것이 실감 나게 되므로 회개에 자연스럽게 집중하게 된다. 내 몸과 환경 속에 악한 영이 득실득실하다는 것이 실감 나는데 어떻게 회개를 철저하게 하지 않을 수 있는가![121] 회개하지 않으면 악한 영의 지배 속에서 계

---

121) 악한 영이 득실득실하다는 말을 고상하게 표현하자면, 사탄이 성도에게 지분권을 행사한다는 말로 바꿀 수 있을 것 같다.

속 살게 될 것이다. 이것이야말로 영적 전투라고 할 수 있다. 이전에는 몰라서 당했더라도, 이제는 알고 있으니 영적 전투력을 향상시키고 열심히 회개하게 한다. 철저한 회개는 누가 시켜서 억지로 할 수 있는 것이 아니다. 영적 현실을 알게 되면 누가 시키지 않아도 저절로 회개하게 된다. 그리고 저절로 신앙생활에서 회개의 비중이 커진다. 이런 과정에 죄책감이 끼어들 틈은 없다. 만약 회개하면서 죄책감을 느낀다면 제대로 회개하는 것이 아니다. 죄책감은 악한 영의 공격이지, 하나님에게서 오는 것이 아니다.

둘째, 회개의 열매가 생기기 때문에 회개가 즐거워진다. 회개를 통해 악한 영이 떠나가기 시작하면 악한 영의 방해가 줄어들면서 열매가 서서히 맺힌다. 그동안 아무리 신앙생활해도 열매가 잘 맺히지 않아 좌절하고 있었는데, 회개를 통해 열매가 맺히는 것을 경험하면 우선 신기하다고 생각하게 된다. 감격과 감사가 생긴다. 회개를 하면 할수록 하나님과 가까워진다. 회개를 하면 할수록 신이 난다. 회개가 전혀 짐이 아니라는 것을 스스로 알게 된다.[122]

셋째, 회개하면 하나님과 친밀해진다. 죄로 더러워진 상태에서는 하나님과 친밀해질 수 없다. 죄에서 깨끗해지는 것은 회개를 통해 가능하다. 회개해서 하나님과 친해지면 영적 통로가 열리고 영안도 열린다. 그래서 성경은 우리에게 회개하라고 한다. 거룩하라고 한다. 회개는 성도에게 기본 중 기본이다. 그러므로 회개하라는 것은 결코 새로운 짐을 성도에게 지우는 것이 될 수 없다. 당연히 회개

---

122) 만약 누군가 회개를 한다고 하는데 여전히 우울하고 죄책감에 사로잡혀 있다면 그 사람은 제대로 회개하는 것이 아니다.

해야 하는데 현재 성도들이 회개를 잊고 사는 것일 뿐이다. 실제로 회개를 해보면 회개보다 더 하나님과 친해지는 방법을 찾기 어렵다는 것을 알게 된다. 바실레아 슐링크(Basilea Schlink)[123]는 '회개는 거룩한 하나님께 나아가기 위한 유일한 방법'이라고 말했다.[124] 인권 운동가로 유명한 존 퍼킨스(John M. Perkins) 목사도 91세에 "회개만이 하나님께로 돌아가는 유일한 길입니다. 회개하지 않으면 우리는 모두 망합니다"[125]라고 말했다.

하나님과 친밀해지는 것이 우리의 목표라면 누가 시키지 않아도 회개에 열심을 내게 되어 있다. 어떤 면에서는 회개하고 있는 순간이 바로 하나님을 대면하고 만나는 순간이기도 하다.

내가 선배인 김 변호사님에게 회개를 권했을 때 그분은 선뜻 회개를 시작하지 못하고 오랫동안 유보적인 입장을 취했다. 그러다 세월이 얼마간 흐른 후 회개를 시작했다. 어느 날 김 변호사님은 회개가 하나님과 친밀한 관계를 맺는 데 핵심이라는 것을 알게 되었다며 다음과 같은 글을 보내왔다.

---

123) 독일 루터교의 배경을 가진 바실레아 슐링크는 기독교 영성가로 알려져 있으며, 1947년 독일에서 개신교 회개공동체인 '기독교마리아자매회'(The Evangelical Sisterhood of Mary)를 창설했다. 그가 저술한 100여 권의 책은 현재 약 60개국 언어로 번역되었다.

124) Basilea Schlink, Repentance, *The Joy-Filled Life*(Darmstadt: The Evangelical Sisterhood of Mary, 2016), p. 21.

125) https://www.christianpost.com/books/john-perkins-final-message-to-america-is-repent.html.

회개란 무엇인가?

내게 배달된 새로운 상상력

2023. 05. 18. 목요일

언젠가부터 후배 김재헌 변호사가 내게 말했다. 회개기도를 하라고. 당시 내 의식세계를 차지하고 있던 소프트웨어 알고리즘과 데이터는 그 권고를 소화해 내지 못했다. '조상의 우상숭배를 회개하는 기도문을 읽으라고? 일상생활에서 일어나는 수십 가지 유형의 오류를 회개하라고? 수년간의 회개기도가 우리를 하나님과의 친밀한 관계로 이끌어 준다고? 그게 말이 돼?' 이런 생각이었다.

어제 저녁부터 오늘 아침까지 존 칼빈의 《기독교강요》를 읽고 있었다. 칼빈의 이런저런 고민을 살펴보고 있었다. 그러던 중 문득 내게 이런 두 가지 상상력 내지 깨달음이 배달되었다.

1. 이 나라 이 땅의 조상이 수천 년간 이어온 우상숭배를 회개하라는 것은 주님이 말씀하신 근원적인 영적 진리에 깊이 공감하라는 뜻이구나! 우상숭배회개문을 자꾸 읽다 보니 어느새 나도 모르게 주님의 근원적인 영적 진리에 깊이 공감하는 마음이 생겨버렸다. 아! 이래서 회개기도문을 읽으라고 하는 것이구나!

2. 생활회개기도문을 자꾸 읽다 보니 이것들이 내게 주는 메시지가 무엇인지 서서히 깨달아졌다. 내 짐을 주님께 맡기는 법을 일상생활의 모든 면에서 터득하라는 뜻이구나!

목사님들이 주님께 짐을 맡기라고 말하면 '도대체 어떻게 맡기란 말인가?' 하며 반발심이 생기곤 했는데, 회개기도문을 자꾸 읽다 보니 어렴풋이 깨달아진다. 회개기도문을 자꾸 읽고 실천하다 보면 내 짐을 주님께 맡기는 능력이 생기는 거구나!

*아! 회개하라는 게 단순히 "모일(某日) 모시(某時)에 무슨 잘못*
*을 했습니다" 같은 고해성사 식의 회개를 하라는 좁은 뜻이 아*
*니구나! 고해성사는 오히려 부수적으로 따라오는 현상에 불과*
*하구나! 더 넓은 범위에서 주님의 위치에 가까이 다가가기 위*
*해 회개기도를 하는 것이구나!*

## (2) 왜 하나님께서 철저한 회개를 하라고 친절하게 알려주시지 않을까?

여러 성도가 이런 질문도 했다. "회개가 그렇게 중요한 것이라면 왜 하나님께서 친절하게 알려주시지 않는 것인가요?" 실제로 우리가 성경을 읽어도 성경이 우리가 회개를 쉽게 이해할 수 있도록 알려주지 않는 것처럼 보이는 것은 사실인 듯하다. 이런 질문을 하는 사람의 마음에는 지금 하듯이 가끔 회개하면 족하다는 생각이 있을 것이고, 새삼스럽게 온갖 죄를 억지로 떠올려 회개하는 우스꽝스러운 수고를 하지 않을 수 있다면 좋겠다는 바람도 가지고 있을 것이다. 또한 하나님이 성경을 통해 우리에게 알려주지 않는 것을 하려고 시도하는 것은 위험하거나 이단처럼 될 수 있다고 생각할 수 있다.

나는 50대 중반이 넘어서야 철저하게 회개해야 한다는 것을 알게 되었다. 나 역시 회개를 시작하면서 이런 질문을 수없이 했다. 나의 경우 30년 넘게 회개의 의미를 찾기 위해 노력했는데도 하나님은 나에게 회개의 길을 보여주시지 않았다. 왜 하나님은 내게 회개하라고 친절하게 가르쳐주시지 않고, 인생의 황금기를 모두 낭비하고 마귀의 밥이 되어 살도록 방치하셨을까?

내가 깨달은 것은 이렇다. 첫째, 하나님은 이미 성경을 통해 차고 넘치도록 회개에 대해 알려주고 계신다. 성경을 보면 죄, 특히 우상숭배의 죄에 대해 무수하게 경고하고 있고, 죄의 결과에 대해서도 수없이 알려주고 있다. 우리는 성경을 통해 하나님의 백성인 이스라엘 민족이 우상숭배하다가 망하게 되었다는 것을 너무나 잘 알고 있다.

성경을 보면 죄의 삯은 사망이라고 경고하고 있으며, 회개하라고 촉구하고 있다. 심지어 마지막 성경인 요한계시록에서도 회개하라고 말하고 있다. 성경은 거룩할 것과 성결할 것을 수없이 말하고 있다. 그리고 마귀를 대적하라고 경고한다. 또 피 흘리기까지 철저하게 죄와 싸울 것을 권고한다.

어떻게 이보다 더 친절하고 자세하게 회개를 가르쳐줄 수 있단 말인가! 우리가 하나님을 진심으로 사랑한다면 이런 경고를 놓치지 않았을 것이다. 우리가 영적으로 깨어 있었다면 하나님이 주시는 경고를 남의 집 불 구경하듯 하지 않았을 것이다. 만약 우리가 영적으로 깨어 있다면 대충 하는 회개가 아니라 혼신의 힘을 다해 회개하면서 거룩하기 위해 노력했을 것이다.

실제로 주변을 살펴보면, 하나님을 진심으로 사랑하는 사람들은 비록 회개를 잘 알지 못해도 하나님 말씀대로 살지 못한 것에 대해 슬퍼하며 항상 회개한다. 하나님을 사랑하는 사람은 누가 시키지 않아도 철저히 회개하게 되어 있다. 다른 말로 하면, 회개를 철저하게 하지 않는다면, 그것은 그 성도가 하나님을 진짜로 사랑하는 것은 아니라는 분명한 증거라고 보면 된다.

하나님은 회개에 대해 이미 성경을 통해 충분히 알려주고 계신다. 이것을 어떻게 받아들이는지가 성도들마다 다를 뿐이다. 하나님을 진정으로 사랑한다면, 하나님이 죄를 얼마나 미워하시는지를 잘 알 것이고, 이것을 알면 회개하라는 하나님의 말씀을 소중하게 여기고 저절로 회개하게 되어 있다. 반면 하나님을 사랑하지 않고 교만이 가득하고 하나님을 무시하며 살아가는 성도들은 회개의 준엄한 경고를 무시하기 때문에 회개를 소홀히 취급하게 되어 있다. 그러므로 하나님께서 회개에 대해 친절하게 알려주지 않았다고 말하는 것은, 자신이 교만하고 무지하며 하나님을 사랑하지 않음을 스스로 인정하는 것이다.

둘째, 하나님의 성품에 대해 크게 오해하고 있기 때문에 이런 질문을 한다고 생각한다. 우리가 평소에 생각하는 하나님의 모습은 대체로 '사랑'이다 보니, 하나님이 고난 속에 있는 성도를 방치한다는 것을 받아들이지 못한다. 만약 회개가 그토록 중요하다면 사랑의 하나님이 이런 중요한 회개를 더 친절하게 알려주어 성도들이 고난에서 탈출하게 도와주실 의무가 있다고 생각하는 것이다. 다른 말로 하면, 회개가 중요하지 않으니 하나님이 회개를 친절하게 알려주시지 않는 것이라고 생각하는 것이다.

많은 성도가 하나님의 사랑이나 은혜만 생각하지, 하나님의 공의를 진지하게 생각하지 않는다. 이것은 매우 큰 문제다.[126] 하나님의 공의를 생각해 보면 하나님은 성도들을 사랑으로만 대하시지 않는

---

126) 내가 보기에 초보적인 신앙을 가진 성도는 하나님의 사랑을 더 많이 생각하고, 성숙한 성도들은 하나님의 공의를 더 많이 생각하며 하나님 앞에 두려워 떠는 것 같다. 성경에 '하나님을 경외하라'는 말이 많이 나오는데, 이 말은 하나님을 두려워하라는 뜻이다.

다는 것을 알게 된다. 아빠가 아기를 안고 기뻐하는 모습을 떠올리면서 이것이 하나님의 모습의 전부라고 생각해서는 안 된다. 하나님께서 모세를 죽이려고 하신 이야기에서 하나님의 공의에 대한 약간의 단서를 얻어 보고자 한다.

하나님께서는 모세를 사명자로 부르셨음에도 그를 죽이려고 하셨다. 이해하기 어려운 장면이다.

> "모세가 길을 가다가 숙소에 있을 때에 여호와께서 그를 만나사 그를 죽이려 하신지라 십보라가 돌칼을 가져다가 그의 아들의 포피를 베어 그의 발에 갖다 대며 이르되 당신은 참으로 내게 피 남편이로다 하니 여호와께서 그를 놓아주시니라 그때에 십보라가 피 남편이라 함은 할례 때문이었더라"(출 4:24-26).

하나님께서 실제로 모세를 죽일 의도는 없으시면서 그냥 모세에게 위협을 가하신 것은 아니었을 것이다. 하나님에게는 실제로 모세를 죽이실 뜻이 있었다고 나는 생각한다. 그런데도 모세는 하나님의 의도를 몰랐다. 하나님도 미리 친절하게 모세에게 알려주고 이에 대비하게 하신 것 같지 않다. 우리 하나님은 두려운 분이시다. 이런 장면에서 우리가 하나님에 대해 너무 불친절하다거나 잔인하다고 말해서는 안 된다.

또한 우리는 치유사역자들이 단명하는 경우가 많다는 것도 알고 있다. 하나님은 이들이 사명을 다 감당할 수 있도록 친절하게 건강 관리 하는 법을 알려주시지 않았고, 이들의 건강을 지켜주시지도 않았다. 이스라엘 백성은 가나안으로 간다는 벅찬 희망을 안고 이

집트에서 나왔지만 대부분 광야에서 죽었다. 이것을 허용하시는 분이 우리 하나님이시다. 우리가 생각하는 하나님의 모습과는 거리가 멀다. 하나님의 사랑은 공의와 함께 간다. 이것이 진짜 하나님의 모습이다.

하나님께는 하나님의 법이 있다. 하나님은 그 법대로 하신다. 이것이 하나님의 공의이다. 우리가 죄 속에서 계속 살면서 악한 영의 지배를 받고 하나님이 주신 사명도 이루지 못하고 죽어서 하나님 앞에 섰을 때, 하나님께 왜 회개를 알려주지 않으셨느냐고 항의할 권리가 우리에게는 없다. 하나님은 이미 충분히 회개할 것을 경고하셨다. 우리가 회개하지 않고 죄 속에서 계속 살면 우리의 사명은 이루어지지 않을 것이고, 우리는 망하게 될 것이다.

## (3) 한 번 회개한 죄는 다 용서받는 것 아닌가?

철저한 회개는 악한 영이 떠나갈 때까지 그 영을 불러들인 죄를 계속해서 반복적으로 회개하는 것을 포함한다. 핵심은 악한 영이 떠나갈 때까지 회개를 계속 반복해야 한다는 것이다.

예를 들어 교만의 죄를 회개한다고 했을 때, 교만의 구체적인 모습을 떠올리면서 "하나님, 교만의 죄를 회개합니다"라는 고백을 100번, 1,000번이라도 반복해야 한다. 그런데 예수님이 기도할 때 중언부언하지 말라고 했다는 것을 생각해 보면 이런 반복이 '중언부언'에 해당하는 것은 아닐까라는 의문이 생길 수 있다. 회개하면 용서받는데 같은 죄를 계속 반복해서 회개하는 것은 죄 용서에 대한 확신이 없는 것 아니냐는 의문을 가질 수도 있다. 같은 회개를 계속 반복하면서 1년,

2년, 5년, 10년 회개에 집중한다는 것이 납득되지 않을 수 있다. 한 번 회개했으면 죄를 용서받았다는 것을 믿고 기쁘고 즐겁게 살아야 하는데, 회개를 했으면서도 마치 용서받지 못한 것처럼 계속 눈물을 흘리면서 회개하는 것은 성숙한 성도의 모습이 아니라고 생각할 수 있다.[127] 그러나 분명하게 말하지만 이것은 오해다. 이유는 다음과 같다.

첫째, 한 번 회개한 죄는 다 용서받는다는 것은 비성경적이다. '한 번 회개하면 회개한 죄는 모두 용서받은 것 아닌가?'라는 질문은 목회자가 더 많이 하는 것 같다. 정동진 목사님은 《회개, 더 깊은 영성으로》라는 책에서 이 고민을 털어놓았다.

> 나는 대구신학교에서 2년 6개월, 총신대학교 신학대학원에서 3년, 풀러신학교에서 2년 6개월로 총 8년 동안 신학을 공부했다. 그러면서 형성된 신앙관으로, 한 번 죄를 회개했으면 됐지 왜 했던 것을 또 반복해야 하는지가 큰 의문이었다. 이번에도 나의 이성과 논리가 나를 불편하게 했다.
>
> '회개한 것을 또 하는 것은 하나님을 불신하는 것 아닌가?'
>
> 하나님이 죄를 용서해 주셨는데 그것을 또 회개한다는 것이

---

127) A. W. 토저 목사님(1897~1963)도 이런 견해를 가지고 있었던 것 같다. 그는 《십자가에 못 박혀라》라는 책에서 다음과 같이 말했다. "또 어떤 사람들은 회개를 지칠 정도로 오래 끌면서 해야 한다고 믿는다. 물론 잘못한 사람은 회개를 해야 한다. 하지만 회개를 했다면 그다음에는 모든 것을 하나님께 맡겨드려야 한다. 이것이 세상에서 가장 좋은 회개다. 당신이 지난 주에 행한 일에 대해 부끄러움과 죄책감을 느낀다면 하나님께 '제가 잘못을 범했습니다'라고 말씀드리면 된다. 죄와 문제를 주님께 말씀드리고 맡겨드린 후에는 다시 회개하지 말라." A. W. 토저, 『십자가에 못 박혀라』, 이용복 역(서울: 규장, 2015), p. 169.

*정말 이상했다. 이때는 아직 악한 영을 직접 내 눈으로 보지*
*못했기 때문에 회개가 '되었다' 또는 '안 되었다'의 기준이 잡히*
*지 않았고, 머릿속에 회개에 대한 성경적 이론이 정립되지 않*
*았기 때문에 생겨난 의문이었다. 성경에서 말하는 회개는 무엇*
*인지, 얼마나 회개해야 용서를 받는 것인지 도무지 이해할 수*
*없었지만, 일단 시작했기 때문에 끝까지 해보고 판단하기로 결*
*정했다.*[128]

우리는 걱정과 근심의 죄를 회개했음에도 여전히 걱정하고 근심을 하고 있는 자신의 모습을 발견한다. 죄의 문제는 그렇게 쉽게 처리되는 것이 아니다. 죄의 문제가 한 번의 회개로 끝날 정도로 간단하게 처리될 것이라면 성경이 우리에게 "거룩하라", "완전하라"고 지속적으로 말할 이유가 없다. 단 한 번의 회개로 우리의 죄를 다 용서받은 것이라면 우리는 이미 거룩하게 되었어야 하지만, 우리는 여전히 거룩하지 않다. 거룩을 이루기 위해 노력하고 있을 뿐이다. 누가 뭐라 해도 우리는 알고 있다. 아직 나의 죄 문제는 다 처리되지 않았고, 다 용서받지 못했다는 것을 말이다.

둘째, 인생 데이터를 분석해 보면 한 번 회개한 죄는 다 용서받는다는 것은 허구임을 저절로 알게 된다. 제사의 죄를 예로 들어보자. 어떤 사람이 1년에 10번 제사를 지낸다면, 10년이면 100번 우상숭배의 죄를 지은 셈이다. 30년이면 300번, 50년이면 500번이다. 이 사람만 제사를 지낸 것이 아니라, 이 사람의 조상들도 수백 년간 제

---

128) 정동진, 『회개, 더 깊은 영성으로』(서울: 유하, 2015), pp. 193-194.

사의 죄를 지었다. 이렇게 죄를 많이 지었는데 한 번 "제사 지낸 죄를 회개합니다"라고 하면 끝이라고 생각하는 것이 오히려 더 어색하다. 만약 한 번의 회개로 죄가 다 용서된 것이라면 우리의 삶에 형통이 있어야 한다. 막힘이 없어야 한다. 하나님이 다 용서해 주셨으니 말이다. 그러나 실상은 전혀 그렇지 않다. 성도들의 삶에 막힘이 너무 많다. 회개를 했음에도 여전히 삶의 많은 부분에서 악한 영의 지배를 받고 있다. 이것은 그동안 성도들의 회개가 충분하지 않았다는 강력한 증거다.

이번에는 걱정과 근심의 죄를 예로 들어보자. 우리는 살면서 매 순간 걱정하고 근심한다. 걱정과 근심의 죄를 한 번만 지은 사람은 없다. 걱정하고 근심할 때마다 걱정과 근심의 영이 들어온다. 그래서 무수히 많은 걱정과 근심의 영의 공격을 받는다. 우리가 한 번 "하나님, 걱정과 근심의 죄를 회개합니다"라고 했을 때 무수히 들어온 걱정과 근심의 영이 한꺼번에 다 나가는 것이 아니다. 그중 한 마리가 나간다고 생각하면 크게 틀리지 않다. 또다시 "하나님, 걱정과 근심의 죄를 회개합니다"라고 고백했을 때 또 한 마리가 나간다고 생각해야 한다.

이런 점에서 겉으로는 똑같은 말의 반복처럼 보이지만, 실상은 매번 새로운 회개를 하는 것이다. 실제로 우리가 걱정과 근심의 죄를 회개했지만 계속 걱정하고 근심을 하고 있다는 것은, 걱정과 근심의 영이 계속 남아서 그 성도를 공격하고 있다고 봐야 한다. 회개의 핵심은 내 속에서 악한 영을 내보내는 것이다. 그리고 회개는 영들이 다 나갈 때까지 하는 것이다. 영이 나가지도 않았는데 스스로 죄 용서를 받았고 회개가 다 된 것이라고 생각하는 것은 옳지 않다. 이런 반복을 통해 악한 영이 한 마리씩 계속 떠나간다면 회개를 잘 하고 있는 것이다.

우리가 나라와 민족의 죄를 회개하는 것을 생각해 보면 이 부분은 더욱 분명해진다. 수천 명의 성도가 모여 눈물로 1시간 동안 합심해서 나라와 민족의 죄를 회개했다고 해보자. 한 번 회개한 죄는 다 용서받는다고 생각하는 사람이라면, 1시간 동안 진심으로 회개했으니 우리 민족 위에서 역사하는 악한 영들이 다 떠나갔다고 생각하는 것이 맞다. 그러나 이렇게 생각하는 사람은 아무도 없다. 수천 년 동안 쌓이고 쌓여 민족과 국가를 통제하는 강력한 악한 영들이 1시간 회개했다고 떠나간다고 생각하는 사람은 없다. 결국 현실을 좀더 자세히 관찰하면, 한 번 회개한 죄는 다 용서받는다는 말은 허구라는 것을 쉽게 알 수 있다.

셋째, 치유사역자들의 임상보고에 따르면 악한 영은 쉽게 떠나가지 않는다는 것을 알 수 있다. 성도들을 공격하는 영은 죄를 통해 합법적으로 들어왔다. 그래서 그 영은 성도들이 회개를 하면 나가지 않으려고 발버둥을 친다. 치유·축사사역자들은 사역 현장에서 이것을 늘 경험하기 때문에 악한 영 내보내기가 쉬운 일이 아니라는 것을 잘 알고 있다. 이런 점에서 보더라도 한 번의 회개로 악한 영이 쉽게 나간다는 것은 영적 현실과 전혀 맞지 않다.

이 질문과 관련해 소위 '인생 필름'을 보고 회개하는 것의 의미를 한번 살펴볼 필요가 있다. 우리는 회개의 영이 부어지는 경우 인생이 영화 필름처럼 돌아가면서 자신의 죄가 보이고 눈물로 회개하게 되었다는 간증을 가끔 듣는다. 다만 이런 경험을 한 사람이 많지는 않다. 만약 이런 짧고 강렬한 회개 체험을 통해 질병이 치유되거나 고난에서 벗어날 수 있다면, 굳이 5년이나 10년 또는 평생 지루하게 계속 회개를 할 필요가 있는가라는 의문이 생길 수 있다. 짧고 강렬한 회개를 경험한 사람은 질병과 같은 당면한 문제를 해결 받았을 것이다. 그렇다고 해서 그 사람에게 있는 여러 가지 문제가 다 해결되었다고 볼 수는 없다. 즉, 그 사람은 인생 필름을 보면서 강렬한 회개를 함으로 일부 영이 떠나가면서 당면한 문제는 해결할 수 있었겠지만, 여전히 남아 있는 많은 악한 영의 공격을 받고 있다고 봐야 한다. 당면한 문제 중 한 가지를 하나님께서 해결해 주신 것에 불과하다. 인생 필름을 보면서 강렬한 회개를 했다고 해도 우리의 몸과 환경에는 여전히 악한 영이 많이 있으며, 우리가 죽을 때까지 계속 회개해도 우리는 우리의 몸과 환경 속에 불러들인 악한 영을 다 내보내지 못한다. 우리가 할 수 있는 최선은 죽을 때까지 꾸준히 겸손하게 회개하는 것이다.

### (4) 회개만 하면 삶의 문제가 다 해결되는가?

성도들은 모두 하나님과 친밀한 교제를 하고 싶어 한다. 이를 위해 예배, 말씀 묵상, 기도, 찬양, 봉사, 헌금, 헌신 등 무척 애를 쓰면서 살고 있다. 그럼에도 하나님과 가까워지지 않고, 삶에 돌파가 잘 일어나지 않으며, 오히려 많은 문제 속에서 고통을 겪으면서 살고 있는 것이 현실이다. 이런 상황에서 나는 철저히 회개하면 하나님과의 친밀한 교제가 회복되고, 그러면 대부분의 문제는 해결될 수 있다고 본다. 물론 회개만 하면 삶의 문제가 다 해결된다고 할 수는 없다. 분명히 말하지만, 회개가 전부인 것도 아니다. 인생은 복잡계다. 회

개 하나로 인생을 다 설명할 수는 없다.[129]

그럼에도 회개하면 삶의 문제가 대부분 해결된다고 말하는 이유는, 성도들의 삶의 문제 대부분이 죄로 인한 것이라는 점 때문이다. 죄로 인해 생긴 삶의 문제는 죄를 처리하면 풀린다고 보는 것이 맞다. 그렇다고 해서 갑자기 짧은 시간 내에 삶의 문제가 풀리는 것은 아니다. 물론 그렇게 될 수도 있고, 실제로 그렇게 되는 경우도 있다.

그러나 대체로 회개하면 악한 영이 떠나면서 하나님과의 관계가 서서히 회복되고, 하나님이 주신 형통의 복을 받아 누리게 된다. 하나님이 이미 주신 복을 악한 영의 방해로 누리지 못하고 고통 속에서 살았는데, 악한 영의 방해가 제거되면서 하나님이 주신 복을 받아 누리게 된다. 회복을 경험하게 된다.

특히 나이가 많은 성도들의 경우, 하나님과 관계없는 삶을 너무나 오랫동안 살아왔기 때문에, 철저한 회개를 시작한다고 해도 바로 하나님이 이끄시는 길로 돌아올 수 있는 것은 아니다.[130] 너무 먼 길을 왔고, 지금까지 살아온 방향을 쉽게 바꿀 수도 없다. 큰 배가 항해를 하다가 방향을 바꾸는 것이 자동차 핸들을 돌리듯 간단하고 쉽지 않은 것과 마찬가지다.

악한 영이 이끄는 길에서 오랜 세월을 살면서 많은 죄를 쌓아온 사람이 하나님이 이끄시는 길로 돌아오려면 많은 세월과 노력이 필요하다. 그러나 열심히 회개하면 결국은 하나님이 이끄시는 길로 방

---

129) 내가 회개를 특별히 강조하는 이유는 그동안 성도들이 회개를 너무 소홀히 해왔다는 사실 때문이지, 회개가 신앙의 전부라고 생각하기 때문은 아니다.

130) 반면 젊은 청년들의 경우는 지은 죄가 많이 쌓이지 않았기 때문에 회개를 하면 어른들에 비해 상대적으로 더 신속하게 회복을 경험하는 것 같다.

향을 돌릴 수 있게 되고, 하나님이 이끄시는 길에 도달하게 된다. 하나님이 이끄시는 길에는 회복과 평강과 기쁨이 있다. 다만 시간이 걸릴 뿐이다.

철저히 회개하는 분들 중에는 "목숨 걸고 회개한다"라고 말하는 분이 꽤 있다. 목숨을 걸 만큼 회개가 중요하다고 생각하기 때문이다. 악한 영의 지배를 받고 있는 상태에서는 다른 신앙적 활동을 하는 것이 모래 위에 집을 짓는 것처럼 별로 효과가 없다는 것을 잘 알기 때문이다. 회개가 잘 되어 악한 영을 어느 정도 내보내면 하나님과의 관계가 회복되면서 기도, 말씀 묵상, 전도, 사역 등은 저절로 열매가 생기게 된다.

그런데 회개가 잘 되지 않은 상태에서는 아무리 열심히 기도해도, 전도해도, 사역을 해도, 하나님이 기뻐하시는 열매를 거두기가 쉽지 않을 것이다. 그렇다고 해서 철저히 회개하는 분들이 회개에 집중하면서 다른 신앙적 활동을 하지 않는 것은 아니다. 철저히 회개하는 사람들도 다른 성도들과 마찬가지로 예배에 참여하고, 성경 읽고, 사역을 감당하는 등 다른 신앙적 활동을 다 한다. 다만 회개에 좀더 많은 시간과 에너지를 투자한다는 차이가 있을 뿐이다.

# 9.
# 마치며

**"회개하지 않는 성도는 거듭난 사람이 아닙니다."** - 정필도 목사

나는 평생 하나님께 나아가기 위해 노력하며 살아왔다. 이미 여러 번 언급한 것처럼 철저한 회개를 시작하기 전에도 나름 회개를 많이 했다. 내가 이 이야기를 계속 하는 이유는 내가 신앙생활을 잘 해왔다는 것을 자랑하고 싶어서가 아니다. 나름대로 열심히 신앙생활을 한다고 했는데도 이것이 다 엉터리였다는 것과 나의 죄가 너무 깊고 크다는 것을 뒤늦게 알게 된 것이 너무 황당해서다. 열심히 신앙생활을 해왔는데 왜 수십 년을 낭비하고 이제 와서 나의 참모습을 보게 되었을까? 그동안 그렇게 노력했는데도 왜 이런 깨달음이 없었을까?

하나님의 섭리를 다 알지는 못하지만, 내가 50대 중반이 되어서야 회개를 제대로 할 수 있게 된 것은, 깊은 고난 속에 있지 않았다면 이런 깨달음을 얻을 수 없을 만큼 내가 교만한 사람이기 때문이라고 생각한다. 오랜 세월 동안 고난 속에 있었기 때문에 인생 데이터를 분석하면서 내 죄의 증거를 뚜렷하게 볼 수 있었던 것 같다. 나의 과거와 현재 결과를 대비해 보면서, 현재 결과가 죄로 인한 것이고 악한 영의 공격이었다는 것을 뚜렷하게 느낄 수 있었던 것 같다.

부인할 수 없을 정도로 선명하게 죄의 결과를 느끼게 되자 비로소 회개의 길이 열린 듯하다. 만약 고난이 없었다면 나는 신앙생활을 잘 하고 있다고 계속 착각했을 것이고, 악한 영의 지배를 받고 살아간다는 사실을 받아들이지도 않았을 것이며, 철저한 회개를 할 생각도 하지 못했을 것이다.

회개하면서 이복영 장로님(1924~2018)을 많이 생각했다.[131] 이 장로님은 오랫동안 매달 나의 집에 오셔서 가정기도회를 인도해 주셨다. 장로님이 나를 위해 자주 해주신 기도 중에 '무궁무진한 영의 세계를 깨달아 알게 하시고 과연 하나님의 사람이라는 소리를 듣게 하소서'라는 내용이 있었다. 나는 이 장로님이 살아계실 때 이 기도가 무슨 의미인지 물어보지 못했다. 지금 생각해 보면 장로님은 내가 고난을 거치면서 영의 세계를 탐구할 것을 미리 아셨던 것 같다.

어느덧 회개한 지 4년이 지났다. 회개를 하면 할수록 죄가 산처럼 높게 느껴져 더 비참하고 처참해지는 것 같다. 그리고 내가 망해가고 있다는 것을 강하게 느낀다. 때로는 죄가 너무 많아 무엇부터 회개해야 할지 몰라 한숨을 쉬기도 한다. 아울러 신앙생활을 잘 하고

---

131) 이복영 장로님은 서울대학교 앞 대학촌교회 설립에서 주도적인 역할을 하셨고, 사단법인 기독교대학촌선교회 이사장으로 서울대학교의 복음화를 위해 많은 일꾼을 사랑으로 섬기셨다.

있다고 착각하며 살아온 지난 세월이 너무 우스꽝스럽다는 생각도 한다.

사랑의교회 옥한흠 목사님은 '2007년 한국교회 대부흥 100주년 대회'에서 회개만이 살길이라고 했다.[132] 나 역시 회개를 하면 할수록 회개만이 살길이라는 확신이 든다.[133] 회개를 통해 하나님과 더 친해질 수 있다면 다른 것은 필요 없겠다는 생각도 하게 된다. 4년 전 처음 회개를 시작할 당시에는 내 속에 악한 영들이 존재한다는 사실 때문에 충격을 받았지만, 4년이 지난 지금은 내 속에 악한 영

---

132) 옥한흠 목사님의 설교문 중 해당 부분은 다음과 같다. "주님은 행위가 죽은 사데 교회를 향해 회개하라고 명하십니다. 회개만이 살길이라는 것입니다. 한국교회를 향해서도 똑같은 명령을 하고 계신다고 저는 믿습니다. 그러나 여러분! 답답한 일은 우리 힘으로 회개가 잘 안 된다는 것입니다. 다 해보셔서 아시잖아요. 우리 힘으로는 회개 잘 못 합니다. 입으로 잘못했다는 말은 수없이 할 수 있지만 죄를 끊어버리고 단호하게 돌아서는 거룩한 결단은 잘 하지 못합니다. 그래서 백 년 전에 하디 선교사가 하던 회개, 길선주 장로가 하던 회개, 무명의 성도들이 밤새도록 추운 겨울밤 찬 마룻바닥에 엎드려 땅을 치며 통곡하던 그 회개를 너는 한국교회에서 찾아볼 수 없게 된 것입니다. 그들에 비해 우리는 엄청나게 더 많은 죄를 짓고 사는 사람임에도 오늘날 회개는 점점 한국교회에서 형식적인 것이 되어버리고 말았습니다. 이것이 오늘 한국교회의 생명을 서서히 죽이는 암과 같은 존재라고 생각합니다. 우리가 진정한 회개를 하고 세상 앞에 새 옷을 갈아입으려면 성령께서 회개할 힘을 우리에게 주셔야 합니다. 통회하고 자복하고 버리는 결단을 할 수 있도록 성령이 우리를 도와주셔야 합니다. 우리의 힘으로는 안 됩니다. 우리의 능으로도 안 됩니다. 오직 하나님의 신으로 할 수 있습니다. 한국교회는 하나님의 성전 된 우리를 깨끗하게 청소하실 성령의 초자연적인 역사가 절실히 필요합니다. 이를 위해 100년 전과 같이 하나님께서 하늘을 가르고 이 땅에 강림하셔서 아낌없이 부어주셨던 성령의 불, 회개의 영을 다시 부어달라고 힘을 다해 부르짖어야 될 것입니다. 부르짖고 문을 두드리면 주님께서 응답하실 줄 믿습니다." http://www.kidok.com/news/articleView.html?idxno=48748

133) 내가 회개만이 살길이라고 말하는 것은, 회개만 하면 되고 다른 것은 하지 않아도 된다는 의미가 아니다. 회개가 신앙의 중요한 기본임에도 그동안 회개를 너무 소홀히 했다는 뜻을 포함하는 것이다. 회개에 좀더 집중해야 한다는 점을 말하는 것이다.

이 있다는 것을 알고 있는데도 이 영을 빨리 내보내지 못하고 있다는 사실 때문에 충격을 받고 있다. 악한 영의 공격이 얼마나 집요한지를 생각할 때면 죄가 너무 무섭다는 생각을 하게 된다.

살아온 날만큼 나는 악한 영과 벗하며 살아왔고, 하나님과 원수로 살아왔다. 지금도 나는 여전히 죄 속에서 살고 있다. 그러나 이제는 삶이 변했다. 악한 영의 방해와 공격이 이전 같지는 않다. 회개를 하면서 영이 점점 더 많이 떠나가고 나는 영이 떠나간 만큼 이전보다 하나님과 더 깊은 교제를 하게 되었다. 이전에 누리지 못하던 기쁨과 평강이 서서히 밀려오기 시작했다. 하나님이 나와 함께 계신다는 확신이 더 강해졌다. 내가 기도하면 하나님이 들으신다는 확신도 더 강해졌다. 악한 영의 방해가 줄어드니 열매가 생기기 시작했다.

만약 내가 회개를 배우지 못했더라면 나의 삶이 어떻게 되었을지 가끔 생각해 본다. 상상하기도 싫지만, 만약 회개를 몰라 철저한 회개를 하지 못했더라면, 나는 기쁨과 평강은커녕 걱정 근심으로 가득 찬 비참한 삶을 계속 살아가고 있었을 것이다. 물론 회개하지 않아도 하나님의 은혜가 어느 정도 임했겠지만 삶은 여전히 고통스럽고 힘들었을 것이다. 그리고 악한 영의 방해로 고난은 계속되었을 것이다. 하나님과 친하지 않으니 열매도 별로 없었을 것이다. 이런 점에서 내 인생에서 가장 큰 반전은 내가 회개를 알게 된 것이라고 자신 있게 말할 수 있다.

약 4년간 회개하면서 돌아보니 이전에 비해 회개에 대해 훨씬 더 잘 알게 된 것 같다. 그렇다고 해서 회개를 다 알게 되었다고 생각하지는 않는다. 아직 연구하고 배울 것이 많다. 그래서 지금도 여러 사역자와 함께 토론하고, 영적 답사를 하는 등 회개에 대해 계속 연구하고 있다.

김명혁 목사님의 회개 이야기를 인용하면서 마무리하고자 한다. 순교자 김관주 목사 아들인 김명혁 목사님(1937~2024)은 총신대학교와 합동신학교에서 교수를 역임했고 강변교회에서 목회했다. 김 목사님은 81세 무렵인 2018년 7월 15일 통영 도산제일교회에서 "신앙 오도(五道)의 삶"이라는 제목으로 설교하면서 신앙생활에서 중요한 다섯 가지를 이야기했는데, 그중 회개하는 삶을 첫째로 꼽았다. 목사님이 이야기한 다섯 가지는 회개, 예배, 섬김과 봉사, 평안과 기쁨과 감사, 그리고 천국 소망이다. 인생을 오래 살아온 신앙의 선배가 후배들에게 주는 귀중한 조언이라고 생각한다. 다음은 〈크리스천투데이〉에 실린 설교 전문 중 회개 부분이다.

> 첫째로, '신앙 오도의 삶'이란 회개하면서 살아가는 삶이라고 생각합니다.
> 예수님께서 갈릴리에 오셔서 제일 처음 전파하신 말씀이 바로 회개하고 복음을 믿으라는 말씀이었습니다. "회개하고 복음을 믿으라"(막 1:15). "회개하라 천국이 가까이 왔느니라"(마 4:17). 예수님께서 승천하시기 전에 제자들에게 마지막으로 부탁하신 말씀도 회개의 메시지를 세상에 전파하라는 것이었습니다. "또 그의 이름으로 죄 사함을 받게 하는 회개가 예루살렘에서 시작하여 모든 족속에게 전파될 것이 기록되었으니 너희는 이 모든 일의 증인이라"(눅 24:47-48).
> 예수님께서는 부활 승천하신 다음에도 아시아에 있는 다섯 교회에 편지를 써서 보내시면서 회개하라는 말씀을 다섯 번이나

반복하셨습니다. 사도 베드로가 오순절 날 제일 먼저 전파한 말씀도 회개하라는 말씀이었습니다. "너희가 회개하여 각각 예수 그리스도의 이름으로 세례를 받고 죄 사함을 받으라"(행 2:38).

예루살렘 교회는 회개로 시작되었습니다. 사도 바울이 소아시아 선교지에서 전파하고 증거한 것도 회개와 믿음에 관한 말씀이었습니다. "내가 항상 여러분 가운데서 어떻게 행하였는지를 여러분도 아는 바니…하나님께 대한 회개와 우리 주 예수 그리스도께 대한 믿음을 증언한 것이라"(행 20:18, 21).

회개는 신앙생활의 입문이고, 과정이고, 출구라고 말할 수 있을 것입니다. 회개는 자기가 죄인임을 솔직하게 인정하고 고백하면서 무릎을 꿇고 항복하는 것인데, 회개 없이는 죄 사함도, 구원도, 의롭다 함도, 영생도, 천국도 없다고 말씀했습니다.

회개는 한 번 크게 삶의 방향을 돌이키는 데서 그치지 않고, 계속해서 울면서 돌이키고 또 돌이키는 것을 의미합니다. 그것을 '참회'라고 할 수도 있을 것입니다.

회개와 참회를 계속해서 가장 많이, 가장 처절하게 한 사람이 다윗이라고 생각합니다. 다윗은 밤낮 울면서 회개와 참회의 제사를 드렸습니다. "내가 탄식함으로 피곤하여 밤마다 눈물로 내 침상을 띄우며 내 요를 적시나이다"(시 6:6). 그래서 다윗은 하나님에게서 특별한 은혜와 사랑을 입었습니다.

사도 바울도 다윗의 뒤를 이어 처절한 회개와 참회의 제사를 평생 계속해서 드렸습니다. "오호라 나는 곤고한 사람이로다 이 사망의 몸에서 누가 나를 건져내랴"(롬 7:24). "죄인 중에 내가 괴수니라"(딤전 1:15). 그래서 하나님께서 사도 바울을 귀한 종으로 사용하셨고 순교의 제물로 받으셨습니다.

사도 바울의 처절한 참회의 고백으로 인해 성 어거스틴과 길선주 목사님, 이기풍 목사님, 이성봉 목사님, 김치선 목사님, 한경직 목사님, 박윤선 목사님도 그 뒤를 이어 회개와 참회의 길을 걸으면서 하나님의 귀한 종으로 쓰임 받았습니다.

올바른 신앙생활이란 회개하고 참회하면서 살아가는 것입니다. 회개와 참회가 없는 믿음은 형식적인 믿음이고, 위선적인 믿음이고, 거짓된 믿음이기 때문입니다. 하나님께서 가장 기뻐하시는 제사는 상하고 통회하는 마음으로 드리는 회개와 참회의 제사이기 때문입니다.

자기 주장과 고집이 센 사람은 회개와 참회를 하지 못합니다. 의인 의식을 지닌 사람은 회개와 참회를 하지 못합니다. 근심, 걱정, 원망, 불평이 많은 사람도 회개와 참회를 제대로 하지 못합니다. 하나님께서 저와 여러분에게 상하고 통회하는 마음을 주셔서 날마다 회개와 참회의 제사를 드리는 올바른 신앙생활을 할 수 있기를 바랍니다.[134]

---

134) https://www.christiantoday.co.kr/news/313279

# 10.
# 부록. 효과적인 회개를 위한 조언

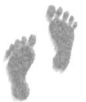

"죄를 조금 짓고 회개하지 않은 자보다 죄를 많이 지었으나 철저히 회개하는 자가 더 복되다." – 한양훈 목사

이 책에서 이미 설명했지만, 하나님을 진정으로 사랑하는 성도는 삶 자체가 회개이기 때문에 회개의 방법이 그리 중요하지 않을 수 있다. 그러나 나를 포함한 대부분의 성도는 하나님과의 관계가 별로 좋지 않으므로 회개의 방법이 중요하다. 성도들에게 회개를 이야기하면 흔히 보이는 반응은, 회개가 중요하다는 것은 이해하겠는데 어떻게 회개해야 하는지를 모르겠다는 것이다. 나도 그랬다.

나는 회개를 4년 정도 했는데 아직도 회개 입문자다. 효과적으로 회개하는 방법을 찾기 위해 노력하면서 시행착오를 많이 거쳤다. 여러 사역자와 토론도 하면서 어떻게 하면 좀더 효과적으로 회개할 수 있는지를 탐구했다.

다음 회개에 대한 조언은 회개입문자 입장에서 회개 방법을 탐구하고 정리한 것이다. 내가 연구해서 정리한 회개 방법이 절대적인 것이 아님은 두말할 나위가 없다. 모든 사람에게 효과가 있는 것도 아니다. 사람마다 상황이 다르기 때문에 각자 회개 방법도 다를 수밖에 없다. 그럼에도 내가 탐구한 회개 방법은 회개 입문자들이 자신의 회개 방법을 스스로 찾아나가는 데 일정 부분 도움이 될 것이다. 나는 지금도 여러 사역자와 계속 토론하면서 어떻게 하면 회개를 효과적으로 할 수 있는지 연구하고 있다.

한 가지 덧붙이면, 회개를 하면 반드시 열매가 있으니 꾸준하게 천국 가는 날까지 회개한다는 마음으로 하는 것이 중요하다. 회개를 통해 죄의 문제를 처리하면 죄로 인해 생긴 삶의 문제는 대부분 해결된다. 그러므로 1~2년 회개했는데 손에 잡히는 변화가 없다고 절망하거나 조바심을 가지면 안 된다.

## (1) 회개기도문으로 시작하라

철저한 회개를 경험하지 못한 성도는 자신이 무슨 죄를 짓고 살아왔는지를 잘 모른다. 회개를 제대로 하려면 자신이 어떤 죄를 지었는지를 제대로 파악하는 것이 필수다. 회개기도문은 죄의 모습을 망라해서 열거하고 있기 때문에 자신의 죄를 파악하는 데 매우 큰 도움이 된다. 그래서 회개를 처음 시작할 때는 다른 무엇보다도 회개기도문을 소리 내어 읽는 것이 좋다. 회개기도문을 읽는 것이 주문을 외우는 것 같은 느낌이 든다고 불편해하는 성도들도 있으나, 실제로 회개기도문을 읽으면서 회개를 해보면 그것이 회개에 도움이 된다는 것을 알게 된다. 회개기도문을 활용할 때 염두에 두어야 할 것이 있다. 그것은 마음을 실어야 한다는 것이다. 회개를 많이 하신 분들이 공통적으로 하는 이야기가 10시간 회개기도문을 읽는 것보다 1시간 눈물로 회개하는 것이 더 효과적이라는 것이었다. 회개기도문을 읽는 것이 효과가 없다는 의미가 아니라, 마음을 싣는 것이 더 중요하다는 뜻일 것이다.

많은 회개기도문이 시중에 나와 있다. 유하출판사에서 발행한 노란색 표지의 회개기도문과 정동진 목사님이 쓰신 《깊은 우상숭배 회개문》, 김석곤 목사님이 쓰신 《깊은 생활 회개기도문》을 활용하면 좋다. 이외에도 여러 종류의 회개기도문을 활용하면 좋다.

회개기도문은 가이드일 뿐이므로, 어느 정도 회개가 되면 회개기도문 없이 회개하는 것도 해야 한다. 길을 걷거나 운전을 하는 경우와 같이 회개기도문을 펴서 읽을 수 없을 때나, 마음을 더 실어서 회개하고 싶을 때는 죄의 구체적인 모습을 머릿속에 떠올리면서 짧게 "하나님, 제가 ~한 죄를 지었습니다. 회개합니다. 용서해 주세요"와 같이 기도하면 된다. 회개기도문 없이 하는 회개는 마음을 실어 회개하는 데 더 도움이 될 수 있다.

그런데 여기에도 유의해야 할 점이 있다. 회개기도문은 죄를 구체적으로 언급하고 있기 때문에 회개기도문을 읽으면 구체적인 회개를 하는 것이 비교적 쉽지만, 회개기도문 없이 회개하는 경우에는 구체적인 회개가 잘 되지 않고 횡설수설을 하는 등 공허한 회개가 될 위험성이 있다는 점이다.

그러므로 회개기도문을 읽으면서 회개하는 것과 회개기도문 없이 회개하는 것, 이 두 가지를 병행하면서 회개하면 된다. 다시 말하지만 회개기도문은 가이드 역할을 하는 것에 불과하므로, 회개가 어느 정도 깊어지면 회개기도문 없이 하나님이 생각나게 하시는 죄를 회개하는 것이 훨씬 더 효과적이라는 점을 참고하기 바란다.

## (2) 목숨 걸고 회개하겠다는 결심을 하라

그동안 말씀 묵상, 기도, 금식, 봉사, 예배 등 신앙생활에 헌신해 왔으나 기대한 만큼 삶에 변화가 생기지 않고 하나님과의 관계도 좋아지지 않았다는 사실 때문에 절망하고 있는 성도들이 있을 것이다. 이는 죄 문제를 처리하지 못했기 때문이다. 죄 문제를 처리하는 방법은 바로 회개다. 회개만이 성도가 살길이다. 회개를 하지 않으면 우리는 악한 영의 밥이 되고 만다. 한편 회개하면 악한 영이 반격을 가한다. 회개는 영적 전투를 치르는 것이다. 죽느냐 사느냐의 문제다. 그러므로 우리는 대충 회개할 수 없다. 예수님도 손과 발을 잘라 내는 심정으로 죄의 문제를 해결하라고 하셨다.

> "만일 네 손이 너를 범죄하게 하거든 찍어버리라 장애인으로 영생에 들어가는 것이 두 손을 가지고 지옥 곧 꺼지지 않는 불에 들어가는 것보다 나으니라 만일 네 발이 너를 범죄하게 하거든 찍어버리라 다리 저는 자로 영생에 들어가는 것이 두 발을 가지고 지옥에 던져지는 것보다 나으니라 만일 네 눈이 너를 범죄하게 하거든 빼버리라 한 눈으로 하나님의 나라에 들어가는 것이 두 눈을 가지고 지옥에 던져지는 것보다 나으니라"(막 9:43-47).

많은 분이 실제로 목숨 걸고 회개한다고 말한다. 이 말을 마음에 새기고, 목숨 걸고 회개하면서 악한 영과 싸우겠다고 결심하는 것이 필요하다.

### (3) 회개의 영을 부어달라고 간구하라

회개를 권하면 실제로 회개를 하는 사람이 있고, 반면 거부하는 사람도 있다. 또 회개를 하고 싶기는 한데 회개가 잘 안 된다고 하소연하는 사람도 있다. 회개할 수 있다는 것 자체만으로도 큰 은혜다. 우리 노력으로 회개하는 것 같지만 결국 하나님의 은혜로 가능하다. 이런 점에서 회개를 시작할 때 하나님께 회개의 영을 부어달라고 간구하는 것이 필요하다. 그렇다고 해서 회개의 영을 부어주시지 않으면 회개하지 않겠다는 소극적인 생각을 하면 안 된다. 회개를 통해 죄 용서를 받겠다는 결심을 하고 회개를 먼저 시작해야 한다. 회개하다 보면 하나님께서 회개의 영을 부어주신다. 나는 하나님께서 나에게 회개의 영을 부어주시도록 교회공동체에 기도를 부탁했다.

### (4) 최소 6개월간은 집중회개를 하라

지구를 출발한 우주선이 지구의 중력을 벗어나 궤도에 도달하기까지는 엄청난 에너지가 필요하고, 궤도에 도달하면 비행이 쉬워진다는 점을 생각해 보라. 회개도 비슷하다. 회개가 일정한 궤도에 도달하기 위해 초기 6개월은 집중해서 회개를 해야 한다. 그동안 지은 죄가 산더미 같고, 무수한 영의 공격을 받으며 살고 있기에, 초기에 회개에 집중하지 않으면 영을 처리하는 것이 쉽지 않기 때문이다. 집중적으로 6개월 정도 회개하면 어느 정도 악한 영이 처리된다. 이처럼 악한 영이 어느 정도 처리되어 떠나가면 회개를 지속할 수 있는 힘이 생기고, 삶의 방향이 바뀌기 시작하며 하나님의 은혜가 임하게 된다. 그리고 열매도 서서히 맺힌다. 다만 이런 변화가 현실세계에서 바로 나타나지 않을 수는 있다. 그러나 언젠가는 반드시 변화와 열매가 생긴다. 그러므로 조바심을 내면 안 된다.

### (5) 구체적으로 회개하라

회개의 궁극적 목표는 하나님과의 친밀함을 회복하는 것이지만, 단기적 목표는 악한 영을 몸과 환경에서 내보내는 것이다. 악한 영을 잘 내보내려면 그 영이 들어온 원인인 죄를 잘 파악해서 구체적으로 회개해야 한다. 막연하게 회개하면 영을 내보내기 어렵다. 그동안 성도들이 회개를 해도 별로 효과가 없었던 것은 구체적으로 회개하지 않았기 때문이다. 구체적으로 회개한다는 것에는 두 가지 측면이 있는데, 구체적인 고백과 구체적인 상상이 그것이다.

첫째는 구체적인 고백이다. 유치원에 다니는 아들이 아버지가 무서운 얼굴로 야단을 치려고 하자 울면서 말했다. "아빠, 잘못했어요." 아버지가 묻는다. "무엇을 잘못했니?" 아들은 머뭇거리며 답을 하지 못했다. 아버지가 야단치는 것이 무서워 일단 잘못했다고 말했지만, 무엇을 잘못했는지는 생각해 보지 못했다.

아내가 남편에게 잔소리를 한다. 남편은 아내에서 이렇게 말한다. "여보, 내가 잘못했어. 미안해." 아내가 반문한다. "뭘 잘못했는지는 알아요?" 남편은 답하지 못했다. 남편은 아내의 잔소리를 더 듣기 싫어서 잘못했다고 말했지만, 사실 무엇을 잘못했는지 알지 못했다.

우리의 회개가 이렇게 막연해서는 안 된다. 이런 상상을 해보자. 어느 성도가 교만의 죄를 회개하고 있는데 주님이 물으신다.

> 주님: 아들아, 어떤 죄를 회개하고 있느냐?
> 성도: 제가 너무 교만하다는 생각이 들어 교만의 죄를 회개하고 있습니다.
> 주님: 네가 무수한 교만의 죄를 지었는데 그중 어떤 교만의 죄를 말하는 것이냐?
> 성도: 네?
> 주님: 너의 어떤 모습이 교만하다고 생각하고 있는 것이냐?
> 성도: ….

죄의 모습을 낱낱이 입으로 고백하고 용서를 구할 때 무수히 많은 죄 중에서 바로 그 고백한 죄가 용서된다. 실제로 회개를 해보면 구체적으로 회개하면 할수록 악한 영이 잘 나간다는 것을 알 수 있게 된다.

이와 관련해 우리가 죄를 회개할 때 하나님께서 지켜보시고 악한 영도 지켜본다고 상상해 보면 회개에 도움이 된다. 회개란 허공에 대고 무의미한 말을 내뱉는 것이 아니다. 하늘의 법정에서 하나님과 악한 영 앞에 우리가 서 있는데, 우리가 하나님께 낱낱이 구체적으로 회개하면, 재판장이신 하나님은 바로 그 죄를 용서하시고, 악한 영은 자기의 공격이 실패했음을 인정하고 화를 내면서 떠나간다고 상상해 보면 좋겠다. 거듭 말하지만 우리의 죄는 산처럼 크다. 이 크고 많은 죄를 뭉뚱그려 "알고 지은 죄, 모르고 지은 죄를 모두 용서해 주세요"라고 고백한다면 그 회개는 효과가 거의 없다고 보면 될 것이다.

성도들이 막연한 회개를 하게 되는 원인 중 하나는, 회개할 때 '교만'과 같은 추상적인 단어를 많이 사용하기 때문이다. 이런 추상적인 단어를 자주 사용하면 그것이 무엇을 의미하는지 느껴지지 않기 때문에 진정으로 회개하기가 쉽지 않다. 그러므로 구체적인 단어를 사용하여 조목조목 죄를 고백할 때 우리의 마음이 실리고 악한 영이 잘 떠나간다.

둘째는 죄의 구체적인 모습을 떠올리는 것이다. 구체적으로 회개하라는 것은 꼭 말을 많이 해야 한다는 것이 아니다. 죄의 모습을 입으로 구체적으로 고백하지 않더라도 죄의 모습을 구체적으로 떠올리면서 하는 회개도 구체적인 회개가 된다. 우리는 하나님께서 소위 '인생 필름'을 보여주시면 그제야 비로소 죄를 깨닫고 눈물로 회개했다는 간증을 많이 들어보았다. 이런 간증의 핵심은 자신의 죄의 모습을 구체적으로 보았을 때 진정한 회개가 가능했다는 점이다.

이런 인생 필름을 보는 체험을 해보지는 못했다 하더라도, 우리는 그 원리를 우리의 회개에 얼마든지 활용할 수 있다. 다시 말하면, 회개할 때 죄의 모습을 최대한 구체적으로 떠올리려고 노력해야 한다. 예를 들어, 하나님께 순종하지 않았던 구체적인 사건이 떠오르면, "하나님, 제가 그때 교만하게 살면서 하나님을 대적했네요. 죄송합니다"라고 고백하면 된다.

처음 회개를 할 때는 구체적으로 회개하는 것이 어렵다. 그러나 회개를 계속 하다 보면 우리의 죄를 보지 못하게 막는 무지의 영이 떠나면서 점점 더 구체적으로 회개하는 단계로 나아가게 된다. 이것이 하루 아침에 되는 것은 아니므로 조바심 내지 말고 인내를 가지고 계속 회개해야 한다.

### (6) 죄를 샅샅이 찾아내라

이것은 구체적으로 회개하는 것과 연결되어 있다. 처음 회개를 시작하면 자기가 무슨 죄를 지었는지 알지 못해 자기가 죄인이라는 것이 잘 느껴지지 않는다. 나름대로 열심히 신앙생활을 해왔기 때문에 이 정도면 무난한 인생이라고 생각한다. 그러나 회개를 하면 할수록 죄가 더 보이고 자신이 죄인임을 깨닫게 된다. 죄를 샅샅이 찾아내야 철저하게 회개할 수 있다. 이 작업은 하루아침에 되는 것이 아니다. 회개를 계속해 나가면서 자기의 죄를 찾으려고 지속적으로 노력하면 조금씩 그동안 몰랐던 죄의 모습이 보이기 시작한다.

어떤 사람은 일기장을 보면서 초등학교 시절에 친구들과 다툰 것까지 찾아내 일일이 회개하기도 한다. '그렇게까지 할 필요가 있어?'라고 생각하는 사람들이 있겠지만, 죄가 얼마나 무서운지, 또 회개가 얼마나 중요한지 알게 되면 이 정도까지 철저히 회개하는 것이 유익하다는 사실도 알게 된다. 회개한 만큼 악한 영이 떠난다는 것과 회개를 하나님이 기뻐하신다는 것을 기억할 필요가 있다.

성도들이 '이런 것도 죄일까?'라고 생각하는 것들이 있다. 성도들은 죄라고 생각하지 않지만 하나님께 철저히 회개해야 하는 죄를 몇 가지 예로 들어본다.

- 하나님을 사랑하지 않은 것. 대부분의 성도는 하나님을 온몸과 마음을 다해 사랑하지 않는다. 이것은 큰 죄다. 철저히 회개해야 한다.

- 하나님께서 주신 은사를 활용하지 못한 것. 하나님께서는 모든 사람에게 은사를 주셨다. 은사를 주신 것은 그 은사를 활용해 열매를 맺고 충성하라는 뜻이다. 은사를 활용하지 못하고 사장해 놓았다면 하나님의 뜻에 반하는 삶을 산 것이다. 이 죄를 철저히 회개해야 한다.

- 하나님이 맡겨주신 소명을 감당하지 못하고 세월을 낭비하고 산 것. 대부분의 성도는 하나님이 자신에게 맡겨주신 소명이 무엇인지 모른 채 살고 있다. 자신의 소명을 모르고, 소명을 알아도 그것을 이루지 못하고 있다면, 이것도 철저히 회개해야 한다.

- 하나님의 일을 하면서도 내 힘과 능력으로 해서 제대로 된 열매를 맺지 못한 것. 열매를 제대로 맺지 못한 것도 죄다. 예수님께 붙어 있으면 열매를 많이 맺는다고 했는데, 예수님께 붙어 있지 못해 열매를 제대로 맺지 못했다면 이것도 죄다. 열매도 맺지 못하고 내 힘으로 살아온 모습을 구체적으로 찾아내 낱낱이 회개해야 한다.

## (7) 입으로 또박또박 소리 내어 고백하면서 회개하라

마음과 중심으로 회개하는 것이 회개의 본질이기 때문에 소리를 내지 않고 속으로 회개해도 하나님이 받으신다. 그러나 입으로 소리 내어 회개하는 것의 유익은 크다. 부르짖는 기도가 영적으로 의미가 있다는 것과 우리의 말에는 권세가 있다는 것을 생각해 보면, 우리가 소리 내어 회개하면 하나님이 들으시고, 악한 영이 들으며, 내 영혼이 듣는다고 짐작할 수 있다.

한편 회개할 때는 방언으로 하면 안 된다. 회개는 내가 죄를 인식하고 이를 인정하면서 마음으로 해야 하는데, 방언을 하면 방언의 내용을 알지 못하므로 이를 회개라고 하기 어렵다. 방언은 하나님과 교통하는 것이므로 영적으로 유익이 있지만, 적어도 회개에 관한 한 별로 도움이 되지 않는다.[135]

## (8) 회개할 때 어떤 용어를 사용해야 하는지에 대해 너무 고민하지 말라

'어떤 말을 해야 하나님이 나의 죄를 잘 용서해 주실까?' 하고 고민하는 성도들이 있을 것이다. '회개합니다'라는 용어를 많이 사용하는 것이 좋은지, '용서해 주세요'라는 용어가 더 좋은지, '잘못했습니다'라는 용어를 사용해야 할지 등을 고민하는 것이다. 하나님은 우리의 마음과 중심을 받으시기 때문에 어떤 표현을 하거나 어떤 단어를 선택하는 것이 중요한 것이 아니라 마음이 중요하다. 그래서 죄를 인정하고 하나님께 용서를 구하면서 '회개합니다'라고 하든, '잘

---

135) 송재근 목사님은 40년 이상 부흥회를 인도하고 방언 통역 사역을 해왔다. 송 목사님도 방언이 중요하기는 하지만, 방언으로 10년 회개했다고 해도 죄는 용서받지 못하기 때문에 회개는 방언으로 해서는 안 된다고 지적하고 있다. 송재근·유순자, 『방언, 통역으로 공개한다』(서울: 예찬사, 2018), p. 289.

못했습니다' 또는 '용서해 주세요'라고 하든 상관이 없다. 또는 '살려 주세요'라고 말해도 상관이 없다. 아무 말하지 않고 눈물 흘리며 죄 때문에 슬퍼하는 것도 하나님이 받으시는 회개가 된다.

### (9) 우상숭배와 교만의 죄를 집중적으로 회개하라

성도들은 음란, 거짓, 분노, 미움, 도박 등을 중요한 죄라고 생각하고 이 죄들을 회개하려는 경향이 있다. 물론 그런 것도 죄다. 그러나 이런 것들은 우상숭배와 교만의 죄에 비하면 아무것도 아니다. 우상숭배와 교만의 죄는 하나님이 가장 싫어하시는 죄이고, 우리가 살면서 짓는 많은 죄의 뿌리가 되는 죄이다. 우상숭배와 교만의 죄를 회개하는 것은 죄의 뿌리를 처리하는 것이므로 매우 중요하다.

예를 들어, 우리가 걱정과 근심의 죄를 회개한다고 해도 영이 쉽게 나가지 않는데, 그 이유 중 하나는 걱정과 근심의 죄의 뿌리인 우상숭배와 교만을 아직 처리하지 못했기 때문이다. 즉, 우상숭배와 교만으로 들어온 많은 영이 우리를 계속 걱정과 근심으로 끌고 가기 때문이다.

### (10) 우선순위를 잘 정하라

우리가 잘 아는 두더지게임이 있다. 이것은 두더지의 머리를 망치로 때려 점수를 올리는 게임이다. 아무 구멍에나 망치를 내리친다고 해서 점수가 올라가는 것이 아니라, 두더지가 올라왔을 때 그 머리를 내리쳐야 점수가 올라간다. 두더지게임에서 좋은 점수를 얻으려면 두더지의 머리를 망치로 맞혀야 한다. 회개도 마찬가지다. 모든 죄를 다 철저하게 회개하면 좋겠지만, 인생은 짧고 모든 죄를 다 회개한다는 것은 불가능하다. 물론 평생 회개해야 하지만, 이왕이면 우리는 빠른 시간 내에 우리를 방해하고 곤경에 처하게 만든 영부터 먼저 내보내야 한다. 그러려면 회개는 반드시 효과적인 회개가 되어야 한다. 효과적인 회개를 위해서는 어쩔 수 없이 우선순위를 정하고 선택을 할 수밖에 없다.

### (11) 어떤 죄를 회개하기를 원하시는지 하나님께 질문하라

회개가 어느 정도 된 상태에서 하나님께 물어보면, 하나님께서 어떤 죄를 더 회개해야 하는지에 대해 여러 가지 방법으로 알려주신다. 무슨 죄를 회개해야 할지 마음에 감동을 주시기도 하고, 회개해야 할 죄를 환상을 통해 알려주시거나 글자로 보게 하시기도 한다. 이렇게 하나님의 인도를 받아 회개를 하면 훨씬 더 효과적인 회개가 될 수 있다. 하나님께 "오늘은 무슨 죄를 회개할까요?"라고 질문을 계속 하는 것이 좋다. 이것은 자신의 영적 상태를 스스로 진단하는 것과 연결된다.

### (12) 동일한 회개를 계속 반복하는 것을 부담스러워하지 말라

회개하다 보면 똑같은 고백을 계속 반복하게 된다. 철저한 회개를 할 때 이 부분은 매우 중요하다. 예를 들어 교만의 죄를 회개한다고 했을 때, 교만의 구체적인 모습을 떠올리면서 "하나님, 교만의 죄를 회개합니다"라는 고백을 100번, 1,000번이라도 반복하게 된다.

그런데 예수님이 기도할 때 중언부언하지 말라고 하신 것을 생각해 보면 이런 반복이 '중언부언'에 해당하는 것은 아닐까라는 의문이 생길 수 있다. 회개하면 용서를 받는데, 같은 죄를 계속 반복해서 회개하는 것은 죄 용서에 대한 확신이 없는 것이 아니냐고 질문하는 사람도 많다.

교만의 죄를 예로 들어보자. 우리는 무수하게 교만의 죄를 지었다. 교만의 죄를 한 번만 지은 사람은 없을 것이다. 교만의 모습도 매우 다양하다. 그리고 수없이 저지른 교만의 죄를 통해 수많은 영이 들어왔을 것이다. 우리가 한 번 "하나님, 교만의 죄를 회개합니다"라고 했을 때 하나님이 이를 용서해 주시면, 무수하게 들어온 교만의 영이 한꺼번에 나가는 것이 아니다. 그중 한 마리가 나간다고 생각하는 것이 맞을 것이다. 또다시 "하나님, 교만의 죄를 회개합니다"라고 고백했을 때 다른 영 한 마리가 나간다고 생각하면 될 것이다. 이런 점에서 똑같은 말의 반복이지만, 실상은 매번 새로운 회개를 하는 것이다.

회개의 핵심은 내 속에서 악한 영을 내보내는 것이다. 그리고 회개는 악한 영이 나갈 때까지 하는 것이다. 영이 나가지도 않았는데 스스로 죄 용서를 받았고 회개가 다 된 것이라고 생각하는 것은 옳지 않다. 나는 이런 반복을 통해 악한 영이 한 마리씩 계속 떠나간다면 내가 회개를 잘 하고 있는 것이라고 생각했다.

## (13) 악한 영에 관심을 두라

처음 회개할 때는 죄에 초점을 두지만, 회개가 깊어지면 내 속에 들어와 공격하고 있는 영들을 감지하게 되므로 이들을 내보내기 위해 회개하는 단계로 나아가게 된다. 회개의 목표가 악한 영을 내보내는 것이기 때문에 이것은 매우 자연스러운 것이다.

예를 들면 이렇다. 혼란스럽게 하는 영을 몸에서 내보내야 한다고 해보자. 혼란스럽게 하는 영 때문에 혼란스럽게 살게 된 모습을 구체적으로 떠올린 다음 이런 식으로 회개하게 될 것이다.

> "저와 저의 조상이 우상숭배의 죄를 범하여 혼란스럽게 하는 영을 불러들였습니다. 이 영 때문에 혼란스럽게 살았습니다. 현실에 대한 판단도 제대로 하지 못했습니다. 하나님의 뜻도 제대로 알지 못하고 우왕좌왕하면서 의사결정도 제대로 하지 못했습니다. 자신감도 없었습니다. 하나님의 뜻을 이루지 못했습니다. 하나님께 충성할 수도 없었습니다. 이처럼 혼란스럽게 하는 영의 지배를 받으면서 살아온 죄를 인정하고 회개합니다."

## (14) 대적기도보다 회개에 집중하라

성도들은 방에 쭈그리고 앉아 눈물을 흘리면서 회개하는 것이 왠지 나약한 모습이라고 생각하는 경향이 있다. 쭈그리고 앉아 회개하는 것보다 용사처럼 악한 영을 꾸짖고 대적하는 것이 더 효과적이지 않을까 생각한다. 이것이 훨씬 멋있어 보인다. 그러나 회개를 처음 시작하는 성도에게는 영적 능력이 별로 없기 때문에 대적기도가 효과가 없다. 악한 영은 그렇게 만만한 상대가 아니다.

이유는 이렇다. 악한 영은 죄를 통해 합법적으로 사람에게 들어왔기에, 회개하지 않으면 아무리 대적하고 명령해도 잘 나가지 않는다. 나가더라도 다시 들어오는 경우가 많다. 합법적으로 들어왔으니 특별한 사정이 없는 한 그대로 머물 권한이 있다. 이런 점을 고려하면 회개가 잘 안 된 상태에서 합법적으로 들어와 있는 영에게 나가라고 명령하는 것은 효과가 크지 않다고 봐야 한다. 이것은 악한 영에게 나가라고 명령하는 것이 의미가 없다는 뜻이 아니라, 회개가 더 중요하다는 사실을 말하는 것이다.

따라서 회개가 어느 정도 되기 전까지는 악한 영을 내쫓는 명령과 선포보다는 회개 자체에 집중하는 것이 더 중요하다. 명령과 선포를 하지 않아도 회개하면 악한 영이 떠나간다는 것을 기억할 필요가 있다. 다시 말하면 회개하면 셀프 축사, 자가 축사가 이루어지는 것이다. 현재 많은 영성 사역자가 회개를 기초로 하지 않은 채 대적과 선포를 강조하는 것은 다소 우려되는 부분이다. 시간 낭비가 될 가능성이 있다.

회개가 어느 정도 되면 영적인 능력도 생기고 영들이 많이 나간 상태일 것이므로, 이때부터는 남아 있는 영들을 좀더 효과적으로 내보내기 위해 하나님이 주신 무기를 활용하는 활동, 즉 명령하고 대적하는 것이 도움이 될 수 있다. '회개가 어느 정도 되었다'는 것이 어떤 수준을 의미하는 것인지에 대해서는 객관적인 기준을 제시하기 어렵다. 회개를 해보면 스스로가 이제는 악한 영을 적극적으로 대적해도 되겠다는 것을 느낄 수 있다.

### (15) 눈물로 회개하라

성도들은 눈물로 회개하면 하나님이 더 잘 받으실 것이라고 생각한다. 집중회개기도회에 참석해 관찰해 보니 여자분들은 대체로 회개할 때 눈물을 흘리고 통곡을 하는 것 같았다. 휴지를 옆에 놓고 눈물을 닦으며 회개를 했다. 악한 영이 나의 몸을 망가뜨리고 나의 삶과 가정을 망하게 하고 있는 것이 뻔히 보이니, 울면서 회개하는 것은 어찌 보면 당연했다.

그러나 눈물로 회개한다는 것이 쉽지는 않다. 특히 남자들은 눈물로 회개하는 것이 잘 되지 않았다. 왜 남자들은 눈물로 회개하는 것이 어려울까? 이것은 아마도 영성은 감성과 많은 연관이 있기 때문에 감성이 풍부한 여자들이 눈물로 회개를 잘 한다고 할 수 있을 것 같다.

그러면 어떻게 하면 눈물로 회개할 수 있을까? 회개를 하면서 눈물을 흘리게 되는 것에는 여러 가지 계기가 있을 것이다. 첫째, 하나님이 회개의 영을 강력하게 부어주시는 것이다.

둘째, 하나님이 영안을 열어주셔서 죄의 모습을 뚜렷하게 보게 하시면 처참한 영적 현실이 보이기 때문에 눈물로 회개하게 된다. 영안이 열린 사람의 경우 죄의 구체적인 모습과 자신에게 있는 영을 보면서 회개한다. 이들은 영적 현실을 적나라하게 보기 때문에 통곡하면서 회개한다. 이들의 눈물은 억지로 짜내는 것이 아니라, 영의 현실을 보고 비참해서 저절로 터져나오는 것이다. 이것은 영안이 열려야 가능한 것이기 때문에 영안이 열리도록 간구하는 것이 좋다.

셋째, 영안이 열리지 않더라도, 악한 영의 지배를 받으면서 살고 있는 자신의 모습을 보게 되면 눈물로 회개하게 될 가능성이 크다. 자신의 모습을 정확하게 보면 볼수록 인생이 너무 비참하다는 생각이 든다. 하나님의 자녀임에도 몸과 환경 속에, 가정에 악한 영이 가득하다는 사실을 생각하면 너무 어처구니가 없고 당황스럽다. 이런 비참한 상태로 살았으면서도 악한 영의 존재조차 몰랐다는 것이 원통하다는 생각이 든다. 그리고 이제 이렇게는 못 살겠다는 생각이 들면 어느 순간 눈물로 회개하게 된다. 이런 점에서 나의 모습을 정확하게 보려고 노력하는 것은 눈물로 회개하는 데 큰 도움이 될 수 있다. 물론 무지의 영이 걷혀야 자신의 비참한 모습을 볼 수 있기 때문에 노력만으로 되는 것은 아니라는 점을 우리는 잘 알고 있다.

그러나 자신의 참모습을 보려고 노력하면 하나님이 이를 보시고 은혜를 주신다. 계속 회개하면서 자신의 모습을 서서히 보게 되면 하나님의 은혜로 눈물이 터지는 때가 온다.

눈물로 회개하는 것과 관련해 조심해야 하는 것이 있는데, 그것은 바로 죄를 슬퍼하는 것이 아니라 자신의 현재 모습이 서러워 우는 것이다. 죄를 슬퍼하고 하나님께 용서를 구하는 것은 올바른 회개이지만, 현재의 상황과 자신의 모습을 보며 슬퍼하고 서러워하는 것은 오히려 악한 영을 불러들이는 것이 될 수 있다. 회개는 현재 상황과 자신의 모습을 분명하게 인식하는 것을 기초로 하지만, 거기에 머무르는 것은 회개가 아니다. 회개는 현재의 상황이 죄의 결과라는 것을 인정하고 하나님께 용서를 구하는 것이다.

한편 회개하면서 눈물이 나지 않는다고 해서 절망할 필요는 없다. 눈물로 회개하면 더 효과적이라는 것이지, 눈물을 흘리지 않는다고 해서 회개가 안 되는 것은 아니기 때문이다. 내가 관찰한 바에 의하면, 실제로 많은 남자 목회자가 눈물을 흘리지 않고 회개를 하지만, 효과적으로 회개를 잘 하고 있다. 눈물을 펑펑 흘리면서 열심히 회개하는 것처럼 보였는데 얼마 지나지 않아 회개를 중단하는 사람이 있는가 하면, 눈물을 흘리지는 않아도 꾸준하게 지속적으로 회개해 열매를 많이 경험하는 사람이 있다. 그러므로 눈물이 나지 않는다고 해서 회개가 잘 안 되는 것이라고 생각해서는 안 된다.

### (16) 감정이나 기분에 흔들리지 말라

회개를 하더라도 회개가 잘 되지 않는다는 느낌이 들 때가 많다. 앵무새처럼 무의미한 소리를 반복하고 있는 것은 아닌가 의심되기도 한다. 눈물이 나야 제대로 회개가 될 것 같은데 눈물도 나지 않고 감정적으로도 고양이 되지 않으니 회개가 제대로 되지 않는다고 생각하기도 한다.

그러나 회개는 감정이나 기분에 흔들리면 안 된다. 아무런 느낌이 없어도 '회개하면 죄를 용서해 주신다'는 약속을 믿는 것이 중요하다. 이렇게 흔들림 없이 꾸준히 회개하다 보면 하나님이 회개의 영을 더 부어주시고, 영들도 더 많이 나가게 된다.

### (17) 가족과 합심하여 회개하라

회개를 시작할 때 자주 들은 이야기는, 가족이 같이 회개하면 빨리 영을 처리할 수 있다는 것이었다. 세대의 영, 가문의 영을 공유하고 있는 가족들이 같이 합심해 회개하면 아무래도 영을 빨리 처리할 수 있을 것이다. 어떤 목회자가 열심히 우상숭배의 죄를 회개하고 있는데 부모는 여전히 제사를 지내는 경우를 생각해 보면, 목회자인 아들이 아무리 열심히 회개해도 부모에게서 아들에게 제사의 영이 계속 내려오기 때문에 그만큼 아들인 목회자가 힘들어진다.

실제로 가족이 합심해 같이 회개하는 경우가 많이 있었다. 그런데 이것은 현실적으로 쉽지 않다. 가족들의 협력을 받지 못하고 혼자서 외롭게 회개하는 경우도 많았다. 그렇다고 해서 가족과 같이 회개하지 못하는 분들이 회개에 동참하지 않는 가족을 원망하는 것 같지는 않았다. 어쩔 수 없다고 생각하고 혼자라도 열심히 회개를 했다. 이렇게 혼자라도 열심히 회개한 분들은 세월이 지나면서 가족이 변화되어 회개에 동참하는 기적을 경험하기도 한다.

## (18) 동역자들과 함께 회개하라

회개가 영적 전투이다 보니 혼자 회개하는 것이 결코 쉽지가 않다. 그러므로 동역자들과 함께 회개하는 것이 좋다. 길을 같이 가는 동반자가 있으면 서로 격려해 주면서 그 길을 갈 수 있기 때문이다. 회개가 쉬운 것이 아니기 때문에 혼자 회개를 하다 보면 중도에 포기하기가 쉽다. 이런 면에서 나에게 실로암은 귀한 동역자들을 만날 수 있는 장을 마련해 준 곳이다.

## (19) 장소 선택 등에도 신경을 쓰라

회개를 할 때 이왕이면 하나님의 임재가 머물러 있는 곳에서 하면 좋다. 이런 곳에서는 악한 영의 방해가 덜하기 때문이다. 그곳은 교회일 수도 있고, 자신의 집일 수도 있고, 사무실일 수도 있다. 회개에 집중하는 데 방해가 되는 전화나 컴퓨터 등이 있는 곳보다는 외부 세계와 연결이 차단된 곳에서 회개하는 것도 도움이 된다. 회개를 잘 하려면 이처럼 어느 곳에서 회개를 할지도 신경 써야 하는데, 그때마다 회개에 집중할 수 있는 곳이 다를 수 있기 때문에 성령님의 인도를 받아 장소를 선택하면 된다.

아울러 한 곳에 앉아서 오랫동안 회개하려고 할 필요도 없다. 일어서서 왔다 갔다 하면서 기도하는 것도 좋다. 어떤 목사님은 앉아서 회개하면 집중이 잘 되지 않아서 주로 서서 회개를 한다. 차를 운전하면서 회개해도 좋고, 목욕을 하면서 회개해도 좋다. 공원을 산책하거나 등산하면서 회개하는 것도 좋다.

### (20) 영적 상태를 진단하라

영적 상태를 진단하는 것은 회개를 지속적으로 해나가는 데 필수적이라고 할 수 있을 만큼 중요하다. 어떤 영이 자신의 몸과 환경 속에 있는지, 몸속에 영이 얼마나 남아 있는지, 환경에서 공격하는 영이 어떤 상태로 있는지, 어느 정도 영이 떠나갔는지 등을 진단해 보는 것은 회개를 효과적으로 하는 데 매우 유용하다. 영적 상태에 대한 진단 없이 회개를 계속하면, 회개가 막연해질 가능성이 있고, 자신이 지금 제대로 회개를 하고 있는지에 대해 확신이 들지 않을 수 있다. 따라서 회개가 시들해지고 중단될 가능성도 있다.

그러므로 어떤 영이 자신을 방해하고 있는지를 수시로 진단해야 한다. 처음에는 쉽지 않지만 회개를 계속해 나가면 스스로 진단이 가능해진다. 그리고 주변에 이렇게 영 진단을 해줄 수 있는 믿을 만한 사역자가 있으면 도움을 받는 것도 매우 좋다.

● 감사의 글 ●

　내가 회개의 길을 걷기 시작하면서 많은 귀한 분들을 만났다. 장
숙희 목사님, 오상희 목사님, 안병삼 목사님, 김찬도 목사님, 위명희
전도사님, 정용진 목사님, 김성심 목사님, 김철훈 집사님, 김정해 전
도사님, 서윤찬 전도사님은 자신의 인생 이야기를 진솔하게 내게 말
해 주었고, 회개의 경험을 공유해 주었다. 이들의 이야기가 이 책을
쓰는 데 밑거름이 되었다. 그 외에도 유일천 목사님, 연요한 목사님,
이강철 목사님, 이영재 목사님, 김상범 목사님, 정보배 목사님, 김정
숙 전도사님, 신정희 전도사님 등 많은 분들이 내가 회개에 힘을 낼
수 있도록 격려를 해주었다. 감사드린다.

　이 책의 출판을 흔쾌히 수락해주신 쿰란출판사 이형규 대표님께
감사드린다. 책 내용에 대하여 탁월한 의견을 제시하고, 방향을 잡
아준 쿰란출판사 오완 편집부장님께도 감사 인사를 전한다. 또한,
시간을 내어 귀한 추천사를 써 주신 조갑진 교수님과 안성삼 총장
님께 진심으로 감사드린다.

마지막으로 평생 나를 위해 기도하고 계시는 나의 어머니 박두련 권사님, 그리고 신비로울 정도로 끊임없이 나를 격려해 주시는 나의 장인 전정일 장로님과 장모 이경미 권사님께 감사드린다. 나를 묵묵히 응원하고 든든한 버팀목이 되어준 나의 아내 전은주 집사에게도 감사의 뜻을 전한다.

# 회개, 회복으로 나아가는 길
: 김 변호사의 회개 이야기

1판 1쇄 발행 _ 2024년  5월   25일
1판 2쇄 발행 _ 2025년  2월   10일

지은이 _ 김재헌
펴낸이 _ 이형규
펴낸곳 _ 쿰란출판사

주소 _ 서울특별시 종로구 이화장길 6
편집부 _ 745-1007, 745-1301~2, 743-1300
영업부 _ 747-1004, FAX 745-8490
본사평생전화번호 _ 0502-756-1004
홈페이지 _ http://www.qumran.co.kr
E-mail _ qrbooks@daum.net / qrbooks@gmail.com
한글인터넷주소 _ 쿰란, 쿰란출판사
페이스북 _ www.facebook.com/qumranpeople
인스타그램 _ www.instagram.com/qrbooks
등록 _ 제1-670호(1988.2.27)
책임교열 _ 최진희 · 강찬휘

© 김재헌 2024  ISBN 979-11-6143-944-0  03230